权威·前沿·原创

皮书系列为

“十二五”“十三五”“十四五”时期国家重点出版物出版专项规划项目

智 库 成 果 出 版 与 传 播 平 台

中国巾帼志愿服务发展报告（2021~2022）

REPORT ON THE DEVELOPMENT OF WOMEN'S VOLUNTARY SERVICES IN CHINA (2021-2022)

组织编写 / 全国妇联宣传部
中国志愿服务研究中心

社会科学文献出版社
SOCIAL SCIENCES ACADEMIC PRESS (CHINA)

图书在版编目（CIP）数据

中国巾帼志愿服务发展报告. 2021-2022 / 全国妇联宣传部，中国志愿服务研究中心组织编写. --北京：社会科学文献出版社，2023. 8
（志愿服务蓝皮书）
ISBN 978-7-5228-1552-7

Ⅰ. ①中… Ⅱ. ①全… ②中… Ⅲ. ①女性-志愿者-社会服务-研究报告-中国-2021-2022 Ⅳ. ①D669. 3

中国国家版本馆 CIP 数据核字（2023）第 046065 号

志愿服务蓝皮书
中国巾帼志愿服务发展报告（2021~2022）

组织编写 / 全国妇联宣传部
中国志愿服务研究中心

出 版 人 / 冀祥德
组稿编辑 / 谢蕊芬
责任编辑 / 孟宁宁
责任印制 / 王京美

出　　版 / 社会科学文献出版社 · 群学出版分社（010）59367002
地址：北京市北三环中路甲 29 号院华龙大厦　邮编：100029
网址：www. ssap. com. cn
发　　行 / 社会科学文献出版社（010）59367028
印　　装 / 三河市东方印刷有限公司

规　　格 / 开 本：787mm × 1092mm　1/16
印 张：16. 25　字 数：239 千字
版　　次 / 2023 年 8 月第 1 版　2023 年 8 月第 1 次印刷
书　　号 / ISBN 978-7-5228-1552-7
定　　价 / 128. 00 元

读者服务电话：4008918866

志愿服务蓝皮书编委会

主要编撰者简介

全国妇联宣传部

全国妇联宣传部是全国妇联开展妇女宣传思想工作的职能部门，承担引领广大妇女坚定不移听党话、跟党走等工作职责。该部统筹组织全国巾帼志愿服务工作，研究制定巾帼志愿服务发展规划，开展巾帼志愿服务调查研究，发展壮大巾帼志愿者队伍，宣传巾帼志愿服务先进典型，总结推广巾帼志愿服务典型经验，推进巾帼志愿服务工作体系建设，组织动员各级妇联广泛开展巾帼志愿服务关爱行动，打造巾帼志愿服务品牌，推动巾帼志愿服务便利化、项目化、规范化发展。

中国志愿服务研究中心

中国志愿服务研究中心是由中国社会科学院成立的一家研究机构，于2019年10月挂牌成立，挂靠中国社会科学院社会发展战略研究院管理。该中心旨在承担统筹指导、示范引领全国志愿服务研究工作，整合资源和力量承接国家重大科研项目，开展理论研究和调研监测，培养高层次人才队伍，促进全国志愿服务研究机构交流合作，努力建成我国志愿服务研究重镇。中心探索机制创新，采取主任负责制，依托中国社会科学院社会发展战略研究院创办学术期刊，建设相关学会，聚焦基础性、前瞻性研究，推动中国志愿服务研究的快速发展。

摘　要

全国妇联深入学习贯彻习近平新时代中国特色社会主义思想，贯彻落实习近平总书记关于志愿服务的重要指示批示精神，深入落实中宣部、中央文明办关于志愿服务工作部署，在中国特色志愿服务体系中，大力彰显巾帼志愿服务优势特色，推动巾帼志愿服务发展创新。全国妇联带领各级妇联组织，积极动员女性参与巾帼志愿服务，大力推进巾帼志愿服务体系建设，以“立足社区、面向家庭、扶危济困、守望互助”为服务宗旨，始终坚持发挥巾帼志愿服务优势、贡献巾帼志愿服务力量、强化巾帼志愿服务品牌。本书选取北京市、福建省、浙江省、内蒙古自治区、深圳市和武汉市6个典型代表地区，梳理展示不同地区巾帼志愿服务的发展历程、发展现状以及地区特色亮点，同时总结梳理党建引领型、支持型、社区自组织型、企业型、文明实践、常态化、重大赛事重大活动和应急巾帼志愿服务8个特色项目开展的具体情况，以实践为导向，为中国特色志愿服务工作提供学术支撑和经验参考。

关键词： 志愿服务　全国妇联　巾帼志愿服务　党建引领

目　录

Ⅰ　总报告

Ⅱ　地区发展报告

Ⅲ　项目发展报告

皮书数据库阅读**使用指南**

总报告

General Report

B.1 中国巾帼志愿服务新发展新作为

中国志愿服务研究中心*

摘　要： 全国妇联始终重视发挥女性力量，以“立足社区、面向家庭、扶危济困、守望互助”为服务宗旨，始终坚持发挥巾帼志愿服务优势，结合新时代文明实践中心建设，推动巾帼志愿服务队伍建设、组织培育、项目设计、品牌强化、榜样示范、经验交流，广泛开展全国巾帼志愿服务关爱行动，推进全国文明实践巾帼志愿阳光站建设。未来，全国妇联将从加强巾帼志愿者队伍建设、健全妇联志愿服务管理制度、强化巾帼志愿服务的功能性与应用性以及深入推进巾帼志愿服务项目化运作等方面进一步扩大巾帼志愿服务影响力，彰显新时代女性风采，贡献女性力量。

关键词： 全国妇联　巾帼志愿服务　阳光行动　队伍建设

---

* 中国志愿服务研究中心是在中央文明办大力支持下，由中国社会科学院成立，挂靠中国社会科学院社会发展战略研究院管理的一家专门研究志愿服务的学术机构。本章执笔人为张书琬（中国社会科学院志愿服务研究中心助理研究员）、王璐（中国社会科学院大学博士研究生）。

全国妇联深入学习贯彻习近平新时代中国特色社会主义思想，贯彻落实习近平总书记关于志愿服务的重要指示批示精神，深入落实中宣部、中央文明办关于文明实践志愿服务工作部署，在中国特色志愿服务体系中，大力彰显巾帼志愿服务优势特色，推动巾帼志愿服务发展创新。全国妇联始终重视发挥女性力量，积极动员女性参与社会主义现代化建设，积极推进巾帼志愿服务体系建设，以“立足社区、面向家庭、扶危济困、守望互助”为服务宗旨，始终坚持发挥巾帼志愿服务优势、贡献巾帼志愿服务力量、强化巾帼志愿服务品牌。全国妇联结合新时代文明实践中心建设，落实巾帼志愿服务队伍建设、组织培育、项目设计、品牌强化、榜样示范、经验交流，广泛开展全国巾帼志愿服务关爱行动，推进全国文明实践巾帼志愿阳光站建设，开展新时代巾帼志愿服务征集展示活动，从多个方面加强巾帼志愿服务品牌建设，扩大巾帼志愿服务影响力，彰显新时代女性风采，贡献女性力量。本文通过梳理志愿服务及巾帼志愿服务发展历程、全国妇联系统巾帼志愿服务关爱行动具体开展情况、全国巾帼志愿服务经验与亮点做法以及巾帼志愿服务未来目标与展望四个方面展示中国巾帼志愿服务的新发展与新作为。

一　志愿服务及巾帼志愿服务发展历程

我国志愿服务发展大致经历了四个阶段。（1）过渡起步阶段。1949 年新中国成立后，政府十分重视对苦难群众的救济工作。随后，1950 年4 月，中国人民救济代表会议召开，确定了“在人民政府领导下，以人民自救自主为基础开展人民大众的救济福利事业”的基本原则。这一时期有组织的社会捐助互助活动确立了党政主导的思路，标志着志愿服务开始起步，成为当代中国志愿服务的雏形，也为志愿服务的运动式发展做好了思想准备，创造了外部环境。（2）运动式成长阶段。1963 年 3 月 5 日，毛泽东主席发出了“向雷锋同志学习”的号召，全国掀起了“学雷锋”的活动热潮，广大城市知识青年自愿参加下乡运动。1963 年以来，中国先后向亚洲、非洲、拉丁美洲和东欧的 65 个国家和地区选派志愿医务人员约 2 万人次。这样，我国的志愿服务活动呈群众性运动模式，逐渐开展起来。（3）社会化开展阶段。20 世纪 90 年代初，共青团系统组织推动产生了全国性的青年志愿者组织，并成为目前中国最为活跃、规模最大、影响最广泛的志愿者队伍，在实践层面引领和带动了我国其他志愿者组织的发展。（4）蓬勃发展阶段。2001 年是国际志愿者年，截至 2001 年底，中国大陆共有 7.69 亿年满 18 周岁以上的居民正式或非正式地参加了志愿服务，使志愿服务参与率达到 85.2%。进入 21 世纪以来，中国的公民志愿服务体系日趋完善，志愿服务的发展更加迅速。2008 年 5 月 12 日的汶川抗震救灾、2008 年 8 月北京奥运会、残奥会、上海世博会、广州亚运会等都成为公众参与社会的一种重要方式。各行各业、不同年龄的志愿者以其出色的表现赢得了全社会的广泛关注和普遍认同，志愿服务的社会赞誉和关注度达到前所未有的高度（高嵘，2013）。

自全国妇联开展“巾帼志愿者”服务以来，截至 2022 年，巾帼志愿者有近 2400 万人，巾帼志愿服务队伍达到 35 万支。巾帼志愿者作为志愿者服务的重要组成部分，在帮扶弱势群体、促进村居建设、助推中心工作、维护社会稳定等方面日益发挥着重要作用。作为志愿服务发展的重要力量，巾帼志愿服务能够对志愿服务事业的进步起到积极的引领和示范作用，其发展主要经历了四个阶段。

第一，自发参与阶段（1978~2000 年）。早在 20 世纪五六十年代，我国城乡就自发地活跃着一支支女性志愿者队伍，如北京的“三八”服务组。改革开放后，随着我国经济的发展和社会文明程度的提高，现代志愿服务逐渐兴起，女性志愿者队伍蓬勃发展，全国各地自发地涌现出一批批热心社会公益事业、自愿为群众服务、以妇女为主体的各类志愿服务队伍。她们有的活跃在社区，有的服务于家庭，有的义务帮助妇女维权，有的致力于环境保护，等等。她们当中有基层干部、企事业单位职工、个体劳动者、专家、教授、机关干部、离退休人员等。整体而言，这一时期的巾帼志愿服务以妇女自发参与为主，呈现零散化的特点。

第二，组织推动阶段（2001~2007 年）。2001 年，全国妇联推出了“中华巾帼志愿者”服务计划，制定了《关于发展壮大“中华巾帼志愿者队伍”的意见》（以下简称《意见》）。《意见》指出，要把社区作为巾帼志愿服务组织的发动重点，通过采取普遍号召与重点发动相结合、组织招募与自愿参加相贯穿等多种方式，吸引越来越多的妇女加入“中华巾帼志愿者队伍”。此后，巾帼志愿者队伍迅速进入组织化发展阶段。在妇联组织的倡导下，全国各地结合发展实际成立了“中华巾帼志愿者”总队、支队、分队或活动站，并根据活动内容下设各类服务队，如“家政服务队”“环保服务队”“科技服务队”等。在此过程中，全国妇联逐步统一了“中华巾帼志愿者”的标识、证书、证章。

第三，深入发展阶段（2008~2010 年）。2008 年，为给予在汶川地震中失去亲人的孤儿以持久的情感关爱，全国妇联面向全社会招募家庭志愿者，组织其奔赴灾区开展心理关爱与情绪疏导工作，并号召各地的家庭志愿者特别是五好文明家庭，以家庭为单位开展“一对一”关爱灾区孤儿活动。至此，巾帼志愿服务队伍在长期的社会实践中不断发展壮大，逐渐发展成包括社区志愿者、家庭志愿者、维权志愿者、科技服务志愿者、造林绿化和环保志愿者等在内的妇女志愿者组织。

第四，规范运行阶段（2011 年至今）。2011 年，全国妇联按照中宣部的统一部署，将家庭志愿者、环保志愿者等妇联志愿者组织整合成统一的“巾帼志愿者”组织，制定并下发了《关于深入开展巾帼志愿服务工作的意见》，明确和统一了巾帼志愿者标识。与前一时期的“中华巾帼志愿者”相比，巾帼志愿者更加强调在更广范围内吸纳女性，也更加强调基于女性生活、职业以及性格特点等因素，将志愿服务的重心置于基层群众的日常生活中。整合后的巾帼志愿者队伍逐渐呈现规范化发展的态势。

二 全国妇联系统巾帼志愿服务关爱行动具体开展情况

（一）文明实践巾帼志愿服务

自 2018 年中共中央办公厅印发《关于建设新时代文明实践中心试点工

作的指导意见》以来，全国妇联顺应社会文明进步的新阶段新要求和志愿服务的新使命新担当，聚焦人民群众的新期待，坚持将“宣传普及新思想、带头引领新风尚”作为新时代文明实践巾帼志愿服务工作的核心要务，积极构建文明实践巾帼志愿服务体系。

2020年，全国妇联宣传部、中央文明办三局（全国志愿服务工作协调小组办公室）联合实施巾帼志愿阳光行动，建设35个全国巾帼志愿阳光示范站，推动文明实践巾帼志愿服务广泛开展。全国文明实践巾帼志愿阳光行动围绕关爱“一老一小”，回应推动移风易俗，以守护女童、关爱留守妇女和老年妇女为主要内容，重点在新时代文明实践中心开展丰富多彩的巾帼志愿服务，广泛动员社会工作者、教师、本/专科学生、心理行业从业者、医护工作者以及企业爱心人士等加入巾帼志愿者队伍，鼓励广大巾帼志愿者化身“阳光使者”，给予老年妇女、留守妇女和女童等阳光般的关爱与服务，倡导文明新风，增强她们的获得感、幸福感和安全感，助力建立健全覆盖全生命周期的人口服务体系。此外，全国妇联依托新时代文明实践中心和阳光站，深入推进文明实践巾帼志愿服务，着力传播党的创新理论，宣传宣讲政策法规，用宣讲加服务的方式，推动创新理论深入人心；围绕培育践行主流价值、丰富活跃文化生活等，开展制止餐饮浪费、厉行节约、群众文化活动等巾帼志愿服务，助力新时代文明实践建设中心向纵深推进。

安徽省滁州市南谯区章广镇鸦窝村妇女儿童之家创新文明实践基层理论宣讲方式，打造“小伍说书”志愿服务项目。宣讲人使用群众语言，增加鲜活实例，穿插双向互动，开展“上连天线、下接地气”的理论宣讲活动，推动党的创新理论“飞入寻常百姓家”。广西壮族自治区来宾市妇联同步启动文化科技卫生“三下乡”与“我为群众办实事”活动，组织新时代文明实践巾帼志愿服务队为市民送去科学家教、妇女儿童维权、反邪教、反诈骗、防拐卖等知识。河南省新乡市妇联联合消防救援大队开展“巾帼志愿者应急培训”，联合红十字会开展应急救护知识宣传普及活动，组织巾帼志愿者开展义务植树、“小红帽文明交通”、公交站点清洁等志愿服务，助推文明城市创建。海南省海口市妇联组织巾帼志愿者、“妈妈训教团”成员深入村户开展禁毒宣传志愿服务，悬挂横幅、发放禁毒宣传资料、引导群众关注禁毒微信公众号，增强和提高妇女识毒、防毒、拒毒的意识和能力，使她们自觉做到“不让毒品进我家”；联合法院、园林局、农业农村局等部门开展环境整治、绿色家庭创建志愿服务。

（二）常态化巾帼志愿服务

巾帼志愿服务聚焦妇女儿童和家庭关切，开展关爱帮扶志愿服务，对困难妇女儿童和家庭及时知悉、及时帮扶、常态关爱，为困难、残疾、患病妇女儿童等提供精准关爱，为贫困家庭、困难退役军人家庭、中小学生家庭等提供专业服务，为运用智能技术困难的老年妇女提供有力帮扶，多做帮困解难、雪中送炭、化解矛盾、凝聚人心的工作；开展家风家教志愿服务，深化好家风传承、寻找“最美家庭”、家庭教育指导等活动，推动社会主义核心价值观在广大家庭中落地生根；开展妇女儿童维权志愿服务，宣传普及妇女权益保障、未成年人保护等法律知识，开展婚姻家庭纠纷调解，参与和支持妇女信访工作，为妇女儿童提供直接便捷的维权服务；开展卫生健康志愿服务，通过向群众普及卫生健康知识、提供心理疏导、组织文化娱乐、健身保健等活动，让妇女儿童和家庭的幸福感不断提升；开展绿色环保志愿服务，以巾帼之力倡导生态文明理念，助力美丽中国建设；开展创客志愿服务，围绕经济建设、妇女发展，为广大妇女特别是青年女性、贫困妇女提供创业就业服务。江苏省泰州市妇联着力开展贫困残疾妇女关爱活动，组织工作人员逐户对困难妇女、儿童和家庭进行慰问走访，与失独等特殊困难群体拉家常，带领困难家庭儿童观看电影《你好，李焕英》，为群众提供法律咨询援助、就业创业、心理咨询、按摩推拿、理发补衣、修车修鞋、眼镜超声波清洗、测量血压、健康知识讲座、免费义诊等便民服务，增强其凝聚力和归属感。广东省深圳市妇联指导巾帼志愿者协会等 10 家团体会员，为在深务工人员提供安心驿站值守、亲子趣味体验服务，赴基层社区开展女医师健康行公益义诊，关爱老人、儿童、残疾人等巾帼志愿服务关爱行动。山东省威海市妇联积极探索志愿服务载体，创新志愿服务项目，围绕巾帼宣讲、文化文艺、社区治理、医疗健康、家庭教育、普法维权、生态环保、关心关爱等内容，推出 47 个特色“巾帼情”志愿服务项目，为当地群众提供面对面、心贴心的优质巾帼志愿服务。江苏省宿迁市妇联开展“情暖孤童，快乐成长”公益活动，致力于关爱失去双亲、残障人士家庭或父母服刑家庭的孩子，建立“一对一”帮扶制度，讲授生活安全常识、进行分组游戏和礼仪培训，让孤贫儿童感受关心关爱、健康成长。

（三）应急巾帼志愿服务

全国妇联充分发挥巾帼志愿服务的独特优势，逐步建立应急巾帼志愿服务体系。根据突发事件的不同类别、级别，建立各级应急巾帼志愿服务指挥协调机制，提前制订应对方案，提高快速反应能力，确保服务过程科学安全有序。根据属地管理、安全第一、依法有序的参与原则，组织开展应急巾帼志愿服务活动，动员巾帼志愿者团队向群众广泛普及防灾避险、紧急救助、疏散安置等应急处置知识，参与突发公共事件的卫生防疫、群众安置和心理安抚等工作，不断提高应急巾帼志愿服务专业水平，逐步使巾帼志愿者在关键时刻达到“能服务、会服务”。全国妇联在同心战疫、防汛救灾中推动巾帼志愿服务纵深发展。面对突如其来的新冠肺炎疫情，全国妇联闻声而动发出倡议，号召千万名志愿者迅速行动起来，在联防联控、群防群治、守望相助、关爱一线医务人员家庭、心理疏导、居家服务中发挥独特作用，筑牢了疫情防控的家庭和社区防线。在抗击疫情期间，广西壮族自治区百色市各级妇联开展助力农民工赴粤返岗爱心专列关爱志愿服务，组织 435 名巾帼志愿者到各地“爱心大巴”及定点动车站出行现场，协助开展体温检测、发放“旅行暖心包”、讲解疫情防控知识、引导有序登车等暖心服务工作，服务 12030 名农民工顺利返岗复工。山西省晋城市妇联组建的“太行女儿”志愿服务队启动“晋心抗疫·巾帼助力”关爱援鄂医护人员行动，每周为援鄂及一线医护人员家庭免费配送蔬菜、水果等暖心包，累计配送 35 次 134 户，为抗疫一线女性医护人员邮寄生理卫生用品和生活必需品，以实际行动关爱奋战在抗疫一线的医务工作者。山东省青岛市各级巾帼志愿者带头下沉社区，当好疫情防控的宣传员、引导员、监督员、战斗员：市北区、莱西市巾帼志愿者编创天津快书等进行宣传；李沧区、崂山区设立巾帼“先锋岗”，分片包干，严防死守。在防汛救灾的紧急关头，重庆市、江西省、安徽省、河南省等地的“姐妹帮帮团”“阿姨团”“平安嫂”等巾帼志愿者队伍，在灾后重建和恢复生产生活秩序中奋勇应战、发挥作用，成为守卫家园不可或缺的“她力量”。

三　全国巾帼志愿服务经验与亮点做法

（一）推进多元化互动，增强巾帼志愿者凝聚力

组建多元化巾帼志愿服务队伍。全国妇联系统坚持需求导向，面向社会，广泛动员引导广大妇女加入巾帼志愿者队伍，形成“主导力量+专业力量+骨干力量+社会力量”的多元化巾帼志愿服务队伍模式，为巾帼志愿服务人人参与营造良好氛围。组织妇联干部、妇联执委带头加入巾帼志愿服务组织，积极参与巾帼志愿服务，发挥示范带动作用，成为巾帼志愿服务主导力量；整合机关单位专业人才资源，联合妇联所属团体会员和女性社会组织力量，积极吸纳教育、科技、司法、文化体育、卫生健康、环境保护、社会工作等领域的专业人才加入，形成巾帼志愿者的专业力量；动员各级“三八红旗手”（集体）、“巾帼建功标兵”（巾帼文明岗）、“维护妇女儿童权益先进个人”（集体）、“致富女带头人”、“最美家庭”、“五好家庭”等加入巾帼志愿服务行列，形成巾帼志愿者的骨干力量；鼓励社会各方面力量积极参与，形成巾帼志愿者的社会力量。

积极发展巾帼志愿服务组织。全国妇联整合各类巾帼志愿人才资源，全力构建多种类型的巾帼志愿服务组织，进而逐次建立地方巾帼志愿服务协会（联合会）等行业组织。充分利用妇联的独特优势和阵地设施，通过政策引导、项目资助、组织引领、重点培育等方式，重点建设一批活动秩序规范、作用发挥显著、社会影响力大的示范性巾帼志愿服务组织，为巾帼志愿服务组织的启动成立和初期运作提供全面的支持，帮助提升服务能力；积极动员

社会力量和吸纳社会资金，联合社会力量设立巾帼志愿服务专项基金，以“三年一个周期、一年一个阶段”的实施方式，全方位宣传巾帼志愿服务形象，积极举办巾帼志愿服务活动，广泛传播巾帼志愿文化理念。

（二）做强高质量品牌，提高传播力引导力

统一志愿服务标识，规范化管理。全国妇联统一巾帼志愿服务标识，规范使用全国妇联发布的巾帼志愿服务标识、旗帜、徽章等，在巾帼志愿服务阵地、活动中亮出巾帼志愿服务标识，提高巾帼志愿服务辨识度。大力争取公益宣传资源，在全国城乡社区便民宣传媒介、城市广场楼宇大型宣传屏幕、城市地标建筑楼体灯光设施、公共交通系统移动宣传平台、电影院片头等投放公益广告；3月5日、3月8日前后，全国百城万乡点亮妇联组织标识和巾帼志愿者LOGO。北京市妇联在人流密集的地铁、公交大站投放公益广告、车身广告；浙江省杭州市妇联在6000辆公交车、1.2万块电子屏以及主要地铁线路滚动播出倡议片、宣传海报；辽宁、河北、山东、河南、陕西、甘肃、湖南、四川、重庆、广西、西藏等各地各级妇联在便民服务中心城乡社区广场、机场、商场、医院等人流聚集地持续播放巾帼志愿服务宣传片和张贴宣传海报。

举办宣传交流活动，各媒体平台联动发力。全国妇联对标全国学雷锋志愿服务“四个100”先进典型，推介主题鲜明、亮点突出、成效显著的巾帼志愿服务项目，建立巾帼志愿服务项目库，对入库的优秀组织和项目加强培训、扶持、推广，发挥典型项目的带动示范效应。目前，全国妇联已连续举办五届新时代巾帼志愿服务征集展示活动，积极对广大巾帼志愿者的感人事迹进行宣传，扩大巾帼志愿服务的社会影响力，对巾帼志愿服务工作进行系统总结，进一步明晰要求、推广经验、巩固成果，以实践为导向为基层巾帼志愿服务工作提供学术支撑和实践经验指南，促进巾帼志愿服务项目化、制度化、品牌化发展。例如，2021年首届全国巾帼志愿服务关爱行动微电影大赛线上展播正式开启，此次微电影大赛聚焦巾帼志愿服务关爱行动的丰富成果和宝贵经验，围绕广大巾帼志愿者在志愿服务活动中的生动实践，讲述了在开展党的创新理论宣传宣讲、乡村振兴、疫情防控、防汛救灾、节约粮食、文明实

践、关爱女童、助老服务、邻里守望等巾帼志愿服务中的感人故事，展示了广大巾帼志愿者的风采。此外，全国妇联还依托8000余个新媒体平台联动发力、互动活跃的集群矩阵，通过“妇联平台多级传播，主流媒体交互联动、社交媒体助力发酵、社会媒介持续宣传”的层层发动立体化多层次传播模式，多渠道精准发力，策划传播活动，把握传播节点、周期，宣传巾帼志愿服务先进典型和感人事迹，通过生动的文艺作品和丰富多彩的文化活动，讲好巾帼志愿服务故事，充分展现了巾帼志愿服务风范风采，营造了进一步促进巾帼志愿服务发展的良好环境，使巾帼志愿服务行动的影响力大大增强。

（三）建设数字化平台，探索“破圈”力

数字化平台“点单”。全国各地妇联借助新时代文明实践中心网络管理服务平台，建立宣讲、教育、文艺、科技等九大资源服务中心，通过征集心愿单、发布志愿服务项目等方式，在各地开展基层点单，实现“群众点单、中心派单、志愿者接单、群众评单”的闭环工作模式。

数字化平台管理。全国妇联不断探索运用大数据手段，拓宽“网络阵地”，进一步扩展巾帼志愿服务的应用场景，构建数字化智慧型的巾帼志愿服务管理体系，逐步提高巾帼志愿服务的信息化管理水平，促进巾帼志愿服务向智治化、数字化、专业化、精准化方向发展。全国妇联于2020年建设巾帼志愿阳光行动信息管理系统，不断加强与全国、省级志愿服务信息平台的互联互通，把志愿者、志愿项目、资源支持、激励手段等有机整合，达到在网络互动平台上实现项目发起、进行志愿者招募、落实活动反馈、志愿服务记录以及后期评价的“一站式”操作，初步构建起记录完备、翔实的巾帼志愿服务“云”管理数据库，在全国志愿服务工作中打响妇联品牌，凸显巾帼力量。全国妇联充分利用信息化技术手段，动态发布供需信息，发布志愿服务项目和活动安排，及时有效匹配巾帼志愿服务供给与需求；完善项目发起、人员组织、签到签离、激励评价、保险保障等机制；建设巾帼志愿服务资源库和服务技能培训知识库，动态管理配置巾帼志愿服务队伍、组织、项目、专家等方面资源。

（四）工作研究高赋能，提升基层向心力

深入理论与实践研究。全国妇联着眼于构建新发展格局和适应新时代志愿服务发展需要，进一步强化巾帼志愿服务的理论研究与实践探索，系统构建巾帼志愿服务专家库，深入探究巾帼志愿服务领域前沿和重大问题，提高巾帼志愿服务的前瞻性和科学性。开展巾帼志愿服务论坛研讨、实地考察、成果展示、创投大赛等活动，推广有益经验，促进巾帼志愿服务工作分享交流；认真总结实践经验，通过经验研究、理论研究、制度建设等不同层面总结巾帼志愿服务的开展情况，将全国各地巾帼志愿服务典型实践铺陈开来，把理论与实践相结合，让学理与事理相贯通，将基层的创新探索进一步转化为能够指导志愿服务实践的工作规律，输出志愿服务蓝皮书、案例集等成果，强化巾帼志愿服务工作的前瞻性、针对性、指导性。

完善培训体系。为了深入学习贯彻习近平总书记有关志愿服务的重要指示批示精神，认真贯彻党中央提出的关于志愿服务工作的部署要求，明确新时代巾帼志愿服务面临的新形势新任务新要求，聚焦提高巾帼志愿服务骨干能力素养，提升新时代巾帼志愿者的工作能力和理论修养，进一步推动巾帼志愿服务向着制度化、专业化、社会化的方向发展，全国妇联建立起分级分类的巾帼志愿服务培训体系，多次举办全国巾帼志愿服务示范培训班。设置具有特色的巾帼志愿服务培训课程，探索新的培训形式，通过线上线下相结合的形式，扩大培训覆盖面，为巾帼志愿者和志愿服务组织提供专业培训；跟踪掌握巾帼志愿者接受培训、参加服务的情况，评估服务效果，及时改进提高。

四　巾帼志愿服务未来目标与展望

（一）加强巾帼志愿者队伍建设

建立分级动员模式。全国妇联要完善省、市、区（市）县、乡镇（街道）、村（社区）五级巾帼志愿服务体系，在村（社区）以一定数量的家庭

户为单位构建巾帼志愿服务网格，推动形成网络化纵向贯通、党政群部门协同联动的志愿服务网络。积极联合当地有关部门，建立党政群部门协同联动的文明实践网络，保证新时代文明实践工作的纵向贯通，不断拓展志愿精神的触角向基层延伸，整合社会、家庭、高校等有关资源，发挥各自优势，联合协同推进，为关爱服务项目提供开展阵地、人力资源、优良队伍、实效服务等方面的保障支持，推动项目在全国范围内广泛开展。

整合各类巾帼志愿人才。各地妇联要全面建立多样化的巾帼志愿服务组织，有条件的地方可建立巾帼志愿服务协会（联合会）等行业组织。鼓励和支持各级党政机关、企事业单位、人民团体、社会组织等成立巾帼志愿服务队伍，进一步扩大巾帼志愿服务活动的社会覆盖面；依托各地志愿服务组织和社会组织孵化基地，加大巾帼志愿服务队伍和组织的孵化力度，在项目开发、形式创新、能力培养、合作交流等方面提供有针对性的扶持。

（二）健全妇联志愿服务管理制度

规范巾帼志愿者管理。各地妇联应落实《关于推动新时代巾帼志愿服务发展的意见（试行）》，积极推动巾帼志愿者招募、注册、记录、保障规范化发展。建立完善巾帼志愿者招募制度，指导巾帼志愿服务组织根据工作需要，及时发布招募信息，规范开展招募工作；完善巾帼志愿者注册管理制度，构建规范化的巾帼志愿者注册登记体系，为巾帼志愿者建立翔实的个人志愿服务档案，确保巾帼志愿者参加志愿服务的信息记录的及时性、完整性和准确性，以及巾帼志愿服务记录证明开具的规范性。

加强巾帼志愿服务组织管理。各地妇联应构建巾帼志愿服务组织内部科学高效的运行机制，制定完善议事、决策、执行、监督等管理制度。鼓励有条件的巾帼志愿服务组织依法到民政部门登记，支持巾帼志愿服务组织到各地妇联组织备案；对巾帼志愿服务组织加强指导、增进联系、做好服务，同时要建立完善巾帼志愿服务组织相关的管理制度，逐步推进巾帼志愿服务组织向着系统化、规范化的方向发展。

健全巾帼志愿服务关爱激励机制。各地妇联应彰显志愿服务价值导向，进一步制定以精神奖励为主的奖励措施，增强巾帼志愿者的成就感和荣誉感。结合各地实际，建立完善巾帼志愿服务评价体系和激励机制；建立巾帼志愿者回馈制度，给予志愿者星级评定、积分兑换、免费保险等礼遇；建立巾帼志愿者嘉许制度，宣传表彰优秀巾帼志愿者、巾帼志愿服务组织、巾帼志愿服务工作者，在“道德模范”“文明家庭”“三八红旗手”“维护妇女儿童权益先进”“巾帼建功标兵”等评选表彰中向优秀巾帼志愿者倾斜，调动和保护巾帼志愿者的积极性和服务热情。

完善巾帼志愿服务信息化管理。各地妇联应探索运用大数据手段构建智慧型巾帼志愿服务管理体系，提升巾帼志愿服务的信息化管理水平。着力建设巾帼志愿服务数据系统，加强与全国、省级志愿服务信息平台的互联互通，在全国志愿服务工作中打响妇联品牌，凸显巾帼力量。

（三）强化巾帼志愿服务的功能性与应用性

精准设计巾帼志愿服务项目。全国妇联应坚持目标导向、需求导向、效果导向，围绕党和国家中心工作，聚焦妇女儿童和家庭关切，加强巾帼志愿服务项目策划、设计和组织，发挥巾帼志愿阳光行动示范作用，进一步提高巾帼志愿服务项目质量。巾帼志愿服务组织要下沉到群众中去，了解和征集群众的需求，将群众需求与自身能力和特点相结合，针对群众需求做好服务规划，精准设计服务项目，开展让群众满意的志愿服务活动。创新志愿服务方式方法，开展在线志愿服务项目；探索开展点单配送服务，实行点单、派单、接单、评估的项目化开展机制；逐步建立巾帼志愿服务供需有效对接机制和服务长效机制，做到巾帼志愿服务项目可复制、能持续、见实效。

培育孵化巾帼志愿服务项目。全国妇联应对各地开展的服务社会发展、贴近群众需求的重点项目进行重点指导、重点扶持，示范性地推出一批对象明确、内容精准、方法科学、效果显著的巾帼志愿服务项目，让更多妇女儿童和家庭受益；鼓励各地建立巾帼志愿服务项目库，定期收集、整理和评选精品特色项目；对入库的优秀组织和项目加强培训、扶持、推广；举办展示交流活动，选拔推介主题鲜明、亮点突出、成效显著的巾帼志愿服务项目，

发挥典型项目的带动示范效应。

打造巾帼志愿服务阵地。全国妇联应鼓励各地因地制宜，结合实际，探索建立巾帼志愿服务阵地，为巾帼志愿服务发展提供空间支持。依托妇女儿童活动中心、妇女之家、儿童之家、家长学校、维权服务站点、妇女儿童博物馆、妇女爱国主义教育基地等妇联工作阵地和新时代文明实践中心（站、所），设立有标识、有人员、有活动、有资金的标准化巾帼志愿服务阵地，打造巾帼志愿服务示范站点，引领带动巾帼志愿服务阵地建设；充分利用互联网便捷的优势，着力进行巾帼志愿服务网上阵地建设；以线下各类巾帼志愿服务阵地为依托，科学规划并积极开展巾帼志愿服务活动，充分发挥线上线下两个阵地的使用效能。

塑造巾帼志愿服务品牌形象。全国妇联应统一巾帼志愿服务标识，规范使用全国妇联发布的巾帼志愿服务标识、旗帜、徽章等，在巾帼志愿服务阵地、活动中对巾帼志愿服务的标识、旗帜等进行突出展示，提高巾帼志愿服务的辨识度。在常态化开展巾帼志愿服务的同时，充分利用重要节日节点，抓住学雷锋纪念日、国际志愿者日、三八妇女节、寒暑假期、5·15 国际家庭日、六一儿童节、重阳节、妇女儿童权益保障相关重要法律实施纪念日等契机，集中力量策划开展贴近群众需求的巾帼志愿服务活动，打造一批叫得响、影响力大、让人耳熟能详的品牌项目，提高巾帼志愿服务的社会关注度和影响力。

（四）深入推进巾帼志愿服务项目化运作

持续开展巾帼志愿阳光行动。全国妇联应扎实推进志愿阳光站的布局建设，稳步增加阳光站数量，新命名一批全国文明实践巾帼志愿阳光站，指导各地各级妇联命名建设本级文明实践巾帼志愿阳光站。鼓励街道（乡镇）、城乡社区、小区物业服务单位为巾帼志愿服务组织提供服务场所，开放更多公共资源，支持利用闲置空间就近引入巾帼志愿服务组织和志愿服务项目，形成巾帼志愿服务近距离服务圈，做到有队伍、有方案、有记录、有宣传；鼓励整合现有基层空间，创新拓展巾帼志愿服务场景，使巾帼志愿服务阵地支撑、团队孵化、信息集散、项目发布、宣传展示等功能发挥显著成效，进一步形成志愿服务共享化新态势，常态化开展一系列基础和专业性志愿服务。

创新开展生育关怀巾帼志愿服务。全国妇联应助力建立健全覆盖全生命周期的人口服务体系，鼓励具有医疗护理、心理咨询、教育教学、体育健身、司法法律、营养保健等知识和技能的巾帼志愿者和团队，发挥专业所长，以宣传新时期生育政策、全面开展生育关怀和卫生健康服务、为计划生育特殊家庭提供所需帮助，以及关心关爱留守儿童、老人和流动人口家庭为主要任务，以育龄人群和计生家庭为主要服务对象，通过组织相关的公益活动、提供群众所需的志愿服务以及承接政府出资购买的项目等方式，协同开展巾帼志愿服务行动；认真分析当地留守女童、留守妇女、老年妇女的特点需求，把握寒暑假、春节等契机，充分利用智能化设施设备，积极开展关爱“一老一小”群体的文明实践巾帼志愿阳光行动，倡导婚嫁、生育、养育、教育的科学理念和文明新风，为儿童尤其是留守女童提供预防性侵、安全防护、温暖关爱等知识教育，为留守妇女、老年妇女提供科技、文化、健康、生活等方面的志愿服务，为实施“三孩生育政策”营造良好环境，探索形成优势和特色；持续应用微信公众号、微博、抖音、快手等新媒体及微信朋友圈、微信群等妇联系统全媒体矩阵将生育关怀巾帼志愿服务送到千家万户。

参考文献

高嵘，2013，《当代中国志愿服务发展历程与特征》，《理论学刊》第 5 期，第 68 ~ 71 页。

地区发展报告

Region Development Reports

B.2 北京市巾帼志愿服务发展报告

张雅君　刘晓欢　吴　睢*

摘　要： 近年来，北京市妇联深入贯彻落实习近平总书记关于志愿服务的重要指示批示精神，有序组织巾帼关爱活动，推动巾帼志愿服务走向制度化、实效化。本文通过对相关文献资料及典型案例进行梳理，发现北京市巾帼志愿服务经历了探索发展时期、全面推进和迅猛发展时期、提质升级与转型发展时期三个主要发展阶段。北京市巾帼志愿服务基于重大赛事平台优势，注重与友邻单位合作，整合社区资源，突出志愿家庭在巾帼志愿服务中的作用，形成了志愿服务参与人数众多、全家老幼齐上阵的局面。但在后续的工作中，北京市妇联仍需结合本地特点，总结“志愿家庭点亮冬奥社区”主题实践活动经验，进一步强化队伍建设；围绕服务民生和中心工作，深入挖掘志愿服务典型案例，讲好巾帼志愿服务故事；依托学雷锋志愿服务先进典型选树平台和市妇联全媒体矩阵，加大对志愿服务

* 张雅君，北京市妇联党组书记、主席；刘晓欢，北京市妇联社会工作部干部；吴睢，中国社会科学院大学社会与民族学院博士研究生。

先进典型的宣传力度，持续扩大巾帼志愿服务影响力。

关键词： 北京市 巾帼志愿服务 重大赛事 志愿家庭

习近平总书记指出“志愿服务是社会文明进步的重要标志”① “志愿者事业要同‘两个一百年’奋斗目标、同建设社会主义现代化国家同行”②。巾帼志愿服务作为中国志愿服务的一个重要组成部分，以“立足社区、面向家庭、扶危济困、守望互助”为宗旨，持续发挥自身的优势和作用。北京市妇联深入贯彻落实习近平总书记关于志愿服务的重要指示批示精神，有序组织巾帼关爱活动，促使巾帼志愿服务事业取得长足进步。经过几十年的发展，尤其是以2008年北京奥运会志愿服务为契机，北京市巾帼志愿服务事业逐渐向着常态化、制度化和专业化的方向发展。近些年，北京市巾帼志愿服务基于重大赛事平台优势，与友邻单位合作，下沉社区基层，整合志愿家庭资源，开展了一系列具有特色的巾帼志愿服务活动。

北京市作为首都，其巾帼志愿服务更是全国的先进名片之一。在“十四五”开局之年，对北京市巾帼志愿服务发展历程及其发展成就进行回顾性梳理，对未来工作进行总结与展望，具有十分重要的意义。因此，本文将基于相关文献材料，结合典型案例对北京市巾帼志愿服务的发展历程、发展成就进行分析与论述，并对未来工作进行总结与展望。

一 北京市巾帼志愿服务发展历程

北京市巾帼志愿服务经历了三个主要发展阶段。第一个阶段为2000~2007年，为北京市巾帼志愿服务的探索发展时期。该时期，北京市巾帼志

---

① 《习近平时间丨志愿服务是社会文明进步的重要标志》，http：//www. xinhuanet. com/video/2019-12/05/c_ 1210382220. htm，最后访问日期：2022年1月25日。

② 《【每日一习话】志愿者事业要同“两个一百年”奋斗目标同行》，https：//baijiahao. baidu. com/s？ id=1685196340689519786，最后访问日期：2022年1月25日。

愿服务处于初步探索阶段，主要是在原有的“三八送温暖服务”基础上进行发展，具有以下特点：巾帼志愿服务建设规模较小，巾帼志愿服务集中于特定节点开展服务，缺乏完整的组织制度，缺乏打造品牌项目的意识。第二阶段为2008~2015年，为北京市巾帼志愿服务的全面推进和迅猛发展时期。该阶段的发展得益于围绕2008年北京奥运会开展的一系列志愿服务的较大规模带动与影响。此后，北京市巾帼志愿服务呈现以下特点：志愿服务理念普及并深化，巾帼志愿服务建设规模扩大，巾帼志愿服务全域推进并趋于定期，巾帼志愿服务项目趋于多元化，巾帼志愿者开启登记注册、统一管理的模式。第三阶段为2016~2021年，为北京市巾帼志愿服务的提质升级与转型发展时期。该时期，北京市巾帼志愿服务进入全面发展期，以全面建立发展制度来促进巾帼志愿服务队伍健全，推动巾帼志愿服务规律化、长期化、针对化、信息化。

（一）探索发展时期：2000~2007年

北京市巾帼志愿服务的前身为“三八送温暖服务”，该时期的巾帼志愿服务亟须建立健全各项规范制度，以促进巾帼志愿服务走向常态化、制度化、规范化。

1. 巾帼志愿服务队伍初步形成

2001年7月，北京市妇联依据全国妇联“中华巾帼志愿者”行动要求，下发《关于做好“中华巾帼志愿者”管理工作的通知》。北京市各级妇联原有志愿者队伍通过确认登记，直接并入“中华巾帼志愿者”队伍。至此，拥有40余年历史的“三八送温暖服务队”更名为“首都巾帼志愿者服务队”。12月，全市共建成首都巾帼志愿队伍5700支，志愿者14万人。志愿者的构成由原来以专职、兼职的妇女干部为主，发展为各行各业女职工和离退休人员广泛参与。

2. 保障机制初步建成

2003年10月，北京市妇联下发《关于加强巾帼志愿者管理工作的意见》，建立了审核登记制度和评选表彰制度，明确了巾帼志愿服务工作的重点，将服务家庭、服务妇女纳入服务工作的主要内容，并制定了两年评选100名“首都优秀巾帼志愿者”、10名“首都巾帼志愿者之星”、20支（或30支）“首都优秀巾帼志愿者服务队”和“优秀巾帼志愿者管理组织”的评选机制。

3. 组织建设初步明确

2006年，北京市妇联制定《首都巾帼志愿者管理办法》，成立首都巾帼志愿者工作领导小组，办公室设在北京市妇联。市妇联各部门和区妇联分别组织“首都巾帼志愿者”团队并负责管理工作，重新设计志愿者旗帜，以突出巾帼志愿服务标识。

4. 服务建设初显成效

2002年，北京市妇联与市委宣传部、首都文明办、市民政局等部门联合启动“扶贫济困春风行动”项目，对困难家庭进行帮扶。6月16日，市妇联机关巾帼志愿者（全体干部）为困难家庭捐助一日工资。同时，10个部门党支部与10个困难家庭结成了帮扶对子，在物质和精神层面上给予困难家庭帮助。

2004年6月，北京市启动“百万家庭上网工程”项目，市妇联、市科协、市网信办联合举办“2004年北京百万家庭数字生活技能大赛”。首都巾帼志愿者积极响应活动，组建了“巾帼数字志愿者服务队”。巾帼数字志愿者们深入社区，为居民提供计算机知识的相关培训，并现场进行实操辅导，赢得了社区居民的一致好评。

2005年3月，为纪念第四次世界妇女大会召开10周年，50名巾帼志愿者和青年志愿者承担了500多名中外贵宾在怀柔参观游览的陪同、翻译、讲解等工作。3月8日，首都巾帼维权志愿者参加妇女维权周“春风送岗位行动”，为有诉求的妇女群众提供法律咨询服务。4月，首都巾帼数字志愿者为“北京市家庭主页设计大赛”全程提供服务。

2006年植树节期间，北京市巾帼志愿者参与植树200多万棵，养护树木90多万棵，种植花卉130多万株，绿化面积4万余亩。

总的来看，7年间，北京市巾帼志愿服务初步建立了志愿服务队、工作组织架构、激励机制，明确了工作内容。受制于社会背景以及自身建设水平，北京市巾帼志愿服务项目多与其他部门联合开展，具有分散性的特点，但该阶段的探索与建设为后续的进一步发展奠定了基础。

（二）全面推进和迅猛发展时期：2008~2015年

北京市巾帼志愿服务在 2008 年奥运志愿服务大潮中得到进一步发展，尤其是志愿服务理念的深化与普及，促进形成了全民参与、大规模定期服务、全域推进、项目多元且因地制宜的局面。巾帼志愿者开启了登记注册、统一管理的模式，为后续的巾帼志愿服务提供了规范性保障。

1. 队伍建设更为广泛

2008 年北京奥运会作为现代奥运志愿服务的里程碑，志愿者总数达到 170 万人，其中城市志愿者 40 万人，社会志愿者 100 万人。在此期间，政社协三方女性主体组建巾帼志愿服务队以服务奥运赛事。其中，北京市妇联牵头联合 14 个区（县）妇联，共组织了 3988 名巾帼志愿者，分别组建了近 400 支“姐妹指路队”，累计服务中外宾客 35 万余人次，共接受中外媒体采访 50 余次；以首都女教授协会、北京女医师协会等女性团体为主，成立了巾帼数字志愿者服务团、巾帼英语培训志愿者服务团、巾帼医疗服务志愿者服务团，为奥运赛事贡献女性知识力量；全市城乡妇女自发组织了 5700 支首都巾帼志愿服务队，近 16 万名首都巾帼志愿者服务于奥运。同年，中央精神文明建设指导委员会印发《关于深入开展志愿服务活动的意见》，指出要“普及志愿理念、弘扬志愿精神，努力营造关心、支持和参与志愿服务的浓厚社会氛围”。① 为响应国家宏观层面的重要指示，2009 年，北京市妇联整合原妇联系统内的巾帼志愿者和正在发展的家庭志愿者，组建“金玫瑰”志愿者团队，并对妇联系统志愿者进行重新审核登记。2010 年，“金玫瑰”志愿者团队提出“我参与、我奉献、我幸福、我快乐”“赠人玫

---

① 《中央文明委关于深入开展志愿服务活动的意见》，http：//www. wenming. cn/zyfw_ 298/zlk/201011/t20101104_ 4599. shtml，最后访问日期：2022 年 1 月 25 日。

瑰，手有余香”的服务理念。为突出巾帼志愿服务特色，提高巾帼志愿服务影响力，所有参与志愿服务活动的巾帼志愿者统一佩戴“金玫瑰”胸章和印有“金玫瑰”的黄色丝巾。

2. 服务建设更为多元

2011 年 2 月，北京市妇联正式组建社会工作部。2015 年，北京市巾帼志愿服务工作正式移交到社会工作部。在社会工作部的整合协调下，巾帼志愿者为妇女群众提供维权、创业就业、教育培训、家庭教育、文化体育、家政等综合服务。同时，巾帼志愿服务也着眼于特定领域，着重关注弱势女性群体的支持问题，通过“三八”妇女巾帼维权活动、“益家筑梦、携手成长”“邻里守望　姐妹相助”等巾帼主题志愿活动为女性群体赋能。

3. 保障机制更为全面

巾帼志愿服务要实现有序、有效、可持续发展，就要建立起更为全面的志愿保障机制。北京市妇联同北京市志愿者服务中心建立起密切合作关系，对接北京市志愿服务平台，实现资源共享。其具体表现为：（1）共享保障，凡是在平台注册的巾帼志愿者或巾帼志愿项目，都可以在开展志愿服务时获得意外保险等保障；（2）记录时长，凡是在平台注册的巾帼志愿者都可以同样获得时长记录，积累志愿服务时长以取得荣誉性激励。

总体来看，在全国推进志愿服务大发展的背景之下，北京市巾帼志愿服务在前一阶段的基础上，队伍建设不断拓展，服务项目更加多元，各项组织机制、保障机制更为具体，使巾帼志愿服务资源得到进一步整合，形成了全面推进和快速发展的新局面。

（三）提质升级与转型发展时期：2016~2021年

2015 年之后，北京市巾帼志愿服务在社会经济转型的背景下，不断革新自身组织体系建设，完善相关志愿服务制度，以推动巾帼志愿服务全面发展。北京市巾帼志愿服务建立健全巾帼志愿服务队伍，在长期有规律开展志愿服务的同时，兼顾在重大时间节点开展重点服务；在首都精神文明办、北京志愿服务联合会的指导下，广泛开展巾帼志愿服务活动，不断扩大巾帼志愿服务的影响力，提升巾帼志愿服务整体品质；依托“志愿北京”服务平台，鼓励志愿者、志愿组织、志愿队伍大规模长期性进行个人、组织、项目的注册与发布，以电子数据的形式保留巾帼志愿服务数据；根据首都特点，立足妇联组织优势，创新性开展志愿家庭服务队的建设，真正将巾帼志愿服务的触角延伸到社区，为北京市后续巾帼志愿服务的开展打下坚实基础。

1. 队伍建设规范性、专业性显著提升

2015 年之后，北京市妇联依托“志愿北京”数字平台，创新队伍吸纳、管理模式，利用数字平台对注册志愿者进行规范化、精细化管理。2017 年，以“一家衣善”项目为载体，积极培育巾帼志愿服务的家庭志愿者队伍。2018 年 3 月 27 日，北京市妇联下发《开展巾帼志愿登记注册的通知》，在全市广泛开展巾帼志愿者和巾帼志愿服务组织登记注册工作。2021 年 11 月，北京市妇联向各区妇联发出通知，要在全市推进建立“志愿家庭服务队”，聚合志愿家庭的力量服务冬奥会、冬残奥会。北京市巾帼志愿服务逐步完善早期建立的巾帼志愿服务者信息库，以规范建制、层层立档的形式促进队伍建设规范化。

巾帼志愿服务的有效落地需要的不仅仅是志愿服务热情，更重要的是志愿服务能力。2016 年，市妇联邀请香港资深专业社工督导，结合香港志愿服务工作经验，为社会组织和基层妇女骨干就社区邻里志愿服务的开发与管理进行专题培训，提升巾帼志愿者的服务能力。

2. 项目建设品牌意识显著增强

2017 年，北京市妇联制定并下发《关于全面推动实施“邻里守望　姐妹相助”巾帼主题志愿服务项目的通知》，提出以社区“妇女之家”为平台，面向广大妇女儿童和家庭，开展“邻里守望 · 暖心行动”、“邻里守望 · 安心行动”和“邻里守望 · 开心行动”三大行动。巾帼志愿服务内容持续深化，集中力量打造品牌活动，品牌意识持续增强。

2017 年 3 月 5 日，北京市妇联与首都精神文明办、北志联联合发布《关于开展“一家衣善”公益环保行动的通知》，启动“一家衣善”公益项目。2018 年 3 月 13 日，项目各方就 2017 年“一家衣善”项目运行中的问题与 2018 年项目工作开展计划进行了沟通与探讨，为品牌项目长期开展提供保障基础。

3. 激励机制显著完善

北京市巾帼志愿服务持续推动优秀巾帼志愿者、巾帼志愿服务单位荣誉评选，其中，2016 年，3 个项目和 5 个志愿服务队伍分别被评为“全国巾帼志愿服务优秀志愿服务项目”和“优秀志愿服务团队”，并向中宣部、中央文明办等 11 个部门推荐“最美志愿者”1 人和“优秀志愿服务项目”1 个。2018 年，40 个巾帼志愿服务相关单位和个人被评为 2018 年度北京市学雷锋志愿服务“五个 100”先进典型；2020 年，25 个巾帼志愿服务相关单位和个人被评为 2020 年度北京市学雷锋志愿服务“五个 100”先进典型；2021 年，17 个巾帼志愿服务相关单位和个人被评为 2021 年度北京市学雷锋志愿服务“五个 100”先进典型。北京市巾帼志愿服务持续推动荣誉评选制度化，激发巾帼志愿服务者、服务单位志愿服务热情，并鼓励市巾帼志愿服务者、服务单位创新项目内容，规范化建立志愿项目评选和志愿案例收集，促进志愿服务内容质量升级。其具体呈现为：2018 年 12 月 20 日，北京市推选的《一个编辑部与一所小学》入选全国巾帼志愿服务 10 大暖心视频；2021 年 2 月，北京市妇联编辑整理印制《2020 年巾帼志愿服务案例集》。

4. 信息化建设持续推进

在信息网络深度融入经济社会生活各个方面的背景下，如何运用信息技术推进巾帼志愿服务模式创新成为新时代巾帼志愿服务必须面对的重大时代课题。北京市妇联积极依托互联网等信息载体，统筹巾帼志愿者背景信息，利用新媒体技术推进志愿服务形式及内容丰富化、高效化。例如，2021 年 1 月 25 日，北京市妇联向社会组织发出通知，号召社会组织发挥自身优势，以“留京过年 · 爱在云端”为主题组织开展云科普、云游览、云课堂、云相亲、线上阅读等多种多样的志愿服务活动。

总的来说，在该阶段，北京市巾帼志愿服务立足时代背景，全面持续推进巾帼志愿服务队伍建设、制度建设、项目建设、信息化建设，打通了宣传群众、服务群众的“最后一公里”。

二 北京市巾帼志愿服务发展成就

经过长期发展，北京市巾帼志愿服务在党中央的领导下，不断创新服务模式，扩展服务队伍，整合社会资源，取得了一系列显著成就。截至2021年，北京市巾帼志愿者共计47.79万人，妇女、儿童领域志愿服务组织16536个。此外，北京市妇联还以志愿服务项目为载体，积极培育社区家庭志愿精神，吸纳众多志愿家庭活跃在基层志愿服务中。冬奥会期间，全市共建立志愿家庭服务队3145支，开展志愿服务29410次。

北京市巾帼志愿服务队伍涵盖了市、区、街（村）、社区四级。在市级层面，北京市妇联主管并通过公益项目紧密联系的志愿服务组织共150多个。其中，具有代表性的巾帼志愿服务组织为北京红爹之家妇女儿童志愿服务促进中心（北京市妇联主管社会组织）下属的北京红爹之家志愿服务队、快乐小陶子志愿服务队等。在区、街（村）、社区层面，各区、街（村）、社区实现了巾帼志愿服务队伍的全面覆盖，并注重队伍建设朝着特色化、品牌化方向发展，形成了一批较知名的品牌队伍，如昌平区的"京北丽人巾帼志愿服务队"、平谷区的"平谷金玫瑰巾帼志愿服务队"、顺义区的"顺义姑娘巾帼志愿服务队"、延庆区的"康大姐志愿服务队"等。2021年，北京市妇联借着冬奥会的契机开展全市志愿家庭服务队建设，打通志愿服务落下基层、深入群众的通道。

近几年，北京市妇联按照全国妇联的指导和要求，以"邻里守望 姐妹相助""巾帼建功新时代 志愿服务暖人心"等主题开展全年志愿服务。结合学雷锋纪念日、国际志愿者日、妇女儿童公益服务博览会等重要节点和活动以及疫情防控、冬奥会等社会热点，北京市妇联组织全市范围内的主题巾帼志愿服务活动，发挥巾帼志愿者的作用，如疫情期间，市妇联将巾帼志愿者和下沉妇联干部共同纳入联防联控机制，发出倡议号召广大巾帼志愿者做好"守门员""宣传员""服务员""疏导员"，发挥巾帼志愿者的作用，在社区防控和服务居家生活两个方面开展志愿服务工作；迎冬奥期间，市妇联组织巾帼志愿者、志愿家庭开展“志愿家庭点亮冬奥社区主题实践活动”，以围绕“组建志愿家庭服务队”“志愿家庭打造绿色家园行动”“志愿家庭倡扬行为文明行动”“志愿家庭弘扬奥运精神行动”“志愿家庭守护社区平安行动”五项主题实践活动内容，开展疫情防控、环境清扫、知识竞赛、全民健身、防拐防骗等一系列巾帼志愿服务活动。

三　北京市巾帼志愿服务基本情况

（一）制度化建设

中央精神文明建设指导委员会印发《关于推进志愿服务制度化的意见》，指出“推进志愿服务制度化，对于推动志愿服务持续健康发展、促进学雷锋活动常态化，对于培育和践行社会主义核心价值观、在全社会形成向上向善的力量，具有十分重要的意义”。只有推动制度化建设，才能更好地展现志愿服务精神，才能更多地被广大社会认可与接纳（谭建光等，2000）。志愿服务制度化建设是一个长期的、渐进的过程，需要多维度支撑，在促进志愿服务价值理念普及的同时，要重点兼顾政策法规的建设。北京市巾帼志愿服务在制度化建设的过程中，以市志愿服务政策法规为坚实保障，弘扬巾帼志愿服务精神，发展巾帼志愿服务特色项目。

2007 年 9 月 14 日，北京市第十二届人民代表大会常务委员会第三十八次会议表决通过《北京市志愿服务促进条例》。该条例对志愿者的定义、成为志愿者的途径、志愿服务工作协调机制、志愿者的权利和义务、志愿者招募形式及志愿活动应该遵循的原则等志愿服务的基本内容进行了规定。

2020 年 12 月 25 日，北京市第十五届人民代表大会常务委员会第二十七次会议表决通过《北京市志愿服务促进条例》（新修订版），该条例从 2021 年 3 月 1 日起施行。此次新修订条例的主要特点有：明确北京市坚持党对志愿服务工作的领导；突出首都志愿服务特色，北京市将推动基层服务群众的志愿服务平台建设，依托新时代文明实践中心、志愿服务站等形式，建立健全社区志愿服务工作机制，补充规定社区的工作职责，补充细化社区志愿服务内容；加强志愿者激励与保障，完善志愿服务促进措施，政府及其有关部门对志愿服务活动的开展给予指导；鼓励志愿服务组织开展医疗救护等专业志愿服务，支持志愿者利用志愿服务工时换取社区服务。

（二）体制机制建设

北京市巾帼志愿服务体制机制建设主要涉及四个方面：①巾帼志愿服务工作体系；②巾帼志愿服务组织体系；③巾帼志愿服务队伍体系；④巾帼志愿服务激励机制。在以制度化推进志愿服务发展的大背景之下，北京市巾帼志愿服务依照相关政策文件要求指示，实现了工作体系、组织体系、队伍体系、激励机制的进一步完善与发展。

1. 巾帼志愿服务工作体系

北京市巾帼志愿服务工作体系持续完善妇联组织领导机制。北京市妇联将巾帼志愿服务作为妇联参与精神文明建设、服务妇女群众的重要抓手，在横纵两个层面上切实加强组织领导。横向上，北京市妇联与北京首都精神文明建设委员会办公室、北京市民政局、北京市志愿服务联合会、共青团北京市委员会等多部门开展合作，推动各地党政部门把巾帼志愿服务纳入文明城市、文明乡村、最美家庭创建活动中，纳入社会志愿服务工作总体规划，争取各有关部门在工作上的指导和政策、资源上的支持，为巾帼志愿服务工作的健康发展提供有力支撑。纵向上，北京市妇联依托妇联组织架构体系，机构设置层层下放，设置“市—区—街道、镇—社区、村”四级管理体系的工作格局，围绕党政中心工作，根据群众需求的发展变化，以改革创新精神推进巾帼志愿服务工作，努力探索开展巾帼志愿服务的新形式和新载体，认真总结、大力推广巾帼志愿服务工作的新做法和新经验，不断提高全市巾帼志愿服务工作水平。

2. 巾帼志愿服务组织体系

志愿服务组织体系承担着架构骨干的功能，是志愿服务体系建设的核心内容。健全志愿服务组织体系，关键在于抓好组织领导、组织管理和组织培育三个环节（王毅，2020）。北京市东城区巾帼志愿服务组织体系的建设在全市发挥着典型作用。其紧紧把握加强和创新社会治理的有利时机，充分发挥妇联在社区治理和家庭领域的工作优势，在改革和创新中切实履行妇联职能，顺应妇女群众新期待，以服务妇女儿童需求为立足点，强化参与职能，整合社会资源，积极探索“政府+企业+社会组织”三方合作的社会工作模式，推动妇联巾帼志愿服务工作的创新与发展。

（1）做强“管”的保障链，横纵一体。通过妇联社会组织之家阵地建设形成纵横一体的强管保障链。妇联找准社会组织参与服务的结合点，开展专题调研，摸清注册社会组织情况，与服务妇女儿童的社会组织、企业建立联系，长期重点密切合作社会组织，实施家庭综合服务项目。为妇女儿童及家庭的社会组织搭建平台、汇聚资源，打造“信息联通、工作联动、服务联办”的组团服务机制，围绕“组织共建、资源共享、品牌共创”的宗旨，采用“党建引领、专业支持、项目带动、提升发展”的运营模式，协助妇联组织实现“团结、教育、代表、服务、联谊”的具体服务职能。

（2）做精“选”的支撑链，形效一体。2018 年，北京市东城区成立社会组织之家，各方参与主题协同制定《东城区妇联社会组织之家公约》，建立联席工作委员会。依托社会组织之家的载体优势，以制度化公约为保障，致力于打造“党建+巾帼志愿服务”品牌项目。截至 2021 年 7 月，东城区共重点培育 18 支社区巾帼志愿服务队。以“巾帼党员靓东城”为主题，打造“微心愿”“兰心惠东城”“创享伙伴计划”“唯爱妈妈”4 个品牌项目。区妇联发挥“联”字优势，以社会组织之家为链接平台，汇聚各方资源，促进志愿服务“精”向发展。

（3）做优“育”的基础链，陪伴一体。北京市巾帼志愿服务通过社会组织之家队伍孵化形成陪伴一体的优育基础链。动员三级妇联组织成立巾帼志愿服务队，2022 年组建社区家庭志愿服务队，在社区内发挥家庭阵地作用，为冬奥会赛事提前做准备。各类服务活动的开展使社会组织之家成员真正成为巾帼志愿服务队共同成长的伙伴。通过各社会组织项目运作，巾帼志愿服务实现了在社区落地生根，真正做到了项目是志愿服务的载体，志愿服务是项目的支撑。

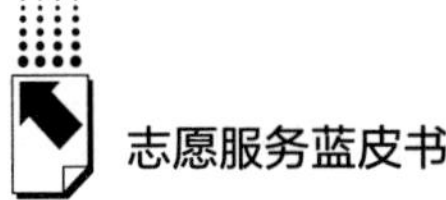

（4）做好“用”的关键链，协作一体。北京市东城区巾帼志愿服务通过组织之家项目实战形成协作一体的好用关键链。借建立全国文明实践巾帼志愿阳光站之机，实施重点巾帼志愿服务项目，重点围绕“一老一小”开展巾帼志愿服务，帮助老年人解决他们在生活中的实际需求，最大化发挥志愿服务效用。

（5）做深“宣”的推广链，上下一体。通过以干代宣、辐射边宣、多元并宣等融宣传于指导社区参与社会治理工作中，实现社会组织之家宣传可视化。

3. 巾帼志愿服务队伍体系

北京市现有巾帼志愿服务队 16536 支，巾帼志愿服务队包括市级层面市妇联主管并通过公益项目紧密联系的志愿服务队伍，以及各区、街（村）及社区建立的志愿服务队伍。2021 年，为进一步扩大巾帼志愿服务队伍建设规模，重点整合社区资源，北京市巾帼志愿服务推动成立志愿家庭服务队。总体来看，巾帼志愿者来源构成多样，包括社会组织来源的志愿者、社区里的热心人士、退休的专业工作者、学校与机关事业单位的工作人员、采取“大手拉小手”方式组织的志愿家庭等。

（1）由“量”向“质”，建设高质量巾帼志愿服务队。北京市妇联定期开展专业社工培训并积极推荐组织巾帼志愿者参与相关单位组织的培训，着重培育巾帼志愿服务队伍志愿服务能力。2015 年以后，各级妇联积极鼓励巾帼志愿者在“志愿北京”信息平台上注册，督促各级妇联组织保障志愿者福利。对于表现突出的志愿者，市妇联充分发掘其事迹，推荐其参加“首都最美志愿者”“首都五星级志愿者”等荣誉评选。

（2）树立典型，营造浓厚的巾帼志愿服务氛围。北京红爹之家志愿服务队是北京市社会组织巾帼志愿服务队伍的典型，为北京市行业巾帼志愿服务队的建设积累了宝贵经验。北京红爹之家志愿服务队成立于 2014 年 1 月 21 日，宗旨是“奉献爱心，收获爱情，让爱心与爱情同行”。该志愿服务队在党建引领下大力弘扬学雷锋志愿服务精神，积极践行社会主义核心价值观，为群众办实事、办好事。作为一个“一年 365 天，天天学雷锋”的志愿者团队，其走在全国前列。

红爹之家志愿服务队是一个由社会各界优秀代表组成的志愿者队伍，既有国家部委、北京市各委办局、企事业单位的干部群体，也有科研院所、大专院校、新闻媒体、医院、部队的同志和企业家、艺术家，还有一群高素质的年轻博士、硕士，以及中小学生等。正是由于这些老领导、老党员、老榜样们的引领，后面才有一大批年轻志愿者参与志愿服务活动。据统计，该志愿服务队每年累计开展志愿服务超过 10000 小时，累计服务 5000 多人次，通过各大媒体和新媒体影响传播受众超过千万人。

自成立以来，北京红爹之家志愿服务队致力于打造品牌项目。其中，“爱暖京城欢乐行”“‘童心爱党’少儿爱国主义红色教育系列活动”“迎接 2022 年冬奥会系列活动”“垃圾分类巡回展”等品牌项目紧贴群众需求，服务群众生活，获得了社会各界的广泛认可。截至 2021 年，北京红爹之家志愿服务队已先后开展敬老、助学、助残、党建专题、疫情防控、垃圾分类、迎接冬奥、乡村振兴（精准扶贫）等各类志愿服务活动 1000 多场次，吸引了社会各界人士参加志愿服务，并受到了党和国家领导人及全国总工会、共青团中央、全国妇联等的充分肯定。团队先后荣获全国学雷锋志愿服务“四个 100”先进典型、首都学雷锋志愿服务“五个 100”先进典型“双最佳”（最佳志愿服务组织和最佳志愿服务项目）、首都学雷锋志愿服务示范站、北京市优秀巾帼志愿者团队、北京“社会好人”群体、首都学雷锋志愿服务金牌项目、北京志愿服务大赛金奖、海淀区“三八红旗集体”和先进基层党组织等多项荣誉。

4. 巾帼志愿服务激励机制

北京市巾帼志愿服务激励机制充分发挥地域优势。市妇联与北志联、文明办、团市委密切合作，合并奖项种类，积极推荐巾帼志愿者、志愿服务组织、社区、志愿服务项目参与首都学雷锋志愿服务“四个 100”先进典型的评选。根据北京市巾帼志愿服务工作需要，经市妇联等相关部门的联合倡导，2018 年该奖项增加了“首都最美志愿家庭”，拓展成为首都学雷锋志愿服务“五个 100”先进典型的评选，四年来挖掘了全市 400 个“首都最美志愿家庭”

先进典型。此外，北京市巾帼志愿服务还以类型化的工作方法，组织“首都最美志愿者”“首都最佳志愿服务组织”“首都最佳志愿服务项目”的荣誉评选活动，鼓励巾帼志愿服务者、巾帼志愿服务组织、巾帼志愿服务项目参与评选，以荣誉激发巾帼志愿服务热情。以下是各项评选机制的详细介绍。

（1）“首都最美志愿者”。“首都最美志愿者”的评选条件是积极践行社会主义核心价值观，自觉弘扬雷锋精神和“奉献、友爱、互助、进步”的志愿精神；具有参加学雷锋志愿服务活动所需的专长和能力，事迹突出、群众公认；在“志愿北京”信息平台上有志愿者编号且累计志愿服务时长原则上不低于1500小时。

（2）“首都最佳志愿服务组织”。“首都最佳志愿服务组织”的评选条件是依法成立或在“志愿北京”信息平台上注册备案2年以上，有“组织机构代码”或“志愿团体编号”，志愿者队伍相对稳定，注册人数原则上不少于20人；服务领域明确，经常开展活动，管理制度规范，运行状况良好；志愿服务成效明显，服务对象评价高，社会反响好；无任何不良记录，公信力强。

（3）“首都最佳志愿服务项目”。“首都最佳志愿服务项目”的评选条件是项目定位突出关爱社会、关爱自然、关爱他人；累计实施时间1年以上，参与项目注册的志愿者原则上不少于20人；工作方案完整，档案资料齐全，社会效益良好，具有示范效应，可复制可推广。

（4）“首都最美志愿家庭”。“首都最美志愿家庭”的评选标准为“志愿家庭”应该在“志愿北京”信息平台上注册，家庭成员不少于2人；以家庭为单位组织或参与志愿服务活动1年以上，家庭志愿服务时长不少于40小时；家庭和睦，邻里关系融洽，在社区、单位或学校具有良好声誉和口碑，服务对象评价好。

总的来看，北京市巾帼志愿服务激励机制建设分类设置荣誉奖励，既兼顾个人，又增强了组织的凝聚力和向心力，同时激发了个人与组织对创新巾帼志愿服务项目内容的热情，促进了巾帼志愿服务朝着特色化、专业化方向发展。引入志愿服务时长、志愿服务规模等量化数据，使评选条件更为具体，更好操作。

（三）平台阵地建设

1. 以党建带妇建，实现平台阵地全覆盖

北京市巾帼志愿平台阵地建设主要依托妇联本身的平台阵地，对现有服务阵地资源进行利用与整合，打造多样化服务平台。其具体包括“妇女之家”“儿童之家”“家长学校”等组织平台。这些组织平台均承担着巾帼志愿服务阵地职责，实现了对全市基层的全覆盖。其中，“妇女之家”是北京市巾帼志愿服务的主要平台，在党建引领下，“妇女之家”阵地建设被纳入基层党组织活动阵地、党员服务站点以及城乡社区服务站建设统一规划。[①]以党建带妇建，实现巾帼志愿服务有效在基层志愿服务领域落地，精准向市、区、街（村）、社区各级投递巾帼志愿服务项目。

2. 运用信息新优势，实现信息资源整合更精确

北京市巾帼志愿服务信息平台主要依托北志联的“志愿北京”信息平台完成志愿者、志愿家庭、巾帼志愿服务队、志愿家庭服务队的注册、建设及管理记录等职能，实现了对市巾帼志愿服务情况的全记录，以精准整合信息资源，促进供需更精准对接，对服务状况进行进一步管理优化。同时，运用北京妇女网络，各区妇联等新媒体矩阵作为巾帼志愿服务宣传的平台，扩大了巾帼志愿服务影响力，普及了巾帼志愿服务理念精神。

（四）志愿服务项目建设

北京市妇联高度重视巾帼志愿服务项目建设的基本情况，采取多种方式支持引导培育巾帼志愿服务项目，具体包括每年推荐数个优秀巾帼志愿服务项目参加首都学雷锋志愿服务“五个100”先进典型评选活动，运用市级妇联本身的“益家行”项目孵化培育新项目。其中，“微心愿”项目作为北京市巾帼志愿服务项目典型示范，为巾帼志愿服务项目运行提供了宝贵经验。

---

① 《北京市妇女联合会关于加强基层“妇女之家”规范化建设的意见》，http：//www.bjwomen.gov.cn/，最后访问日期：2021年1月27日。

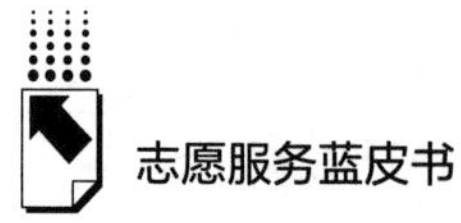

1. “微心愿”项目简介

“微心愿”志愿服务项目是由东城区妇联和北京昭阳社会工作发展中心共同开发的项目，主要流程是由困难群体发布微心愿，通过社会组织运作找到认领人实现微心愿。目前，该项目已经累计实现了老人、妇女和儿童近1000个微心愿，先后参与执行的巾帼志愿者达300多人。目前，“微心愿”正在以低门槛、重参与的方式，让更多的人感受到来自邻里、社区、社会的暖心关爱，让受益者得到爱，让参与者感受爱。

2. “微心愿”运作流程

在以制度化、规范化、信息化推进志愿服务的重要指示下，“微心愿”逐渐规范自身运作模式：在信息手段上，采用小程序实现心愿提交和认领；在运作上，具备了“申请—证明—核对—认领—落实”的完备流程；在宣传上，有上百家企业门店成为宣传阵地；在筹资上，与北京妇女儿童发展基金会建立专项基金；在执行上，除了有专职社工牵头外，全部由巾帼志愿者完成。

3. “微心愿”项目内容

“微心愿”项目开展初期，志愿服务的目标主要是实现物质类的微心愿，如微波炉、绞肉机、棉被、内衣、保温杯等物质资源的供给。随着北京市居民生活水平的提高，志愿服务的目标由物质型转向服务型与精神型，即“微心愿”项目服务内容对接服务对象需求，更注重修脚、理发、心理等服务类“微心愿”的满足，并支持与卡通人物见面、回母校、看升旗、逛北海、回忆餐等精神类“微心愿”的满足。“微心愿”服务开展对象主要覆盖困境老人、困境妇女、乳腺癌患者、疾病儿童、快递员等困境或社会弱势群体。“微心愿”圆梦行动最大限度地弘扬社会正能量，让有心、有力、有识、有爱的社会人士的善德之心温暖需要帮助的人。

4. “微心愿”社会影响广泛

“微心愿”以项目为载体，大量的社会力量参与其中。社区巾帼志愿者是重要的衔接人，主要扮演资源链接者、服务提供者的角色，以友邻优势发现心愿并协助圆梦人完成心愿。家庭女性、儿童是项目的重要力量，主要扮演服务型资源提供者的角色，发挥陪同作用。以家庭为单位，女性引导儿童认领“微心愿”，加入志愿者服务队。这既使家庭教育在志愿服务中得以升华，又促进了社区巾帼志愿服务队伍朝着多元化方向发展。企业是社区巾帼志愿服务的主要力量，主要扮演资源志愿者的角色。其中，房屋中介、搬家公司、菜市场等企业组织是志愿活跃者，参与“微心愿”的认领，以“清空微心愿”“全兜底”“承包微波炉”等方式提供物质支持，使“微心愿”清零。

四　总结与展望

北京市巾帼志愿服务工作充分发挥妇联组织优势，结合本土地域特点，并注重与友邻单位合作，突出志愿家庭在巾帼志愿服务中的作用，形成了志愿服务参与人数众多、全家老幼齐上阵的局面。巾帼志愿者始终围绕中心服务大局，立足社区、面向家庭，践行巾帼志愿服务理念。

北京作为中国的首都，首善之区，大事、要事多。北京市巾帼志愿服务是全国志愿服务的名片，志愿服务任务繁重，服务水平要求高，需要做到与时俱进、全面覆盖。首都巾帼志愿服务工作仍面临着打造志愿服务项目品牌意识不强、服务项目小而散等问题，因此，在后续的工作中仍需注意队伍建设、项目建设以及理念建设。

（1）进一步强化队伍建设。总结“志愿家庭点亮冬奥社区”主题实践活动经验，巩固成果，推动志愿家庭建设在全市逐步实现全覆盖。加强调查研究，挖掘志愿家庭和巾帼志愿服务典型项目，提高志愿服务队伍项目设计和组织实施的能力。

（2）讲好巾帼志愿服务故事。以“冬奥社区志愿服务”为重点，围绕服务民生和中心工作，深入挖掘志愿服务典型案例，举办“巾帼志愿故事汇”宣讲、巾帼志愿服务故事展播等活动，编辑志愿服务暖心故事集，在全市范围内掀起“争做志愿者，讲巾帼故事，创美好生活”的热潮。

（3）持续扩大巾帼志愿服务影响力。依托学雷锋志愿服务先进典型选树平台和市妇联全媒体矩阵，加大对志愿服务先进典型的宣传力度，营造“人人参与，人人奉献”的良好社会氛围。在妇联“有高度、有深度、有温度、有力度”的“四有”工作宗旨下，不断扩大影响力、提升感召力、增强凝聚力，让妇联工作在基层群众中看得到身影、听得到声音、发挥出作用。打造出更多属于妇女的暖心品牌，持续解决好妇女群众“急难愁盼”问题，将好事办实、实事办好。

参考文献

谭建光、余冰、王小玲，2000，《青年志愿服务转型与发展》，《青年研究》第 11 期。

王毅，2020，《着力健全志愿服务组织体系》，《重庆日报》11 月 26 日。

B.3
福建省巾帼志愿服务发展报告

林 莉　郭小娟　周王瑜*

摘　要： 福建省妇联深入学习贯彻习近平总书记关于志愿服务以及妇女和妇联工作的重要讲话精神，落实全国妇联工作部署，在全国妇联宣传部具体指导下，不断打造形成成体系、全覆盖、多项目、强队伍的巾帼志愿服务格局。自2010年以来，福建省巾帼志愿服务发展经历了从探索时期到全面推进时期再到提质升级与转型时期三个阶段。福建省十余年来的巾帼志愿服务发展，健全了机制、发展了组织、扩充了队伍、建设了平台、优化了项目，率先实现了基层巾帼志愿服务组织的全覆盖。同时，福建省巾帼志愿服务在发展过程中仍然存在队伍结构较为单一、服务质量参差不齐、制度执行不到位、经费缺口较大和工作力量较弱的问题。本文认为，今后福建省巾帼志愿服务应健全长效工作机制，提升巾帼志愿服务队伍素质，优化项目化运作模式，以推动巾帼志愿服务高质量发展。

关键词： 福建省　巾帼志愿服务　妇女工作　志愿者

为深入学习贯彻习近平总书记关于志愿服务以及妇女和妇联工作的重要讲话精神，2021年，全国妇联、中央文明办联合印发的《关于推动新时代巾帼志愿服务发展的意见（试行）》指出，巾帼志愿服务应该在中国特色志愿服务的大局中发挥其优势作用，广泛开展巾帼志愿服务关爱行动，推动新时

---

* 林莉，福建省妇联宣传部部长；郭小娟，福建省妇联宣传部三级调研员，福建省巾帼志愿者协会秘书长；周王瑜，北京师范大学社会学院博士研究生。

代巾帼志愿服务创新发展。福建省积极响应党中央和全国妇联号召，在全省范围内开展新时代巾帼志愿服务，相继出台《福建省巾帼志愿服务工作实施办法（试行）》《关于福建省乡村振兴巾帼志愿服务工程建设工作的通知》等文件，推动巾帼志愿服务工作在稳定有序的状态下进行。经过十余年的发展，福建省巾帼志愿服务在发展状况和服务成效方面取得了长足进步，逐渐形成了成熟的巾帼志愿服务体系，开发出大量优秀巾帼志愿服务项目。今后，福建省巾帼志愿服务将继续以习近平新时代中国特色社会主义思想为统领，落实健全长效工作机制，提升巾帼志愿服务队伍素质，深化打造品牌项目，优化运作模式，并在党中央和全国妇联的领导下，通过巾帼志愿服务宣传妇女、凝聚妇女、服务妇女儿童和家庭，在关爱服务他人中促进社会发展。

一　福建省巾帼志愿服务发展历程

（一）福建省巾帼志愿服务大事记

2010 年，福建省妇女联合会首先在全国省级妇联中成立了第一个巾帼志愿者协会。2021 年 5 月，福建省巾帼志愿者协会被福建省民政厅评为 5A 级社会组织。截至 2021 年 12 月 23 日，全省共有注册巾帼志愿者 314.3 万名，巾帼志愿者队伍 1.95 万支，拥有 17055 个巾帼志愿服务站（驿站、岗）。①

（二）福建省巾帼志愿服务发展的三个阶段

1. 探索发展时期（2010~2011年）

2010~2011 年，福建省巾帼志愿服务工作处于起步阶段，巾帼志愿服务规模小，只在小部分区域不定期举办志愿服务活动，参加人员大部分是妇联机关和直属单位工作人员。福建省巾帼志愿者协会 2010 年制定《福建省巾帼志愿者协会章程》，定期召开常务理事会议，研究部署巾帼志愿服务工

① 本文数据除特别标注说明外，均来自福建省妇联报送资料，下文不再赘述。

作，2011 年制定《福建省巾帼志愿者管理条例》，规范和推进巾帼志愿者活动的广泛开展。

2. 全面推进发展时期（2012~2017年）

从 2012 年开始，福建省妇联加强巾帼志愿服务工作的组织领导，依托福建省巾帼志愿者协会促进巾帼志愿服务工作开展。在此期间，巾帼志愿服务规模不断扩大。福建省巾帼志愿者协会注重发挥女党员、女干部、女职工、“三八红旗手”（集体）、“巾帼文明岗”的示范带动和辐射引领作用，培养了一批巾帼志愿者骨干，发动她们带头参与巾帼志愿服务，让她们成为巾帼志愿服务中一股关键的力量，共同推动志愿服务事业开展；组建家政服务、社区助老、家庭教育、心理抚慰、法律帮助、医疗护理等巾帼志愿服务队伍 1.8 万支，近 50 多万人，开展各类为民服务 10 万场，提供服务 200 多万人次。此外，福建省巾帼志愿者协会还不断加强巾帼志愿服务的规范化管理。2012 年制定《福建省巾帼志愿者协会分会管理办法》《福建省巾帼志愿服务站点管理制度》，对全省 9 个设区市二级分会、19 个全省首批省级巾帼志愿者服务工作站点进行规范；制定巾帼志愿者编号规则，按照“一证（志愿者证）、一号（注册编号）、一表（申请登记表）”进行登记管理，进一步规范巾帼志愿者招募注册；同年 11 月，召开会长会议，规范《福建省巾帼志愿者协会财务管理制度》。

3. 提质升级与转型发展时期（2018~2021年）

2018 年以来，福建省妇联认真贯彻国务院发布的《志愿服务条例》，深入落实全国妇联、中央文明办《关于推动新时代巾帼志愿服务发展的意见（试行）》，把做优、做强、做大巾帼志愿服务工作列入重要议事日程；积极组织巾帼志愿者参与新时代文明实践中心建设，根据福建省委文明办统一安排，在全国新时代文明实践中心试点县南平武夷山市、漳州东山县、厦门同安区开展巾帼志愿服务试点工作。

（三）发展成就

经过十余年的发展，福建省巾帼志愿服务工作组织架构逐渐完善，服务

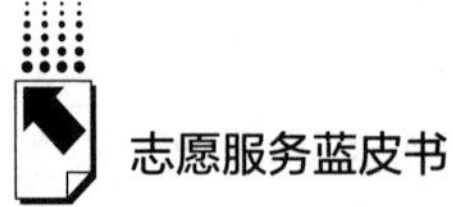

内容逐渐丰富，参与人员逐渐增多。2021 年 6 月，福建省率先实现巾帼志愿服务组织城乡社区全覆盖，提前完成全国妇联在《“十四五”时期妇联事业发展规划》中提出的“力争到 2025 年每个城乡社区都有巾帼志愿服务队伍或开展巾帼志愿服务”的目标。福建省巾帼志愿服务工作得到了全国妇联和省委文明办的充分肯定。

福建省巾帼志愿服务组织实现了从单线发展到全面覆盖。福建省妇联推动省委、省政府将巾帼志愿服务工作列入福建省实施乡村振兴战略实绩考核指标。通过考核，各地党委、政府更加重视巾帼志愿服务工作，将巾帼志愿服务工作纳入地方经济社会发展的“大盘子”，加大资金扶持力度。省、市、县（市、区）、乡（镇、街道）、村（村区）五级巾帼志愿服务网络基本形成。

巾帼志愿服务人才队伍蓬勃发展。福建省妇联充分发动各级机关、企事业单位、新兴领域等各行各业妇女参与巾帼志愿服务，动员引导广大妇女加入巾帼志愿者队伍，形成巾帼志愿者的主体力量。组织妇联干部、妇联执委带头加入巾帼志愿服务组织，积极参与巾帼志愿服务，发挥示范带动作用，形成巾帼志愿者的主导力量；整合机关单位专业人才资源，联合妇联所属团体会员和女性社会组织力量，积极吸纳教育、科技、司法、文化体育、卫生健康、环境保护、社会工作等领域的专业人才加入，形成巾帼志愿者的专业力量；动员各级“三八红旗手”（集体）、“巾帼建功标兵”（巾帼文明岗）、“维护妇女儿童权益先进个人”（集体）、“致富女带头人”、“最美家庭”、“五好家庭”等加入巾帼志愿服务行列，形成巾帼志愿者的骨干力量。

巾帼志愿服务活动实现常态化。福建省妇联重视重要节点、关键时段的志愿服务，一手推动项目化、长效化落实。全省巾帼志愿服务组织坚持服务中心大局，讲好党的政策，帮扶困难群体，打造出福州妇联“姐妹乡伴”、漳州妇联“好厝边”、龙岩妇联“创城大妈”、“巾帼美”理论宣讲轻骑兵等品牌项目。

巾帼志愿服务理念深入人心。省妇联推选树立巾帼志愿者、组织、项目等先进典型，引导广大妇女和家庭向优秀典型靠拢，践行社会主义核心价值观。福建省巾帼志愿服务参加由中宣部、中央文明办、全国妇联等中央和省直部门联合开展的学雷锋志愿服务先进典型宣传推选活动，自下而上、逐级推荐、层层宣传；评选、展示福建省新时代巾帼志愿服务“十大感动人物”“十大优秀项目”“十大优秀组织”等。

二　福建省巾帼志愿服务基本情况

（一）制度化建设

推进巾帼志愿服务制度化（见表1）。福建省妇联积极参与《福建省志愿服务条例》的修改制定，争取不具备登记条件的巾帼志愿服务组织，按照有关规定向所在地乡（镇）人民政府或者街道办事处申请备案，使基层巾帼志愿服务组织成为政府支持、社会认可、群众信任的组织。福建省妇联组织巾帼志愿者参与新时代文明实践和乡村振兴工作，把巾帼志愿服务纳入“乡村振兴十大行动”之中，把抗疫志愿服务优秀志愿者列入“省三八红旗手”表彰。2019年以来，省妇联先后修改完善出台了《福建省巾帼志愿服务工作实施办法（试行）》等制度。各设区市也因地制宜出台了相关规定，确保巾帼志愿服务工作有章可循。例如，厦门市妇联于2016年下发《厦门市妇女联合会关于推进“鹭岛巾帼志愿联盟”建设深化巾帼志愿服务活动的意见》，借助金砖会晤在厦举行之机，在全市打造“鹭岛巾帼志愿联盟”服务品牌和三级巾帼志愿服务组织。一级组织为厦门市巾帼志愿服务总队，机构设置在市妇联宣传部，队长由市妇联领导兼任，市妇联机关各部门领导及各区妇联主席、市直机关妇工委主任、市妇联团体会员主要负责人为成员，接受省妇联巾帼志愿者协会、市志愿者联合会的业务指导。二级组织为巾帼志愿服务队，由全国、省级、市级“三八红旗集体”和“巾帼文明岗”志愿服务队、市妇联各专业巾帼志愿服务队、市妇联机关巾帼志愿服务队以及女性社会组织等组成，各巾帼志愿服务队接受市巾帼志愿服务总队的业务指导。三级组织为巾帼志愿服务分队，由市直机关、各区级“三八红旗集体”、“巾帼文明岗”巾帼志愿服务队，各镇（街）妇联巾帼志愿服务队，村、社区的巾帼志愿服务队等组成，根据巾帼志愿者现有工作岗位及专业特长、参与志愿服务项目等实际情况，组建相应的志愿服务小队，各小队按隶属关系接受巾帼志愿服务分队的业务指导。联盟在成立后充分发挥规范化、多元化、一体化示范作用，建立注册登记等多项制度，不定期组织交流培训等活动，培育中心工作"紧密型"的巾帼志愿服务品牌，创设与群众"零距离"的各类"实践岗"，在厦门金砖会晤、文明城市创建、疫情防控、关爱帮扶、垃圾分类等全市中心工作中发挥积极作用。

表1　福建省巾帼志愿服务相关制度

年份	日期	发文单位	文件名称
2010	12月3日	福建省巾帼志愿者协会	《福建省巾帼志愿者协会章程》
2011	12月15日	福建省巾帼志愿者协会	《福建省巾帼志愿者管理条例》
2012	4月23日	福建省巾帼志愿者协会	《福建省巾帼志愿者协会分会管理办法》《福建省巾帼志愿服务站点管理制度》
2012	11月20日	福建省巾帼志愿者协会	《福建省巾帼志愿者协会财务管理制度》
2017	11月28日	福建省巾帼志愿者协会	修改《福建省巾帼志愿者协会章程》
2020	6月8日	福建省妇联	《关于福建省乡村振兴巾帼志愿服务工程建设工作的通知》
2020	7月2日	福建省妇联	《福建省巾帼志愿服务工作实施办法（试行）》
2020	7月3日	福建省巾帼志愿者协会	《福建省巾帼志愿者协会负责人职责分工》
2021	5月13日	福建省妇联	《关于2021年度乡村振兴巾帼志愿服务实绩考核指标及评分标准说明的通知》

（二）体制机制建设

1. 巾帼志愿服务工作体系建设

横向上，福建省妇联加强与省直相关单位的联合共建共享，注重与省委文明办、省民政厅、团省委等相关单位密切联系，联合开展志愿服务项目大赛、"四个最美"征集评选活动等。省妇联与省住建厅、省环保厅联合开展垃圾分类志愿服务活动等，鼓励男同志加入巾帼志愿服务队伍，参与巾帼志愿服务项目和活动的开展，同时加强与社会组织的联系与合作，积极实施

“妇联+社工+志愿者”巾帼志愿服务模式，共同开展巾帼志愿服务活动。

省妇联还推动把巾帼志愿服务纳入省委省政府乡村振兴体系建设，制定乡村振兴巾帼志愿服务实绩考核指标及评分标准，实现有组织、有场所、有活动、有登记、有记录、有经费保障的“六有标准”，并确保每个村（社区）至少有1个巾帼志愿服务组织。此外，省妇联还成立省巾帼志愿者协会兼合式党支部，定期在党员微信群推送相关学习内容，要求党员坚持理论与实践相结合，不断增强新本领，应对新任务。全体会员根据自身情况，每年至少参加1次志愿服务，至少办1件好事。

纵向上，各地市（区、县）加强组织领导体系建设，构建起“省—市—县（市、区）—乡（镇、街道）—村（社区）”五级管理工作体系。

福建省巾帼志愿服务基本形成以省妇联为龙头，市、县（市、区）妇联为抓手，乡（镇、街道）为枢纽，村（社区）为支点的巾帼志愿服务模式，构建了省、市、县（市、区）、乡（镇、街道）、村（社区）五级巾帼志愿服务组织体系。

2. 巾帼志愿服务组织体系建设

2010年，福建省妇联成立省级巾帼志愿者协会和19个巾帼志愿服务站，随后在9个设区市成立分会。省巾帼志愿者协会会长由省妇联分管宣传工作的副主席兼任，分会会长由各设区市妇联分管宣传工作的副主席兼任。自2020年开始，巾帼志愿者驿站不断发展，省巾帼志愿协会负责人在不同领域成立驿站。省巾帼志愿者协会副会长陈秀容依托先施大厦成立了服务在闽台胞和台胞家属的巾帼志愿者驿站，副会长程璇在三盛集团成立了服务女企业家的巾帼志愿者驿站，副会长林丹在军门社区成立了社区巾帼志愿者驿站。

3. 巾帼志愿服务队伍体系建设

据不完全统计，福建省共有巾帼志愿服务队1.95万支，构建了省、市、县（市、区）、乡（镇、街道）、村（社区）五级管理工作体系，由每支队伍一年至少开展1次巾帼志愿服务到一年至少开展2次以上巾帼志愿服务，实现了巾帼志愿服务组织和巾帼志愿服务全覆盖。福建省巾帼志愿服务采取社会招募和定向组织推荐相结合，汇聚社会各界、各类人才资源，不断壮大巾帼志愿者队伍。各级妇联组织和协会会员在全省各地积极开展富有巾帼特色的巾帼志愿服务活动，吸引广大妇女和家庭参与巾帼志愿服务工作；加强队伍培训，对巾帼志愿者开展层层培训，积极选派巾帼志愿者骨干参加全国妇联举办的培训班，同时加强本省自办班培训，省妇联举办市、县骨干培训班，市妇联举办县、乡镇骨干培训班。

4. 巾帼志愿服务激励机制构建

《福建省巾帼志愿服务工作实施办法（试行）》对星级巾帼志愿者有明确的时间规定，如巾帼志愿服务组织根据巾帼志愿者注册后参加服务的时间累计，认定其为一至五星级巾帼志愿者。参加巾帼志愿服务时间累计达到100小时的可认定为“一星巾帼志愿者”，每增加100小时晋升一个星级，最高到五星级。巾帼志愿服务组织对星级巾帼志愿者认定后，在其注册证及相关标识上进行标注。

妇联、巾帼志愿者协会根据巾帼志愿者注册后参加巾帼志愿服务的时间累计，开展不同级别的巾帼志愿服务通报表扬。注册巾帼志愿者自获得“五星巾帼志愿者”后，参加巾帼志愿服务时间累计达到1000小时的，由地（市）级妇联通报表扬；注册巾帼志愿者自获得地（市）级表扬后，参加巾帼志愿服务时间累计达到2000小时的，由省妇联、巾帼志愿者协会通报表扬；连续专门从事巾帼志愿服务超过6个月的，可视情况直接授予称号。

福建省妇联下发的《关于福建省新时代巾帼志愿服务工作征集展示活动的通知》和《福建省志愿服务项目大赛的通知》等通知材料中明确了巾帼志愿服务组织和项目评定标准与方法。

（三）巾帼志愿服务阵地建设

福建省妇联注重加强巾帼志愿服务阵地建设，规定每个村（社区）须有供巾帼志愿服务组织日常议事、存放物资等的固定场所，可以是独立场所，亦可依托妇女之家、妇女儿童活动中心、儿童家园、妇女微家及综合文化服务中心等公共场所。场所显著位置有巾帼志愿服务标识，如××村（社区）巾帼志愿服务站（岗）等。积极参与新时代文明实践工作，特别加强对全国22个新时代文明实践试点县（市、区）建设的指导工作。省妇联在厦门市同安区、漳州市东山县、南平武夷山市开展新时代文明实践巾帼志愿服务试点，对三个试点县（区）定期开展调研督导、跟踪指导；鼓励9个设区市和平潭综合实验区结合当地实际打造具有当地特色的巾帼志愿服务品牌。截至2022年，全省共有巾帼志愿服务站（驿站、岗）17055个。厦门市同安区、漳州市东山县、南平武夷山市三县（区）按照要求，组织各种力量，整合各类资源，组建专业化志愿服务队伍，构建三级体系结构，建立健全工作机制，使新时代文明实践试点工作取得了阶段性成效。

（四）巾帼志愿服务信息平台建设

福建省妇联与省委文明办和省民政厅加强合作，合力推动巾帼志愿服务发展。鼓励全省广大巾帼志愿服务组织和巾帼志愿者在福建志愿服务网上注册登记、发布项目、记录时长等，依托福建志愿服务网对巾帼志愿者进行管理，实行点单式服务；要求各设区市巾帼志愿服务组织网上注册率每年提升，由每年不低于50%上升到80%以上，且巾帼志愿服务组织至少有3名及以上巾帼志愿者在福建志愿服务网上注册登记；对每次参加巾帼志愿服务活动志愿者的服务时长应及时、准确记录；规范注册名称，如××县（市、区）××村（社区）巾帼志愿服务队（分队）、××县（市、区）××村（社区）××巾帼志愿服务队（分队）等。例如，宁德市妇联深化“互联网+巾帼志愿服务”，促进巾帼志愿服务线上线下深度融合，充分利用“福建志愿”网站、志愿汇手机APP智能管理平台和新时代文明实践信息平台，壮大注册巾帼志愿者队伍，持续发布巾帼志愿服务招募令，推动巾帼志愿服务制度化、规范化、高效化发展。

（五）巾帼志愿服务项目建设

自2019年起，福建省妇联开始联合福建省委文明办、团省委等部门举办福建省志愿服务项目大赛。三年来，大赛共收到志愿服务项目1980个，

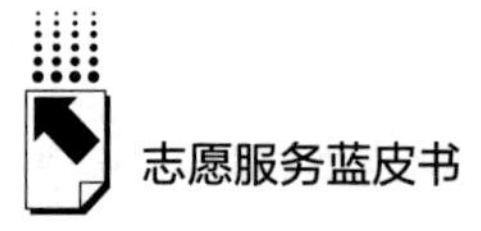

其中40个项目获一等奖、80个项目获二奖、130个项目获三等奖。2020年，8个项目获全国金奖、11个项目获全国银奖、11个项目获全国铜奖。2021年，福建省妇联自行开展项目征集展示活动，“绿伞”未成年人预防性侵害教育项目等10个项目荣获福建省巾帼志愿服务“十大优秀项目”。同时，“绿伞”未成年人预防性侵害教育项目和“近邻·爱心敲敲门”项目荣获2021年度全国学雷锋志愿服务“四个100”最佳志愿服务项目。

经过十余年的发展，福建省巾帼志愿服务打造出一批典型项目。

1. 漳州市“好厝边”巾帼志愿服务助力乡村振兴项目

漳州市“好厝边”巾帼志愿服务助力乡村振兴项目围绕生态护河、乡风文明、家风家教、帮扶困境儿童等主题，通过购买服务的方式，引入致尚社工组织专业团队，在全市“好厝边”试点村走访调研，根据村级妇女就业、生产生活状况等实际情况，有针对性地提出并支持村级巾帼志愿组织开展“一村一策”的志愿服务活动，梳理妇女组织、资源优势和乡村发展等工作中存在的问题，精准制订解决方案。

漳州“好厝边”巾帼志愿服务工作从2019年1月开展至今，约有3.8万余名志愿者参与，努力打造“十五分钟志愿服务圈”。2022年全市共有巾帼志愿服务队2252支，巾帼志愿者38462名，三年来共开展36000多场次巾帼护河、乡风文明、家风家教等主题志愿服务活动。

2. 三明市“近邻·爱心敲敲门”项目

“近邻·爱心敲敲门”巾帼志愿服务项目始于2012年8月，是由巾帼志愿者、社会爱心团体联动，持续性、常态化开展的巾帼志愿服务项目。该项目立足邻里，以日常生活关爱为主，以“一助一”或“多助一”的方式，坚持“每周一次问候、每月办一件实事、每年陪关爱对象过一个节日或生日”，为困难群众等提供健康指导、心理疏导及生活倡导等志愿关爱服务。项目工作在《中国妇女报》头版头条、《福建日报》和“学习强国”平台等媒体上刊登，入选省党史学习教育办“我为群众办实事”实践活动典型案例。

3. 福州市“姐妹乡伴”公益项目

“姐妹乡伴”是福州市妇联为推动实施乡村振兴巾帼行动，于2018年初联合福建省恒申慈善基金会发起和组织实施的一项基层妇女组织助力乡村振兴发展计划公益项目。项目通过培育妇女组织和妇女群众自尊自强意识、奉献精神、热心公益的态度和能力，充分调动她们参与公共事务的积极性、主动性、创造性，变“要我干”为“我要干”。项目以“一村一策”的方式确定项目目标，形成了“姐妹乡伴·微农经济”“姐妹乡伴·绿色生活”“姐妹乡伴·文化传承”等服务项目内容。“姐妹乡伴”项目团队示范带领广大妇女群众积极开展巾帼志愿服务活动，主动融入美丽庭院创建、产业发展、扶贫帮困、爱河护河等工作大局中，为乡村综合治理积极赋能。福州市妇联充分发挥“姐妹乡伴·乡村振兴服务站”的作用，不断创新工作方法，广泛组织开展党的政策宣讲、普法维权、技能培训等各类活动，努力实现工作进站、项目入队，实现工作平台作用的最大化。

4. “广场舞大妈”参与巾帼志愿服务

福建省妇联把“广场舞大妈”作为妇联组织引领、服务、联系的重要群体，变服务对象为工作力量，引领广场舞群体妇女“感党恩、听党话、跟党走”，积极参与共建共治共享，进一步筑牢党执政的妇女群众基础。福建省妇联策划、组织开展了系列活动，用自编自导自演的节目，将党的创新理论用群众喜闻乐见的方式传播到群众中，使广场舞队伍的吸引力不断增强。自2017年以来，全省共举办展演3772场，演出节目3.6万个（其中原创节目7365个），覆盖人群近200万人。福州市妇联举办“巾帼心向党·共筑中国梦”群众性集体舞展示活动，献礼新中国成立70周年；开展“学百年党史，敬巾帼楷模”巾帼学党史宣讲活动，向党的百年华诞献礼；国庆节期间，开展“有福之州乐享国庆”群众性广场舞展示活动，各县（市、区）“广场舞大妈”一起联动，用优美的舞蹈抒发对祖国母亲的祝福。2022年全省有1564支广场舞队伍，近3万名“广场舞大妈”常态化参与巾帼志愿服务，特别是福州市和南平市妇联积极探索

“广场舞大妈”参与巾帼志愿服务的制度化、规范化、常态化建设，取得了阶段性成效。

三　福建省巾帼志愿服务工作亮点

（一）坚持集中统一领导，确保正确发展方向

福建省巾帼志愿服务工作始终坚持以习近平新时代中国特色社会主义思想为指导，进一步加强对巾帼志愿服务的组织领导、统筹谋划。福建省妇联在全省组织开展习近平新时代中国特色社会主义思想“巾帼大学习”热潮，引导各地成立巾帼志愿者宣讲队，巾帼志愿者带头参加“巾帼大宣讲”活动，涌现出泉州市的“刺桐花讲堂”、宁德市的“巾帼轻骑兵宣讲队”、龙岩市的“红妹子巾帼宣讲队”等宣讲品牌，推动习近平新时代中国特色社会主义思想和党的十九大精神深入妇女心中，在广大妇女群众中落地生根。

（二）健全完善保障机制，强化统筹指导推动

福建省妇联把巾帼志愿服务工作纳入国家治理体系和治理能力现代化的大局中来理解和运筹，源头参与和制定相关体制机制。积极参与《福建省志愿服务条例》的修改制定；组织巾帼志愿者参加新时代文明实践试点和乡村振兴工作，把巾帼志愿服务工作列入“乡村振兴十大行动”之中，把抗疫志愿服务优秀巾帼志愿者列入“省三八红旗手”表彰；自 2019 年以来，先后修改完善出台了《福建省巾帼志愿服务工作实施办法（试行）》《福建省巾帼志愿服务站点管理制度》《福建省巾帼志愿者协会负责人职责分工》等，下发了《关于福建省乡村振兴巾帼志愿服务工程建设工作的通知》，规范巾帼志愿服务工作程序，保护巾帼志愿者和志愿服务组织的权益，营造良好的志愿服务环境，让巾帼志愿服务工作在稳定有序的状态下开展，推动了巾帼志愿服务制度化、规范化、高效化发展。

（三）建设高质量人才队伍，织密志愿者组织网络

为充分发挥模范志愿者作用，使之起到良好的示范引领作用，全省巾帼志愿者积极参与新时代文明实践工作，开展社区助老、家庭教育、法律帮助等各类便民为民服务。福建省妇联以完善巾帼志愿者组织网络为目标，采取社会招募和定向组织相结合的方式，集合了社会各界、各类人才的资源优势，不断壮大巾帼志愿者队伍。尤其是省巾帼志愿者协会会员，在全省各地积极引领富有巾帼特色的志愿服务活动，吸引广大妇女和家庭参与巾帼志愿服务工作。

（四）加强典型品牌建设，推动志愿服务常态化

福建省妇联深入贯彻落实习近平总书记关于“注重家庭、注重家教、注重家风”重要指示，把巾帼志愿服务搬进家庭、融进家教、渗入家风，持之以恒，推进巾帼志愿服务常态化。尤其是在国际志愿者日、学雷锋纪念日、三八妇女节、母亲节、重阳节、春节等重要节点，巾帼志愿者以“关爱，让社会更温暖”为主题，广泛组织巾帼志愿者开展各种形式的志愿服务。

四　福建省巾帼志愿服务面临的问题与挑战

（一）队伍结构较为单一

从各地巾帼志愿队伍的构成来看，其结构较为单一，主要由机关女干部、村（社区）女干部、妇联执委等组成，队伍中具有一定专业知识和技能的巾帼志愿者比较欠缺，针对一些目前社会需求较大的维权、家教、科普、农业生产、卫生保健等项目的巾帼志愿者相对较少。村（社区）巾帼志愿服务队中存在年龄偏大、文化程度不高、技能单一等问题。

（二）服务质量参差不齐

目前，各县市开展巾帼志愿服务主要依托妇联组织、各单位、各部门组

织的专题活动进行，没有系统工作计划，缺乏持续性。活动以常规性打扫卫生、敬老爱老、广场舞表演为主，服务内容缺乏广度和深度，全省没有形成统一大品牌。同时，有些巾帼志愿服务活动存在形式主义，场面轰轰烈烈，但未能抓住群众的真正需求，使群众对志愿服务的认同感大大降低。

（三）制度执行不到位

巾帼志愿者招募注册制度不规范，在基层有的志愿者没有注册登记，有的志愿者只是简单地手工登记名字和身份证，没有时长记录等。志愿者培训管理制度不完善，激励机制不健全，政策和法律保障不到位，如志愿者参加志愿服务时没有购买人身意外保险。

（四）经费缺口较大

虽然巾帼志愿者都是义务参与服务，但有时开展活动也需要一些必要的经费，如编印资料费、宣传费、交通费等，这在一定程度上影响了巾帼志愿服务活动的开展。目前，各县市巾帼志愿服务活动资金主要来源于各级妇联组织和志愿者自筹两种途径，政府、企业和社会对巾帼志愿服务活动的资金支持较少。

（五）工作力量较弱

全省妇联系统没有巾帼志愿服务工作独立机构和专职工作人员，巾帼志愿服务工作由宣传部的工作人员兼做。与共青团相比，福建团省委 2008 年已成立志愿服务中心，事业编工作人员 7 名。

五　福建省巾帼志愿服务未来展望

（一）健全长效工作机制

一是规范巾帼志愿者招募注册、服务记录制度。福建省妇联要在全国妇联宣传部的指导下，贯彻落实全国妇联、中央文明办联合印发的《关于推动新时代巾帼志愿服务发展的意见（试行）》，坚持以需求为导向，根据群众的实际需要，及时发布志愿者招募信息，根据标准和条件吸纳群众参加巾帼志愿服务活动；依托福建志愿服务网信息平台，及时为有意愿、能胜任的广大群众进行登记注册；对志愿者的服务时长进行及时、完整、准确记录。二是健全志愿服务激励机制。福建省妇联按照有关规定建立巾帼志愿者星级认定制度，根据巾帼志愿者的服务时间和服务质量，对巾帼志愿者给予相应的星级认定；建立巾帼志愿者嘉许褒奖制度，与评先评优相结合，褒扬和嘉奖优秀巾帼志愿者，授予荣誉称号等。

（二）提升巾帼志愿服务队伍素质

一是丰富巾帼志愿队伍结构。巾帼志愿服务队伍应吸纳具备一定专业技能的女医生、女律师、女科技工作者、女教师、政府各部门女性负责人等精英加入，吸收“广场舞大妈”加盟。二是加强巾帼志愿者专业技能培训。省妇联要在培训对象与内容上分层次、分类别进行，建立健全巾帼志愿服务队专业成员对急救知识、医疗保健、法律法规普及、政策解读、科学技术等专业知识常态化培训制度。

（三）优化项目化运作模式

一是因地制宜设计巾帼志愿服务项目，如垃圾分类、保护生态环境和文化习俗的传承，帮助留守儿童、妇女、残疾人、老人、返乡农民工提高生活质量等。二是开展项目征集、评比、培育、推介活动。通过项目评比、推介发现典型、宣传典型、推广典型，提高巾帼志愿服务品牌运营能力。三是设立巾帼志愿服务项目库，通过公益创投、政府财政支持等方式推动巾帼志愿服务创新发展。

参考文献

冯波，2018，《农村女性社会组织参与社会治理研究——以浙江嵊州“村嫂”志愿服务组织为例》，《社会治理》第8期。

王婕、蒲清平、刘晓云，2018，《新时代志愿服务参与社会治理的逻辑方略》，《重庆大学学报》（社会科学版）第5期。

魏娜、刘子洋，2017，《论志愿服务的本质》，《中国人民大学学报》第6期。

翟雁、辛华、张杨，2021，《2020年中国志愿服务发展指数报告》，载杨团、朱健刚主编《中国慈善发展报告（2021）》，社会科学文献出版社。

张网成，2019，《县域社会组织培育中心的运行策略》，《中国社会组织》第4期。

张网成、曹仕涛，2019，《注册而不参加志愿服务的原因分析：基于北京“志愿家庭”调查数据》，《中国社会科学院研究生院学报》第2期。

张网成、郑谨、张晓，2017，《中国台湾模范志愿服务家庭的评选实践及启示》，《中国社会工作》第31期。

B.4

浙江省巾帼志愿服务发展报告

徐文静　金　雷　张艳珍　杜弈钢*

摘　要： 浙江省妇联深入贯彻习近平总书记关于志愿服务的新思想、新理论，认真落实党中央关于全面拓展新时代文明实践中心建设的新部署、新要求，以更高的站位、更大的力度、更实的举措持续推进全国妇联、中央文明办联合印发的《关于推动新时代巾帼志愿服务发展的意见（试行）》，围绕党政中心工作，一以贯之地践行新时代党的群众路线，坚持系统集成、高位推进、协同高效、数字赋能，激发新优势，立足社会化参与、专业化服务、品牌化建设，以“规范化运作、数字化改革、社会化动员”助力新时代文明实践中心建设整体纵深发展，以改革创新精神推进巾帼志愿服务工作，努力探索开展巾帼志愿服务的新形式和新载体，准确把握新时代巾帼志愿服务的新要求。

关键词： 浙江省　巾帼志愿服务　规范化　数字化　社会化

浙江省巾帼志愿者作为一个最闪亮耀眼、最具奋斗奉献精神的群体，责任、使命在肩头，坚守定位、顺势而为，勇挑重担、主动作为，自觉站在彰显“三个地”的新方位，在参与浙江省共同富裕示范区建设中争当排头兵，展现不怕苦、不畏难的主流群像。浙江省妇联深入贯彻习近平总书记关于志愿服务的新思想、新理论，认真落实党中央关于全面拓展新时代文明实践中

* 徐文静，浙江省妇联宣传部副部长；金雷，浙江省妇联常委、宣传部部长、一级调研员；张艳珍，浙江省妇联宣传部一级主任科员；杜弈钢，中国社会科学院大学硕士研究生。

心建设的新部署、新要求，以更高的站位、更大的力度、更实的举措持续推进全国妇联、中央文明办联合印发的《关于推动新时代巾帼志愿服务发展的意见（试行）》，围绕党政中心工作，一以贯之地践行新时代党的群众路线，坚持系统集成、高位推进、协同高效、数字赋能，激发新优势，立足社会化参与、专业化服务、品牌化建设，以“规范化运作、数字化改革、社会化动员”助力新时代文明实践中心建设整体纵深发展，以改革创新精神推进巾帼志愿服务工作，努力探索开展巾帼志愿服务的新形式和新载体，准确把握新时代巾帼志愿服务的新要求。浙江省妇联不断强化队伍建设，持续健全完善巾帼志愿服务体系，进一步提升巾帼志愿服务能力和水平；强化规范管理，建立健全巾帼志愿服务管理机制，做好志愿服务健康发展保障工作；强化项目建设，放大优势、彰显特色，推动巾帼志愿服务品牌化发展；完善阵地建设，搭建全省统一集成的巾帼志愿服务数字平台，实现巾帼志愿服务精准触达；创新志愿服务形式，深度融入新时代文明实践中心建设，持续推动新时代巾帼志愿服务不断创新发展。

在新的历史起点上，浙江省巾帼志愿服务面临新的历史机遇，取得了良好成效，更好地促进了社会和谐稳定，提高了巾帼志愿服务社会化、法治化、智慧化、专业化水平，形成了供给丰富、布局合理、领域完善的巾帼志愿服务网络，打造出志愿服务领域不断拓展、志愿服务队伍发展壮大、志愿服务理念深入人心的良好态势，涌现出一大批具有一定社会影响力的巾帼志愿服务团队、巾帼志愿服务项目和巾帼志愿服务者，为浙江奋进现代化建设新征程凝聚更多共识，全力推动“文明高地”向“文明高峰”跃升。截至2021年，浙江省共有巾帼志愿者636912人，巾帼志愿服务组织19164个。

一　浙江省巾帼志愿服务总体成就

（一）规范化制度化，拓展服务可持续发展的新蓝海

制度化对志愿服务事业纵深发展起到支撑作用，也是志愿服务高质量发

展的必然要求。浙江省妇联深入贯彻习近平总书记关于志愿服务的重要指示精神，围绕浙江高质量发展建设共同富裕示范区的目标任务，突出“共同富裕巾帼在行动”主线，制定《浙江省巾帼志愿服务指导意见》，提出总体要求、队伍建设、服务内容、品牌打造、阵地建设、管理机制和组织领导7个方面的22条举措，加强了巾帼志愿服务规范化建设，高标准谋划新时代巾帼志愿服务工作。浙江省各级妇联组织聚焦巾帼志愿服务组织制度化建设，以组织、机制、管理和服务的现代化、专业化为目标，着力补短板、强弱项，优布局、提品质，推动巾帼志愿服务组织完善、机制重塑，使全省各地涌现出一批制度成果，如温州市妇联印发《温州市巾帼文明岗志愿服务队管理办法（试行）》，进一步深化巾帼文明岗创建活动，促进巾帼文明岗志愿服务队伍管理制度化、规范化、科学化，推动巾帼文明岗志愿服务活动常态化、长效化，有效提高了巾帼文明岗志愿服务水平和成效。浙江省巾帼志愿组织正朝着正规有序管理的方向发展，其中有完整书面制度建设的巾帼志愿组织占总数的11.86%，有部分书面制度建设的组织占总数的13.51%，约定俗成制度建设与尚未进行制度建设的巾帼志愿组织占总数的74.63%。

浙江省以台州市作为试点地区，进一步强化巾帼志愿者的闭环管理，在全面总结台州市巾帼志愿服务经验的基础上，开展巾帼志愿服务标准化工作，创新推出全省首个巾帼志愿管理服务市级地方标准《巾帼志愿管理服务规范》（以下简称《规范》），建立招募、组织等一系列管理制度，明确志愿者工作目标、权利与义务、服务内容和工作制度等。《规范》基于台州市巾帼志愿服务工作和《台州市志愿服务事业发展三年行动计划（2021—2023年）》的要求，对台州市巾帼志愿服务的基本原则、负责内容、服务流程、组织管理、巾帼志愿者管理、激励评价等内容做出了标准化、规范化规定，是对巾帼志愿管理服务工作的补充和细化。

（二）拓展服务载体，打造高质量发展的强磁场

浙江省各级妇联组织充分发挥巾帼志愿者情感细腻、亲和力强的优势，围绕党委政府中心工作，创设特色载体，开展主题活动。浙江省各级妇联搭

建全省统一集成的巾帼志愿服务数字平台，通过数字化手段，建好“志愿者信息库、志愿服务队伍信息库、志愿服务需求和活动信息库”三库合一的巾帼志愿服务信息网，实现志愿者招募、志愿队伍组建、志愿活动的精准触达，汇聚更多的志愿者组织、志愿者和志愿家庭力量，共同助力巾帼志愿服务。同时，浙江省各级妇联开展“文明家庭文明行”宣传教育活动，各地巾帼志愿者走进城乡家庭，送文明交通知识进万家，建千支文明交通巾帼宣传队，树百户文明交通家庭，营造“人人参与交通治堵、家家都讲文明出行”的良好氛围；开展“践行雷锋”巾帼志愿服务行动，全省各类巾帼志愿组织通过开展各类大型广场志愿服务活动，引导人们知礼仪、重礼节、讲道德，推动文明社会风尚、良好社会秩序的发展和形成；开展“邻里守望·姐妹相助”巾帼志愿行动，各级妇联干部携手巾帼志愿者走进街道、社区、乡镇，为孤寡老人、单亲母亲、留守儿童、空巢家庭、困难家庭等提供温暖贴心的关爱服务。浙江省巾帼志愿服务覆盖全省经济、政治、社会、文化、生态文明建设的方方面面，打造丰富多样的志愿服务内容和志愿服务载体，推动巾帼志愿服务转向外延式发展，使浙江省巾帼志愿服务切实地扎根于城乡社区和家庭日常生活之中。

（三）壮大服务队伍，筑牢凝聚千万妇女的新高地

在浙江省妇联的主导下，广大热心公益的妇女和家庭尤其是女企业家、“三八红旗手”、行业标兵、文明家庭、“最美家庭”、专业知识女性、社区积极分子等积极投身巾帼志愿服务活动。以家庭为单位参与志愿服务，对丰富巾帼志愿服务内涵、弘扬志愿精神、传承优良家风具有重要意义。G20 峰会期间，浙江省暨杭州市服务 G20 家庭志愿者行动推进会召开，号召全省广大妇女和家庭，以实际行动助力 G20、服务 G20。成千上万名家庭志愿者和巾帼志愿者通过引导文明出行、开展巡逻巡防、倡导文明礼仪等形式为 G20 杭州峰会保驾护航，涌现出“红袖章黄哨子”和“武林好大妈”等家庭志愿服务团。

当前浙江省巾帼志愿者逐步向本地农村妇女、企业员工、个体工商户等

多主体拓展，巾帼志愿者的招募也逐步由以组织化推进为主，变为社会化动员与组织化推进相结合的方式，形成了多种类型、各具特色、满足群众需求的巾帼志愿服务队伍。例如，长期致力于妇女儿童维权帮困志愿服务的杭州市妇女维权与法律援助志愿服务团，由具有律师、国家级心理咨询师、婚姻家庭指导师等执业资质的志愿者组成，专业率达到97%；致力于公益婚恋服务的非营利性社会组织宁波“三江缘”公益红娘联盟，通过社会化工作方式，为全市适婚男女架起鹊桥，为推进家庭美满、社会和谐做出了巨大贡献。

二　浙江省巾帼志愿服务亮点做法与经验

（一）坚持系统观念，统筹协同推进

新时代文明实践志愿服务事业涉及领域行业范围广泛，是一项全方位多领域的系统性社会工程，需要协同推进。浙江省妇联注重系统谋划、统筹推进，推动共建共享、协同聚力，建立工作联系协调机制，凝聚共识，共谋新时代文明实践大事，以志愿服务为抓手，广泛团结、引领和凝聚妇女，在忠实践行“八八战略”、开启全面建设社会主义现代化先行省新征程和高质量发展建设共同富裕示范区中主动作为、发挥作用。

浙江省妇联把巾帼志愿服务作为妇联参与精神文明建设、服务妇女群众的重要抓手，切实加强组织领导，推动各地党政部门把巾帼志愿服务纳入文明城市、文明乡村、文明家庭创建活动之中，纳入社会志愿服务工作总体规划，争取各有关部门在工作上的指导和政策、资源上的支持，为巾帼志愿服务工作的健康发展提供了有力支撑。2021 年，浙江省妇联、省科技厅、省教育厅、省卫健委、省总工会、省科协等六部门联合印发《浙江省科技创新六大巾帼行动实施方案》（以下简称《方案》），以“科技梦”助推“共富梦”。《方案》提出，在全省范围内广泛开展巾帼科技志愿服务“三百”活动，组建百支巾帼科技志愿服务队、开展百场科普宣讲、组织

百场送服务活动。

浙江省妇联培育联动发展链条，联动浙江省各级“三八红旗手”（集体）联盟，加强对接合作，开展全省“三八红旗手”（集体）暨巾帼志愿服务培训班，发挥资源叠加效应，同向发力强优势，实现联合自强、特色发展、互补发展、协同发展。在联盟和巾帼志愿服务组织的倡导下，各级“三八红旗手”（集体）和巾帼志愿者结合主责主业，以标杆力量辐射、带动广大妇女群体参与志愿服务；建立“三八红旗手”（集体）工作室，完善积极开展巾帼志愿服务的重要载体，充分发挥“三八红旗手”（集体）自身优势、延伸妇联工作手臂，将巾帼志愿服务网覆盖整个浙江省。例如，台州市路桥区积极对接女企业家协会，筹资建立“家庭助富”困难妇女儿童帮扶金；推进巾帼志愿服务组织与民建、党外知识分子联谊会等结成友好联盟单位，提供资金、阵地、项目等支持；培育成熟的巾帼志愿服务组织主动承接政府购买服务项目，实现志愿服务组织的可持续运行。

（二）围绕中心大局，筑牢疫情防控线

浙江省妇联坚持紧贴党委政府中心大局开展巾帼志愿服务。一是围绕“喜迎二十大”唱响主旋律。各地根据全国妇联统一部署，从“三八”妇女节开始启动“巾帼心向党、喜迎二十大”系列群众性主题宣传教育，各地组建巾帼志愿示范宣讲队，因地制宜地开展丰富多彩的宣传教育活动，讲述鲜活生动的“奋斗有我”和美好生活故事，营造浓厚的“喜迎二十大”氛围。二是围绕“共同富裕”，凝聚最大公约数。各地组织开展了各类主题志愿服务活动，如开展“共护绿水青山、共建美丽家园”活动，助力生态文明建设；开展普法宣传教育，参与婚姻家庭纠纷调解，助力基层社会治理；开展家庭家教家风建设和“公筷公勺”“垃圾分类”“节约粮食”等活动，弘扬文明新风；开展助老爱幼、扶贫帮困等活动，促进社会和谐等，以实际行动促进共同富裕。

在浙江省统筹推进疫情防控和经济社会发展的关键时期，广大巾帼志愿者奋战在家庭、社区等前沿阵地，在决策指挥、病患治疗、技术攻关、社会

治理的各方面全过程彰显巾帼力量，生动诠释了中国精神，丰富了民族精神和时代精神的内涵。2020 年，浙江省妇联在疫情发生的第一时间向全省 2700 万名妇女、1300 万个家庭以及 80 多万名巾帼志愿者发出“浙江巾帼在行动，守护小家为大家”的倡议，广大巾帼志愿者闻令而动、一呼百应。一是以互联网思维、全媒体视角，充分释放“互联网+志愿服务”的潜力。浙江省妇联打通各个领域、统筹各种资源、形成系统合力，在线上深入基层，联系群众，宣传防疫科普知识，传递最新权威信息，开展免费家庭教育和心理健康疏导、化解纠纷矛盾等志愿服务。二是服务社区防控工作，增援基层一线群防群治工作，开展关爱行动。浙江省妇联服务一线医务人员家庭，开展“你守护大家，我为你守护小家”行动；服务居家隔离观察人员，组建“巾帼代跑团”提供代买代送等服务；服务社区一线抗疫工作人员，扎实做好后勤服务保障工作。此外，浙江省还集全省妇联之力，动员社会力量，发起“特别的爱给特别的你”等爱心活动，共募得 2500 多万元，全部用于支援一线防疫工作。三是助力复工复产、春耕备耕。浙江省妇联为企业提供防疫宣传、物资捐助、代办代跑、情况反映、劳动力支持以及农产品销售等服务；帮助女企业家和女性农业生产经营主体，做好人员返岗、正常营运、供应链恢复等工作；全力服务春耕备耕，充分发挥乡镇、村级妇联作用，组织志愿者投入春茶采摘等春季农业生产，确保不误农时。

（三）聚焦精准触达，注重数字赋能

为落实浙江省委提出的构建志愿服务精准触达机制的部署要求，浙江省妇联积极开展巾帼志愿服务数字化平台建设。在省文明办的大力支持下，2022 年 5 月，浙江省妇联在“浙里办 · 志愿浙江”数字化平台上率先建设上线了“巾帼红 · 家力量”巾帼志愿服务综合平台，使巾帼志愿服务更加便捷高效、智能精准。平台设置队伍入驻、活动发布、志愿者招募、活动报名、活动签到、风采展示、积分兑换等模块，实现全省巾帼志愿服务队伍和分布区域等数据集成网上，并通过流程打造构建了巾帼志愿服务

一体化闭环系统①。平台凸显“家庭”特色，注重发挥妇女在家庭生活中的独特作用，专门设置“家庭圈”、家庭志愿服务积分、家庭排行榜等内容，推出适合亲子志愿服务的活动项目，鼓励妇女带着家人、孩子参与志愿活动。自“巾帼红·家力量”平台上线以来，已有1680支队伍入驻，85721名人员在线，显示活跃队伍299支、活跃人数11925人，年度活动18186次。后续平台还将开展二期建设，不断完善数字化平台，使巾帼志愿服务更加便捷高效、智能精准。

（四）创建品牌矩阵，服务质量升级

时任全国妇联副主席、书记处书记焦扬在出席全国妇联巾帼志愿服务工作推进会时指出，要着力打造富有特色的巾帼志愿服务工作品牌，使巾帼志愿服务在全国志愿服务体系中有特色、有亮点，成为妇联组织联系和服务广大女性的重要载体。本着推动志愿服务品牌化建设的宗旨，多年来，浙江省妇联积极寻求志愿组织自身优势与社会需求的黄金点，守正出新、精心组织、成熟运作、主动宣传、树立形象，在基础性、战略性工作上下功夫，谋划巾帼志愿服务品牌新架构，打造了一批值得推介的巾帼志愿服务品牌，推动巾帼志愿服务全领域品牌化，形成“一市一品牌”，如杭州“武林大妈”、宁波“甬尚姐妹”、温州“海霞妈妈”、湖州“德清嫂”、金华“一格一姐”、衢州“和姐”、舟山“东海渔嫂”、台州“和合姊妹”等，都成为当地社会治理的金名片，在参与社会治理、促进共同富裕中绽放异彩。

三　浙江省巾帼志愿服务地方实践经验总结

杭州市妇联联合市文明办、杭报集团、杭州电视台西湖明珠频道等部门和单位自2016年3月8日启动“服务G20　妇联在行动”活动，共同开展

① 巾帼志愿队伍入驻平台后，可以随时发布巾帼志愿活动，招募志愿者；巾帼志愿者登录平台可以及时了解志愿活动信息，点击报名，并完成线上活动签到；活动结束后，志愿队伍负责人上传活动内容，展示活动风采，志愿者获得积分奖励

了“传承好家风　喜迎 G20”杭州家庭志愿者行动，以全市各级“最美家庭”“五好文明家庭”为重点，发动广大家庭参与家庭志愿行动，以点带面增强了全市家庭当好东道主、奉献 G20 的主人翁意识，形成了“服务保障 G20　杭城家庭齐参与”的浓厚氛围。杭州市妇联还将家庭志愿者纳入全市“志愿汇”管理服务平台，开发了“家庭志愿者”注册管理系统，组建了市、区、街道（乡镇）、社区（村）四级全方位全领域的“家庭志愿者”管理服务体系和“家庭志愿者”队伍，创新了以家庭为参与主体的志愿服务组织形态，建立了“以户为单位、家庭成员共同注册志愿者、累计家庭志愿服务时数”的组织方式。

宁波市妇联积极创新工作思路，采取组织招募与自愿参加相结合等多种形式，注重宣传，加强管理，广泛聚集有一技之长的社会各界人士加入志愿者队伍，其中共有四类巾帼志愿者：一是维权志愿者即巾帼平安志愿者，二是关爱儿童志愿者，三是关爱空巢老人志愿者，四是义务红娘志愿者。截至 2022 年 12 月，宁波市妇联巾帼志愿服务中心有志愿者 90 多人，各地组建了各具特色的志愿者队伍 187 支，活跃全市各级巾帼志愿者 36884 人，各地也普遍建立了巾帼健身队、文明宣传队、调解队、巡逻队、禁赌队、拆迁服务队、文化宣传小分队、帮教队、平安信息员等各类平安志愿者队伍，在引导妇女和家庭自觉主动地参与公共服务、社会管理、维护稳定、居家养老等方面发挥了积极作用。宁波市妇联在组织招募与志愿参加相结合、建立稳定的志愿者队伍方面也做了很多工作。一是加强对巾帼平安志愿者队伍的指导与管理。宁波市妇联指导各级妇联建立健全网格化的巾帼平安志愿者队伍建设，招募了一批如律师、心理咨询师、婚姻指导师、爱心妈妈、义务红娘、社会工作者等专业人才，把热心社会公益事业、乐于奉献的社会各界人士吸引到志愿者队伍中来。各地妇联根据群众的不同需求，建立巾帼健身、文明宣传、心理咨询、交通劝导、维稳、保洁、健美健身、爱心助困等志愿服务队，并吸收有不同专业知识、技能特长的人参与志愿服务。二是完善工作机制，规范志愿者队伍的管理。宁波市妇联以此保证志愿者队伍的先进性，使每个志愿者都能以参加志愿服务为荣，以参加巾帼平安志愿服务队为荣，定期参与志愿服务并发挥良好作用；加强服务，增强志愿者队伍的凝聚力。各级妇联通过教育培训，提高志愿者的服务能力；通过联络联谊，为志愿者搭建参与社会管理与服务、互相交流的平台；通过表彰激励，激发志愿者参与服务的热情。宁波市妇联通过巾帼志愿者的广泛参与，延伸妇女工作的手臂，拓展妇女工作领域，让更多妇女参与社会服务与管理。

2006 年底，嘉兴市妇联发起“岗村结对”城乡基层妇女组织互帮互助新机制，破除壁垒、协调配合、联通共享，各级巾帼文明岗结合各自条线的岗位专责和专业特色，充分利用单位各类资源，为农村妇女“送信息、送科技、送法律、送医疗、送温暖”，扎实有效地开展互助互益活动。嘉善县妇联自 2006 年初就开始探索利用民间热心阿姨的力量帮忙调解邻里纠纷、婚姻矛盾等，促进社会和谐。截至 2022 年 12 月，全县已拥有“大阿姐”“和阿姨”“老舅妈”等“土字号”巾帼志愿者队伍 129 支，队员达到 2087 人。志愿者由老年妇女干部、老党员、退休女教师等组成，并融入妇女维权站、婚调工作室、家庭百事坊、妇女微家等多个阵地开展工作，有效解决了基层妇联人手少的问题。其中，“善阿姨”巾帼志愿者团队自 2021 年以来累计开展各类志愿服务活动 4200 余场次，服务时长超过 5 万小时，累计服务群众 20 余万人。因此，该团队获得“2020 年度浙江省优秀巾帼志愿服务项目”“2020 年度嘉兴市最美战疫志愿服务团队”等荣誉。

绍兴市妇联坚决承担“枫桥经验”发源地的使命，坚持贴近妇女群众、依靠妇女群众、服务妇女群众，以“家”为本融入社会治理共同体建设，积极构建“越地女儿”参与基层社会治理“1+6+N”模式。绍兴市妇联创设 1 个中心，成立全市“越地女儿”参与基层社会治理指导实践展示中心，注重发挥家庭家教家风在基层社会治理中的重要作用，激活微治理大能量。诸暨市自 2018 年 5 月被确定为新时代文明实践中心试点县市以来，巾帼文明实践中心建设也开展得如火如荼。一是依托三级阵地，推动全域文明实践。诸暨市依托市志愿服务中心，建立文明实践中心，设置各类功能区，实时展示各地实践动态；改造提升乡镇综合文化服务站，建立文明实践所，发挥联络、协调、督促作用，承担服务对接、项目落地等功能；提档升级农村文化礼堂，打造集宣传党的理论、普及科学文化、弘扬文明乡风、传递爱心公益于一体的“文明实践大礼堂”。二是发动全城志愿，绘就城乡文明画卷，使全市23.8万名志愿者成为服务群众的“主力军”。三是推动移风易俗，劲吹越地文明新风，移风易俗淳化民风，做好“减法题”。诸暨市妇联层层落实“市主导、镇主推、村主抓、理事会主力、群众主体”的工作模式，积极发动巾帼志愿者助推移风易俗，提升乡风文明。该做法在《中国妇女报》刊登，并被中国文明网转载。如今“婚事新办、丧事简办、其他喜事不办”使平均每场酒席节省5万余元，全年为百姓减负10亿元。

四　浙江省巾帼志愿服务项目案例

（一）银杏暖心——失独母亲心灵重启志愿服务项目

失独母亲心灵重启志愿服务项目开始于2017年，由慈溪市古塘街道妇联发起。项目围绕帮助失独母亲走出心理阴影正常化、走向健康社会正态化、积极参与社会集体化三个层面采用共性化和个性化相结合的志愿服务模式。

一是“六个一”共性化志愿服务内容。巾帼志愿者日常走访每周一敲门，邮政投递每人一报纸，健康体检每年一安排，精神慰藉每节一慰问，意外守护每人一保险，旅游活动每年一组织。

二是制定26位失独母亲个性化服务清单。巾帼志愿者根据每位失独母亲的性格爱好和家庭状况，从她们的生理、心理和精神需求出发，寻找和挖掘她们的爱好特长。6位“巧手妈妈”喜欢制作美食，7位“美丽妈妈”喜欢用花草打扮美丽庭院，4位“活力妈妈”喜欢文艺表演，4位“健康妈妈”喜欢运动锻炼，5位“勤劳妈妈”善于收拾房间和整理收纳。

志愿服务团队通过努力，累计走访敲门2800多次，解决问题270多个，开展活动385次，参与的志愿者达2000余人次，帮助26位失独母亲走出伤痛和封闭世界，以积极的心态走向社会，找到精神上的寄托和情感上的陪护，恢复家庭社会关系和成员间原有的和谐关系；让26位失独母亲逐渐走出伤痛，走向社会，融入社会，通过感受广大志愿者帮助她们的爱心，使失独母亲主动参与志愿服务活动，去帮助别人。同时，当地妇联通过项目实施和媒体报道，呼吁更多人关心关爱失独母亲，营造全社会共同关爱失独母亲的良好氛围。

（二）熙时学堂——“和合姊妹”家庭互助志愿服务项目

熙时学堂成立于2018年7月，是浙江省台州市新桥镇扶雅社区熙景园小区的业主家长自发成立的志愿服务项目。熙时学堂成立的初衷是给暑假里的孩子提供一个集中学习、相互帮助的环境，切实补足家长精力不到位、受教育程度低的短板。熙景园家庭志愿服务队现有志愿者50人，他们将业主活动中心改造为学习室，开展筹资捐款、宣传招生。项目活动主要采取向下兼容的方式，志愿者家长、高年级学生辅导低年级学生，每个孩子既是受益者又是志愿者。

熙时学堂是路桥区新桥镇妇联探索社区家庭志愿共建共享新机制的一种尝试，是志愿家庭自发践行“有时间做志愿者、有需求找志愿者”的生动实践。2018年至今，熙时学堂吸收了138位小区里的孩子及周边留守儿童、困难家庭的孩子等每天在这里“传帮带”，取得了良好的社会效果。2021年10月，该项目获得首届台州市“和合姊妹”巾帼志愿服务项目大赛一等奖。

为提高项目的影响力、引导力和传播力，项目制订了三大推广计划。

一是媒体推广计划。项目计划通过媒体宣传扩大熙时学堂的影响力，一方面，熙时学堂本级设立微信公众号，定期公示筹款情况、资金使用明细及活动动态，提高品牌信任度；另一方面，联合上级媒体平台加强宣传报道。目前，本案例在新华社、无限台州等各级媒体平台报道总浏览量已近110万人次。

二是校园推广计划。项目计划与学校、村社儿童之家开展合作，以熙时学堂志愿服务项目提供场地、学校提供志愿者教师的方式，迅速扩大志愿服务规模。

三是案例推广计划。熙时学堂的家庭志愿服务案例已被列入路桥区家庭教育精品案例展示，被新桥镇党建办列入党建示范点及微礼堂建设示范点。这也提高了辖区家庭志愿服务的知名度、认可度和满意度。

五　浙江省巾帼志愿服务未来展望

一是要推动党的创新理论深入人心。浙江省妇联要加强对妇女的思想政治引领，团结广大妇女“听党话跟党走”，这是以习近平同志为核心的党中央赋予妇联组织的政治职责。全国妇联牢记总书记嘱托，始终把思想引领作为重要政治任务，面向广大妇女和家庭，切实加强对习近平新时代中国特色社会主义思想的宣传宣讲。浙江省妇联要组织妇联执委、“三八红旗手”、巾帼志愿者等，深入基层、面向妇女开展宣讲，讲述人民群众拥护核心、追随核心的坚定自觉，示范带动更多妇女从党的创新理论中汲取真理的力量、信仰的力量、奋进的力量，深刻认识中国共产党好、中国特色社会主义好、人民领袖好，永远听党话、坚定跟党走。

二是要纵深推进巾帼志愿服务机制建设。浙江省妇联要紧扣发展新阶段的特征要求，根据党中央统一安排，把准基调、精心部署、细化落实，加强前瞻性思考、全局性谋划、战略性布局、整体性推进，找准巾帼志愿服务与其他类型志愿服务的内在联系点、协同发力点。全省各级妇联要着眼规范化建设，建立统一注册制度、统一标识制度、统一记录制度、统一星级认定制度，对志愿者个人信息、志愿服务情况、志愿服务效果等信息进行系统管理、科学评估；着眼能力建设，建立分级培训制度，加强培育巾帼志愿者的志愿服务理念、志愿者个人素养及专业能力，培育巾帼志愿者的安全急救知识和法律知识等；着眼激励机制建设，建立嘉许制度，通过树光荣榜、创编故事节目等宣传形式对优秀志愿者给予褒奖，有条件的组织可以为优秀巾帼志愿者提供免费体检、订阅报刊、逢年过节上门慰问等奖励；着眼可持续发展，建立回馈制度。

三是要不断创新巾帼志愿服务项目和运作模式。习近平总书记在党的十九大报告中指出，让人民过上好日子是我们一切工作的出发点和落脚点。广大巾帼志愿服务组织要不断延展服务手臂、拓宽服务领域，不能只停留在“老三样”即扫大街、看老人、送演出上，要想方设法创新巾帼志愿服务项目的运作模式，使巾帼志愿服务深入基层、贴近民心，真正把志愿服务做到实处，做到有需要的地方。各地巾帼志愿服务组织可以通过与主管部门建立交流平台，借助新媒体、数据库激活信息收集、发布、交流功能，开展巾帼志愿者论坛等信息化管理手段来实现服务需求与服务提供、受助者与志愿者的两个有效对接。

四是要大力普及巾帼志愿服务理念和培育志愿文化。浙江省妇联要加强党对巾帼志愿服务的领导，并贯穿巾帼志愿服务队伍建设、组织管理、项目实施的方方面面，注重融入社会、服务民生，深入贯彻习近平总书记关于“志愿者事业要同实现‘两个一百年’奋斗目标、同建设社会主义现代化国家同行”[①] 的重要指示精神，推动巾帼志愿服务工作更好地融入社会治理、服务百姓民生、顺应时代需求。全省各级妇联要开展巾帼志愿服务展示交流活动，创作巾帼志愿服务文艺作品、文创产品，增强巾帼志愿服务文化的传播力、感染力，开创中国特色巾帼志愿服务事业的新局面。

---

① 2019 年 1 月 17 日，习近平总书记在天津考察时的讲话。

B.5
内蒙古自治区巾帼志愿服务发展报告

王芳　高瑜　王翰飞*

摘　要： 巾帼志愿服务对新时代文明建设工作发挥着越来越重要的作用，充分了解内蒙古自治区巾帼志愿服务的基本情况，对完善发展中国特色巾帼志愿服务体系、促进社会文明发展具有重要意义。本文采用文献资料分析与案例分析相结合的方法，对内蒙古自治区的巾帼志愿服务状况展开说明论述，结果发现，①巾帼志愿服务的队伍建设以及专业化规范等水平较高；②巾帼志愿服务的服务内容和领域较为丰富；③在巾帼志愿服务的发展过程中，形成了较多亮点工作和品牌项目。最后，本文归纳了内蒙古自治区巾帼志愿服务存在的一些问题，如人员结构较为单一、服务内涵不丰富、活动经费严重短缺等。基于此，内蒙古自治区要进一步提升服务水平，拓展服务内涵，拓宽筹资渠道，以促进巾帼志愿服务的持续开展。

关键词： 内蒙古自治区　巾帼志愿服务　巾帼志愿者

近年来，巾帼志愿服务在我国志愿服务事业中的重要性日益增强，逐渐成为中国特色志愿服务体系建设中的重要力量。内蒙古自治区一直以来都十分重视巾帼志愿服务工作，同时借助巾帼志愿服务团队开展了许多具有地方特色的宣传工作，有效促进了本地志愿服务事业的蓬勃发展，使现代城市的社会文明程度日渐提高。因此，为充分挖掘巾帼志愿服务的潜

* 王芳，内蒙古自治区妇联主席；高瑜，内蒙古自治区妇联宣传部部长；王翰飞，中国社会科学院大学社会与民族学院博士研究生。

能，发挥巾帼志愿服务队伍的力量，引导妇女参与新时代精神文明建设，促进推动社会高质量发展，内蒙古自治区需要系统科学地了解巾帼志愿服务的发展现状。

基于此，本文采用文献资料分析与案例分析相结合的方法，对内蒙古自治区的巾帼志愿服务状况展开说明论述。本文将分四个部分进行分析，具体内容如下：第一部分介绍内蒙古自治区巾帼志愿服务的基本状况，包括队伍建设、工作机制和专业化规范等方面；第二部分分析内蒙古自治区巾帼志愿服务的服务内容和主要做法；第三部分分析内蒙古自治区巾帼志愿服务的亮点工作和品牌项目；第四部分总结内蒙古自治区巾帼志愿服务存在的问题，并提出推动内蒙古自治区巾帼志愿服务发展的相关建议。

一　内蒙古自治区巾帼志愿服务的基本状况

近年来，内蒙古自治区的巾帼志愿服务事业通过不断探索实践，在队伍建设、工作机制、专业化规范等方面得到了发展和完善。

（一）队伍建设方面

1. 志愿者、服务队数量情况

巾帼志愿服务工作是新时代妇联组织服务大局、参与社会治理的重要载体。内蒙古自治区坚持不断壮大巾帼志愿服务队伍，织密服务网络，强化巾帼志愿服务的力量。从总量上看，巾帼志愿者人数以及服务队数量相当可观。截至2022年，内蒙古自治区12个盟市志愿者注册人数总量已达到261万人[①]，巾帼志愿者超过50万人，建立起的各类巾帼志愿服务工作队伍总数也超过万支[②]，且服务涉及多个领域。

---

① 《中国志愿服务数据统计》，中国志愿服务网，https：//chinavolunteer. mca. gov. cn/NVSI/LEAP/site/index. html#/home，最后访问日期：2022年1月19日。

② 《内蒙古首批“北疆巾帼志愿服务队”授旗仪式举行》，https：//baijiahao. baidu. com/s?id=1684232842925653428&wfr=spider&for=pc，最后访问日期：2022年1月19日。

内蒙古自治区通过深入贯彻中央及自治区党委关于做好志愿服务活动的总体要求，并结合《关于深入开展巾帼志愿服务，推进新时代公民道德建设工作实施方案》《内蒙古自治区巾帼志愿服务管理办法（试行）》的部署，充分激发广大妇女群众在社会建设中的创造精神和参与热情，弘扬现代文明意识和团结互助的社会道德风尚，建立了一支规模宏大、管理规范、独具特色的巾帼志愿者队伍。

2. 服务组织分类情况

为做好巾帼志愿服务工作，内蒙古自治区各级妇联注重加强组织建设，逐步探索建立志愿服务的长效机制。各类巾帼志愿者服务队都根据服务的性质、内容分门别类地组建起来，其中包括空巢老人巾帼志愿者服务队、法律维权巾帼志愿者服务队、卫生健康巾帼志愿者服务队、医疗救助巾帼志愿者服务队、家政巾帼志愿者服务队、关爱留守儿童巾帼志愿者服务队、帮扶济困巾帼志愿者服务队、低碳环保巾帼志愿者服务队、家庭教育巾帼志愿者服务队等。同时，这些巾帼志愿者服务队都有各自的服务内容和规章制度，并结合各级妇联妇女群体工作联络方式网络化、多元化的工作实际，大力促进巾帼志愿服务阳光站的建立和发展，精准对接服务需求，在各个领域积极开展巾帼志愿服务活动，提高了巾帼志愿者服务队的服务水平。

（二）工作机制方面

1. 志愿者招募和管理机制

志愿服务的基本原则有“自愿参加、无偿服务、志在奉献”等。因此，无论是组织发动的还是自发参加的志愿服务，都要充分尊重个体的意志，不能强迫、命令。全区各级妇联鼓励通过社会招募、网络招募、项目招募等方式，进一步完善巾帼志愿服务的社会化动员机制，以吸纳各阶层妇女参加志愿者活动。在招募志愿者的过程中，全区各级妇联注重保持志愿者的稳定性，防止形成松散的局面；增强巾帼志愿者对团体的认同感，加强志愿者之间的沟通交流。

2022 年，内蒙古自治区已基本形成较为成熟的巾帼志愿者招募方法，

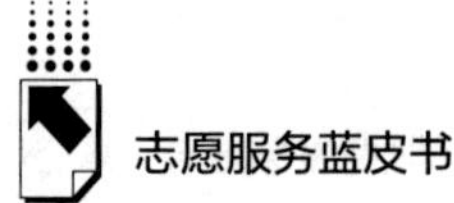

以赤峰市宁城县的招募方法为例①，首先，申请加入巾帼志愿者队伍的妇女须填写巾帼志愿者申请表，经审核后接受确定为巾帼志愿者，并备案；其次，接受一次岗前培训，增强巾帼志愿服务的专业性和规范性；最后，注重结合本地特色，将巾帼志愿者招募与传统特色相结合，充分凝聚巾帼志愿服务的强大力量。

2. 志愿者激励和表彰机制

内蒙古自治区各级妇联已逐步建立起完善的巾帼志愿服务考评制度和志愿者激励机制。通过定期监督巾帼志愿服务活动，全区各级妇联筛选巾帼志愿服务者的先进典型，及时进行总结表彰和宣传，以激励和带动更多妇女积极投身志愿服务工作。以呼和浩特市为例，为充分发挥榜样力量，带动广大妇女、家庭向身边典型学习，提升巾帼志愿服务的影响力，呼和浩特市定期更新整理巾帼志愿者人员和活动档案，对参与巾帼志愿服务活动较多的妇女，利用“三八妇女节”“学习雷锋日”等进行鼓励嘉奖，如评选“北疆巾帼志愿服务十大暖心故事”“敕勒川巾帼志愿服务十大感动人物”“学雷锋志愿服务先进典型”等。同时，呼和浩特市出台了《呼和浩特市志愿者礼遇办法》，进一步扩大激励范围和发挥示范效应，完善志愿服务激励政策，以嘉许激励和权益保障“反哺”志愿服务，吸引越来越多的民众自觉自愿加入志愿者行列。②

3. 志愿服务宣传机制

志愿服务的发展以“奉献、友爱、互助、进步”的精神为宣传导向，通过电视、报刊、微博、微信等媒介，使广大人民群众自觉、积极地参与志愿服务工作。妇联作为一个具有广泛代表性的群众性团体组织，应当主动与社会各界进行沟通，通过媒体宣传强化对社会公众的志愿服务精神传播。一是采用集中报告、专题专栏、系列专访等方式，进一步加强志愿服务思想宣

① 《巾帼志愿者招募公告》，https：//baijiahao. baidu. com/s? id = 1699182583824167054&wfr = spider&for=pc，最后访问日期：2022 年 1 月 20 日。

② 《建设文明首府　打造志愿青城，呼和浩特市创建全国文明城市工作综述》，https：//www. sohu. com/a/330390400_ 120057118，最后访问日期：2022 年 1 月 20 日。

传工作，使广大市民群众了解志愿服务的实质与含义，从而形成全民参加志愿活动的风尚。二是加强对先进模范的宣传，要挖掘各类女性楷模榜样，激励她们再接再厉、继续奉献，以表率的方式号召全社会的女性加入志愿服务队伍。这样才能继续拓展巾帼志愿者团队的活动范围，为巾帼志愿者的可持续成长提供人才与资金保证。

内蒙古自治区通过网络、电视、报刊等多媒体手段以多种方式宣传巾帼志愿服务的宗旨和精神，积极组织“百人百场”巾帼志愿宣讲团，用群众喜闻乐见的方式开展“巾帼大宣讲”，报道巾帼志愿服务工作开展中的典型事例和优秀事迹。此外，内蒙古自治区还在全区各级媒体对优秀巾帼志愿者等先进事迹进行展播，传递正能量，弘扬中华美德，扩大示范带动效应，进一步激励全区各级妇联组织和广大巾帼志愿者奋勇争先、担当实干。

（三）专业化规范方面

1. 培训层面

为进一步提高巾帼志愿服务水平，内蒙古自治区越来越重视对志愿者的培训，特别是对志愿者正式参与志愿服务前的培训。培训内容包括项目时间、服务对象需求、服务技能等。众所周知，一名真正合格的志愿者不仅需要有爱心、时间和精力，还需要有相当的专业技能。因此，组织做好巾帼志愿服务培训活动的开展，并重视对志愿服务理念和业务技术的培养，对提升巾帼志愿者的能力和管理水平，确保志愿服务的有效性具有重要意义。

2. 信息化管理层面

内蒙古自治区探索运用大数据手段，构建“智慧型”巾帼志愿服务管理体系，提升巾帼志愿服务的信息化管理水平。一方面，内蒙古自治区着力建设巾帼志愿服务数据系统，加强与全国、省级志愿服务信息平台的互联互通，在全国志愿服务工作中打响妇联品牌，凸显巾帼力量。同时，内蒙古自治区充分利用信息化技术手段，动态发布供需信息，发布志愿服务项目和活动安排，及时有效匹配巾帼志愿服务供给与需求。另一方面，内蒙古自治区探索建设各类巾帼志愿服务资源库，动态管理配置巾帼志愿服务队伍、组织、项目、专家等方面资源。2020年11月，内蒙古自治区已逐渐推动“北疆巾帼志愿服务”微信小程序平台试运行并在全区推广使用，以加强对巾帼志愿者及巾帼志愿服务的动态管理。

3. 组织化管理层面

促进志愿服务的规范化运作离不开各种管理制度。内蒙古自治区采取了多项巾帼志愿者管理工作措施，对巾帼志愿者的招募、报名、记录、保障等予以明确规范。一是建立健全巾帼志愿者招募机制，引导巾帼志愿服务机构按照职责要求，准确公布招募信息，有序实施招募计划。二是健全巾帼志愿者登记管理体系，完善巾帼志愿者的报名记录和个人志愿信息记录，及时完整准确地记载巾帼志愿者参与志愿服务的情况，规范开具巾帼志愿服务记录证明。三是在巾帼志愿服务团队内形成合理的内部运行机制，制定完善议事、决策、执行、监督等管理制度。内蒙古自治区鼓励有条件的巾帼志愿服务组织依法到民政部门登记，支持巾帼志愿服务组织到各地妇联组织备案，以推动妇联加强对巾帼志愿服务组织的指导、联系、服务，从而推动巾帼志愿服务组织规范化发展。

二　内蒙古自治区巾帼志愿服务的服务内容和主要做法

（一）服务内容

全区各级妇联组织充分调动巾帼志愿服务团队的积极性，主动作为，把巾帼志愿服务工作作为动员群众、团结凝聚群众、联系服务群众的有效手段，积极立足农村牧区和大中城市，针对广大女性、少年儿童和家庭，举办各种有温度、有特点的巾帼志愿服务活动。

一方面，全区各级妇联持续加强志愿服务队伍建设，丰富活动内容，提高服务质量，通过组织开展巾帼志愿服务公益项目大赛、“北疆巾帼志愿者暖心故事”视频展播等活动，积极引导并凝聚更多女性参与巾帼志愿服务，从而更好地服务于“文明内蒙古”的发展大局。另一方面，全区各级妇联组织巾帼志愿者深入基层开展“送理论、送法律、送科技、送文化、送关怀、送家教、送技能、送健康、送温暖、送服务”等“我为妇女儿童办实事・十送”活动，“百千万巾帼大宣讲”活动，“说变化・赞制度”妇女恳谈、爱国卫生运动、脱贫攻坚爱心手拉手服务困难群体等活动，持续把党的温暖、妇联组织的关爱送到群众身边，引领妇女群众感党恩、听党话、跟党走。①

（二）主要做法

1. 面向基层，为不同群体提供所需服务

（1）关爱空巢老人

以内蒙古自治区包头市固阳县为例，县妇联积极组织各村“拉话话”巾帼志愿服务队深入群众家庭开展服务，以服务群众、凝聚群众为目标，践行志愿服务理念，传播文明，弘扬时代新风，通过定期陪患病或独居老人谈心聊天、排忧解闷等常态化服务模式，帮助其解决实际问题，给其送去温暖与关爱，让老人们感受到社区的温暖和组织的关怀。②

（2）关爱残疾人

以内蒙古自治区鄂尔多斯市准格尔义工协会为例，该协会通过发挥巾帼志愿者的力量，为残疾人提供康复医疗、居家照料、就业指导等志愿服务，如通过“一帮一”资助残疾家庭子女完成大学梦，真正做到脱贫攻坚，助力精准脱贫；针对久病卧床失能的残疾人进行入户“一帮一”服务关爱，定期帮助残疾人擦洗身体、清理个人卫生；针对特困残疾家庭利用社会资源进行长期帮扶，让久病卧床残疾群体不和社会脱节并感受到温暖；鼓励帮助残疾人自主创业，通过义工入户形式手把手教残疾家庭制作手工艺品、编织围巾，并把制作好的手工艺品通过协会网络平台、实体店、义卖等多种形式进行销售，

① 《内蒙古自治区妇联召开贯彻全区文明内蒙古建设电视电话会议精神暨巾帼志愿服务工作座谈会》，https：//www.sohu.com/a/394754053_120214179，最后访问日期：2022 年 1 月 20 日。

② 《新时代文明实践，固阳县“拉话话”巾帼志愿服务队走进群众“心坎里”》，https：//www.sohu.com/a/392238090_100000170，最后访问日期：2022 年 1 月 20 日。

帮助残疾人自力更生，重返生活舞台。截至2019年10月，协会已经成功举办23期“以爱扶残”义卖活动，义卖善款高达60多万元，受益残疾人100余名。协会通过项目激励帮扶形式，不仅帮助残疾家庭学生完成学业，解决生活问题，而且让残疾人自食其力，使其对生活充满信心，重新融入社会。①

（3）关爱贫困妇女

以内蒙古自治区兴安盟科右中旗为例，旗妇联十分注重打造群众和家庭所需的巾帼志愿服务品牌，以蒙古族妇女居家就业、巧手致富的刺绣产业为范例，将科右中旗蒙古族传统刺绣艺术确定为品牌项目，组织动员嘎查妇女加入蒙古族刺绣产业。一批金牌绣工志愿者发挥重要作用，利用周末主动上门，手把手向嘎查妇女传授技艺，帮助贫困妇女提升脱贫技能，为就业增收创造条件。同时，旗妇联组织还利用嘎查（社区）“妇女之家”，为她们提供活动场所，让她们在一起探讨刺绣技巧，用两年时间培养了2万余名蒙古族传统刺绣绣工。②

2. 开展普法维权服务，保障妇女儿童权益

（1）保护妇女权益

以内蒙古自治区呼伦贝尔市为例，呼伦贝尔市以“三八”妇女维权周为抓手，开展了一系列普法宣传活动。2021年3月，呼伦贝尔市各级妇联组织共举办法律宣传活动25场，开展线下法制讲座15场，视频讲座1场，线上线下直接参与4200人次，设置法律咨询台15个，现场答疑116人次，发放普法宣传资料8000余份。③ 呼伦贝尔市通过维权周系列活动，在全市营造学法、懂法、守法的良好社会氛围，提升了广大妇女知法、懂法、用法的能力，增强了妇女依法维护自身权益的意识。

---

① 《内蒙古自治区鄂尔多斯市准格尔义工协会以爱扶残志愿服务项目》，http：//www. wenming. cn/specials/zyfw/2019sg100/zjzyfwxm/201912/t20191209_ 5345506. shtml，最后访问日期：2022年1月20日。

② 《最美巾帼绽芳华，志愿服务暖人心》，https：//m. thepaper. cn/baijiahao_ 6570999，最后访问日期：2022年1月20日。

③ 《巾帼维权！呼伦贝尔市妇联开展了一系列普法宣传活动》，https：//weibo. com/ttarticle/p/show?id=2309404615765256175817&sudaref=www. baidu. com，最后访问日期：2022年1月21日。

（2）关心保护未成年人

自 2019 年以来，针对当前未成年人性安全教育缺失这一实际情况，内蒙古自治区赤峰市妇联立足职能定位，从维护儿童合法权益的角度出发，启动了未成年人教育保护“护蕾”专项行动，在全市实施了“女童保护”未成年人防性侵教育培训工作，通过推广、普及儿童防性侵课程，保护女童远离性侵害。市妇联通过引进专业教材和师资，在全市、旗县区两级妇联、公、检、法、司、民政、教育等部门招募高素质女性志愿者，在其经过专业培训和严格考核取得讲师资质后，组建了赤峰市妇联“女童保护”讲师团。截至 2021 年 1 月，市妇联已经组织了 3 期“女童保护”师资培训班，共计培训 400 人次。讲师团开课 600 余场次，覆盖学校近 200 所，覆盖社区 30 个，听课学生超过 4 万人，参与家长和教师达 5000 余人。①

3. 多方面发挥巾帼志愿者作用，开展多类型服务

（1）开展文化体育志愿服务

为弘扬志愿服务精神，践行志愿服务宗旨，内蒙古自治区社会体育服务中心成立了内蒙古自治区社会体育志愿服务总队（首批 29 个社团），发布了志愿服务倡议书，动员广大志愿服务组织和志愿者积极参与全民健身活动，更好地发挥各体育项目协会在推广普及科学健身知识、做好专业健身指导服务、策划组织体育健身活动等公共体育服务中的作用，带动广大人民群众树立全民健康理念，增强全民健身意识，为推进群众体育生活化进程、建设健康内蒙古贡献力量。②

（2）开展健康义诊志愿服务

内蒙古自治区妇联通过联合自治区医院开展健康咨询及义诊活动关爱群众健康，增强群众对疾病的自我发现及防范意识。例如，内蒙古自治区卫生健康委部署开展经常性的“健康地摊，福泽百姓”健康义诊活动，为广大

---

① 《“女童保护”防性侵教育培训实现赤峰市覆盖》，https：//www. haomahaoba. com/dongtai/dongtaixinxi/2021-01-14/7564. html，最后访问日期：2022 年 1 月 21 日。

② 《内蒙古自治区社会体育志愿服务启动仪式举行》，https：//www. sohu. com/a/454356914_120381234，最后访问日期：2022 年 1 月 21 日。

老百姓就医和健康咨询提供了极大的便利，不仅让一些不方便去医院的患者能够就近解决问题，而且通过健康宣教帮助老百姓增强健康生活意识，养成良好的生活习惯，为老百姓做出科学的就医指导。①

（3）开展家庭教育志愿服务

以内蒙古自治区呼和浩特市为例，呼和浩特市为真正担当起引领和推动家庭教育事业发展的重任，在市妇联的牵头下，组织建立了由优秀教师、离退休教师、优秀家长、社区人员等组成的家庭志愿服务队。

呼和浩特市家庭教育志愿服务队认真贯彻落实习近平总书记关于注重文明家庭家教家风建设的指导精神和要求，积极探索创新家教工作方式，全面深入挖掘社会科研力量，选派家庭志愿服务队成员定期深入基层，有组织、有针对性地定期开展家庭集中科普讲座、现场健康咨询、沙龙互动交流、亲子教育等一系列形式丰富多样的科普宣传教育活动，给广大父母普及先进的家庭科学理念文化与健康知识。该活动自 2012 年开展以来，已累计宣讲 681 场次，惠及 91579 人。②

三　内蒙古自治区巾帼志愿服务的亮点工作和品牌项目

（一）亮点工作

1. 以社区为基础开展特色项目

以内蒙古自治区满洲里南区街道阜城社区为例，该社区一直秉承“帮助他人、快乐自己”的理念，平均每年举办志愿服务活动 45 批次。首先，阜城社区在社区工作站设立志愿服务工作站，并由两名社区工作人员专门负责志

① 《内蒙古自治区人民医院开展“健康地摊”志愿活动》，https：//www.sohu.com/a/407090956_120064883，最后访问日期：2022 年 1 月 21 日。

② 《凝聚巾帼之力，绽放志愿之花》，https：//www.jswmb.cn/article/2493/10110.html，最后访问日期：2022 年 1 月 22 日。

愿服务工作。设立电子阅览室、图书室等，用于开展志愿服务活动以丰富居民的业余生活，将社区志愿服务推向常态化。同时，社区居委会牵头，结合社区实际分别成立了阜城社区情暖志愿者服务队、“五老”教育志愿服务队、爱心志愿服务队、党员志愿服务队、巾帼志愿服务队、青少年先锋志愿服务队、扶老助残志愿服务队等 7 支志愿服务队。阜城社区有常住人口 4614 人，注册志愿者人口超过常住人口的 15%，现有志愿者 692 人，其中党员志愿者 50 人、青少年志愿者 215 人、其他志愿者 427 人。其次，阜城社区根据志愿服务项目的要求，通过集中辅导、座谈交流、案例分析等方式，对志愿者进行相关知识和技能培训，并配有专职工作人员，将每次志愿服务记录在案，归档整理。阜城社区设有“爱心积分卡”，根据爱心积分，定期对积分高的志愿者进行奖励，以提高志愿者的积极性。阜城社区已荣获由中宣部、中央文明办评选的 2020 年全国学雷锋志愿服务“四个 100”最美志愿服务社区称号。①

2. 义卖活动延续爱与温暖

以内蒙古自治区鄂温克旗义工联合会和海拉尔区义工联合会为例，鄂温克旗义工联合会是为弱势群体提供服务，多方位为建设文明社会而努力的民间团体。自 2013 年正式注册以来，团队开展活动近 700 场次，活动内容涉及环保、关爱孤寡老人、留守儿童、残障人士、救助贫困母亲、义务献血、捐献血小板、捐献造血干细胞、爱心助学、拥军、消防宣传等几十个方面，对地方精神文明建设起到了一定的促进作用。2017 年，团队获得“全国岗位学雷锋标兵”“呼伦贝尔最美女性”“呼伦贝尔市英才”“鄂温克旗优秀青年志愿者”等荣誉。2018 年，团队又获得“呼伦贝尔市第六届道德模范”、“巾帼心向党　建功新时代”三八征文一等奖、“全旗第十一届民族团结进步模范个人”等荣誉。②

海拉尔区义工联合会秉承“奉献、友爱、互助、进步”的服务精神，

---

① 《内蒙古自治区满洲里南区街道阜城社区》，http：//www. wenming. cn/specials/zyfw/2020sg100/zjzyfwsq/202101/t20210120_ 5923146. shtml，最后访问日期：2022 年 1 月 21 日。

② 《志愿组织——鄂温克旗义工联》，http：//www. hlbrdaily. com. cn/news/161/html/281866. html，最后访问日期：2022 年 1 月 21 日。

以“传递爱心、传播文明”为服务宗旨，不断健全完善爱心服务管理体系，在实践中探索社会组织服务社会管理、传播城市文明的新途径、新方法。经过多年发展，其逐渐成长为呼伦贝尔地区知名志愿服务组织。团队现已拥有各界义工志愿者3000余人、预备义工460人、注册义工126人、核心骨干义工95人、团体义工单位12个。海拉尔区义工联合会广泛招募社会爱心人士，以义务帮扶为宗旨，采取自愿服务形式，通过与多个社区、学校、敬老院等建立志愿帮扶关系，每周定期开展照料孤残老人、关爱残障儿童、助学留守儿童等长效服务活动，持续开展环保公益服务、母亲节鲜花义卖、助学助困、义务献血救助和传统节日扶贫慰问等大型活动。①

3. “周末妈妈”关爱留守流动儿童活动

内蒙古巴彦淖尔市乌拉特后旗妇联大力推广的乌拉特后旗“周末妈妈”巾帼志愿者关怀留守流动儿童项目，有效缓解了留守流动儿童因家庭亲情缺失而产生的心理成长问题和由此带来的各种社会问题，并取得了良好的社会效果。2020年12月，这项行动在全区范围内已全面推广，全区各级妇联机关通过开展推进会、培训会、见面会、大讲堂及发放倡议书、调研摸底、举办爱心结对活动等多种形式，大力推进活动的开展。该项志愿服务项目荣获全国学雷锋志愿服务“四个100”最美志愿服务项目以及自治区“德润草原·文明之行”学雷锋志愿服务优秀志愿服务项目、“北疆巾帼志愿服务十大暖心故事”、全市“助人为乐”志愿服务团队等荣誉称号，同时得到了央视、人民网、《人民日报》、新华社、内蒙古电视台、巴彦淖尔电视台等各级媒体的持续跟踪报道。

（二）品牌项目

1. “一对一”“面对面”精准服务模式——固阳县“拉话话”情暖后山老人巾帼志愿服务项目

内蒙古自治区包头市固阳县“拉话话”志愿服务队于2019年底成立，

① 《海拉尔区义工联合会简介》，https：//www. sohu. com/a/358599060_ 120056167，最后访问日期：2022年1月21日。

截至2020年底，共有74支队伍、1000多名队员。固阳县积极探索农村“精准服务”新模式，由妇联牵头组织，以各村妇联主席为志愿服务队长，志愿者由村小组长、村“两委”干部、人大代表、热心妇女群众等组成。固阳县“拉话话”情暖后山老人巾帼志愿服务项目坚持“五心”理念，即坚持志愿服务的“初心”、关爱特殊群体有“爱心”、群众的事要“操心”、群众冷暖需“上心”、“嘘寒问暖”很“热心”。该项目主要针对在村常住人口中的独居老人，留守老人，留守儿童，残疾、离异、患病妇女，以及发生意外事故的家庭。巾帼志愿服务队队员们以走村入户“拉话话”的形式，从解决群众身边的“微小”事情做起，采取“面对面”交流送去“心贴心”的关怀，了解他们的实际需求及生活中遇到的问题，搭把手解决生活中的各类小难题，包括疏导情绪、调解家庭矛盾、理发、代购、代卖农产品、养老保险网上生存认证、安火炉、孤寡老人陪床看病、宣传党的政策等，以“润物细无声”的方式凝聚群众思想，把群众紧紧团结在党的周围。2020年，“拉话话”巾帼志愿者共开展服务10000余次。固阳县“拉话话”情暖后山老人巾帼志愿服务项目落实了习近平总书记“群众办事要一件件的（地）去落实，一年接着一年的（地）干，真正的（地）让群众看到变化、得到实惠”的要求，贴近生活的服务，让群众“满意称心”。①

2.“流动”的志愿服务——新时代“乌兰牧骑+”文明实践志愿服务体系

内蒙古自治区呼伦贝尔市锡林郭勒盟苏尼特右旗是国内首个乌兰牧骑的诞生地，政府注重通过“乌兰牧骑+”链接更多社会资源，实现志愿服务的社会效益最大化。

一方面，苏尼特右旗党委利用乌兰牧骑“流动”志愿服务的突出优势，通过实行线上线下二级联合组织推进的流动文明实践方式，建立了旗、苏木镇、嘎查村三级服务中心和“一把手”服务工程，进一步确立了新时期的社会实践中心、所、站、点四级工作制度。苏尼特右旗按照有组织架构、有

① 《喜讯：内蒙古“拉话话”情暖后山老人获得全国巾帼志愿服务“十大优秀项目”荣誉称号》，https：//www. thepaper. cn/newsDetail_ forward_ 11567266，最后访问日期：2022年1月21日。

学习阵地、有工作队伍、有实践活动、有规章制度、有工作记录、有经费保障的“七有”标准，建立了1个旗文明实践中心、7个苏木镇流动文明实践所、87个流动文明实践站、21个党员中心户流动文明实践点，实现了新时代文明实践活动全覆盖。

另一方面，苏尼特右旗立足地广人稀、居住分散的实际，以草原红色文艺轻骑兵志愿服务队为枢纽，以各行各业专业资源为支撑，建立了“乌兰牧骑+”新时代理论宣讲、科普、法律、生态卫士、全民健康、党员先锋、民俗文化、巾帼等“1+12”支专业志愿服务队，活跃在基层。苏尼特右旗利用全旗7个苏木镇、63个嘎查村、14个社区三级阵地资源，组建了96支基层志愿服务队，形成了“1+12+N”的流动文明实践志愿服务网，使志愿者总数达到9768人，充分调动了群众性精神文明建设的积极性和主动性，激发了全社会奉献、友爱、互助、进步的力量。①

四　总结与展望

（一）内蒙古自治区巾帼志愿服务存在的问题

1. 人员结构较为单一

内蒙古自治区参加女性志愿服务项目的巾帼志愿者多数是普通家庭主妇，年纪一般偏大，文化素质参差不齐，专业能力相对薄弱，而针对一些目前社会需求量较大的维权、家庭教育、科普、医疗保健等领域工作的巾帼志愿者数量相对较少。尤其是乡村地区巾帼志愿者队伍的整体文化素质和业务水平不高，直接影响了志愿服务举办的效果，从而造成巾帼志愿者的服务水平和服务质量不高。

2. 服务内涵不丰富

目前，内蒙古自治区大量巾帼志愿者活动多数围绕广大妇女群众的需

---

① 《文明实践在行动，“乌兰牧骑+”实现志愿服务效益最大化》，http：//xilinguole.nmgnews.com.cn/system/2020/11/17/013018486.shtml，最后访问日期：2022年1月21日。

求，以服务空巢老人和帮扶留守妇女儿童、困难妇女家庭等为主，在服务内容上与以往的“学雷锋、做好事”没有本质区别，这就导致志愿服务活动缺乏一定的深度和广度，也缺乏持续性和有效性。同时，部分志愿服务工作存在形式主义，未能真正抓住群众的需求，降低了群众对巾帼志愿者或志愿服务活动的认知度和满意度。

3. 活动经费严重短缺

目前，内蒙古自治区巾帼志愿服务活动资金主要来自各级妇联组织和志愿者自筹两种途径。巾帼志愿服务活动的各项宣传、运作费用支出较大，政府、企业等社会力量对志愿活动资金支持较少。巾帼志愿者们往往既要出力又要出钱，长此以往，在一定程度上会影响巾帼志愿者的工作积极性。同时，有时因为经费短缺和人员组织等困难，志愿服务活动的开展经常出现“跟风”现象，社会宣传面不广，社会效应不佳。

（二）对内蒙古自治区巾帼志愿服务工作的建议

1. 提升服务水平

一方面，内蒙古自治区要进一步提升巾帼志愿者队伍的专业化程度，吸纳具备一定专业技能的各级女领导、女标兵、各专业协会会员等加入志愿者队伍；另一方面，要探索建立“社工+巾帼志愿者”模式，因为将社工引入巾帼志愿者队伍，不仅可以解决巾帼志愿者队伍人才不足的问题，还能运用社工的专业知识带动巾帼志愿者掌握更多的服务技能，有效开展活动。同时，要不断加强培训学习，将巾帼志愿者培训特别是基层巾帼志愿者培训纳入社会公众培训规划，重点加强村居妇联主席、调解能手、妇联执委等人员的培训，不断提升志愿者素质。

2. 拓展服务内涵

巾帼志愿服务作为一种有社会需求和供给的公益活动，应当以人民权益为出发点，以服务社会弱势群体为重心，立足村居，面向家庭，面对妇女群众自身最关注的社会问题，以及妇女群众在家庭、社区生活中遇到的最直接、最实际、最迫切的社会问题，开展精准服务。内蒙古自治区各级妇联要学会利用各类渠道来提高巾帼志愿者的工作水平，在社会建设事业中打响巾帼志愿者品牌。

3. 拓宽筹资渠道

对于当前的内蒙古自治区志愿活动，政府部门和社会力量在巾帼志愿服务的经费支持上力度较小。内蒙古自治区要整合社会资源，运用整合贯通的工作方式配置社会资金，实行资源互通共享，形成巾帼志愿服务的合力；同时建立“无偿+低偿”的志愿服务模式，即巾帼志愿者不仅要为服务对象进行无偿奉献，提升服务对象的生命品质，也要进行一定的“少偿”服务，以保证志愿服务活动的持续开展。

B.6

深圳市巾帼志愿服务发展报告

李 硕*

摘 要： 深圳市巾帼志愿服务经历了近30年的发展，如今已经成为深圳改革开放进程中不可或缺的组成部分，其成果也是彰显社会主义核心价值观的重要载体。2021年，深圳市以习近平新时代中国特色社会主义思想为指导，以能力建设为基础，以建立健全政策制度、完善体制机制、增强法律保障等为重点，聚焦新时代文明实践，不断发展巾帼志愿服务，取得长足成效。在新形势下，深圳市巾帼志愿服务在统筹和指导力度、精准化和专业化水平、社会参与度、资源整合等方面仍有提升空间。本文认为，深圳市可以从完善制度化建设、创新化发展、扩大宣传等方面进行巾帼志愿服务的升级。

关键词： 巾帼志愿服务 志愿精神 深圳特色

一 引言

巾帼志愿服务是在妇女群体中宣传弘扬社会主义核心价值观的重要平台，也是妇女组织参与社会治理创新、构筑社会化妇女工作格局的重要举措。[①] 随着经济社会的不断发展，新领域、新业态、新阶层、新群体不断涌

* 李硕，中国社会科学院大学社会与民族学院硕士研究生。

① 《最大限度凝聚发展妇女社会组织社会》，https://www.docin.com/p-1482042893.html，最后访问时期：2022年6月22日。

现，因此，有效提升巾帼志愿服务专业化、规范化、常态化水平，推动巾帼志愿服务和新时代文明实践有机融合，已经成为打通联系和服务妇女群众“最后一公里”的新命题。[①] 近年来，全国妇联把巾帼志愿服务作为加强妇女思想政治引领、培育和践行社会主义核心价值观、融入社会治理的重要抓手，组织广大巾帼志愿者深入城乡社区，开展丰富多彩的巾帼志愿服务活动，展示了巾帼志愿服务的独特魅力（《光明日报》，2019）。

为落实《关于推动新时代巾帼志愿服务发展的意见（试行）》要求[②]，进一步培育、引领、带动全市各级巾帼志愿服务组织和巾帼志愿者，为妇女儿童家庭提供精准专业志愿服务，推动全市巾帼志愿服务实现规范化、制度化、专业化发展，深圳市妇联在上级妇联和深圳市委市政府的指导下，积极响应深圳建设“志愿者之城”的号召，结合巾帼志愿者工作特点和妇联组织优势，不断创新发展巾帼志愿服务[③]，并以深圳市新时代文明实践阵地为基础载体，以加强妇女思想引领、关爱“一老一小”及困境妇女儿童、推进文明创建和助力妇女多元发展等为主要服务内容，开展了主题鲜明、内容丰富、形式多样的巾帼志愿服务，全力打造多层次、立体化、富有地域特色的巾帼志愿服务子品牌，彰显了巾帼志愿服务的时代特点和深圳特色。

二　深圳市巾帼志愿服务的发展历程

（一）深圳市巾帼志愿服务历史沿革

巾帼志愿服务是时代进步的产物，是现代文明的象征，是新时期群众性精神文明创建活动的成功实践。一群来自基层、扎根群众并始终以服务大

① 《最大限度凝聚发展妇女社会组织社会》，https：//www. docin. com/p-1482042893. html，最后访问日期：2022 年 6 月 22 日。

② 《推动全省妇女儿童事业实现高质量发展》，http：//k. sina. com. cn/article_ 3167104922_ bcc62f9a02001aret. html，最后访问日期：2022 年 6 月 22 日。

③ 《省妇联：依托妇女之家　创新巾帼志愿服务实践》，https：//baijiahao. baidu. com/s? id=1741009800257047784&wfr=spider&for=pc，最后访问日期：2022 年 6 月 25 日。

局、奉献社会、造福百姓为宗旨的巾帼志愿者，凝聚了无私奉献、团结互助的精神，坚持不懈地传递人间真情，发扬社会主义的文明新风。

早在20世纪五六十年代，一支支巾帼志愿者队伍就活跃在我国城乡，如北京的“三八”服务组，她们义无反顾地服务烈军属、特困户、五保户，无私奉献着爱心。随着经济社会的发展，越来越多的妇女投身志愿服务活动，各类服务队伍成为活跃在城乡基层特别是社区的一道亮丽的风景线。深圳市积极响应号召，组织多名专家、教授、工程师、医生、法律工作者组成巾帼志愿服务队，传递人间真情。

进入新时代，为进一步培育、引领、带动全市各级巾帼志愿服务组织和巾帼志愿者，促进新时代巾帼志愿服务走上专业化、项目化、规范化发展之路，深圳市巾帼志愿者协会响应全国妇联号召，受市妇联委托，积极开展巾帼志愿服务关爱赋能行动，通过巾帼志愿服务现场经验交流会、骨干赋能活动、征集优秀案例并发布巾帼志愿服务案例集等举措，建立志愿者组织间交换信息的共享平台，引领广大巾帼志愿者、志愿服务组织形成有利于志愿服务发展的制度环境，凝聚更多巾帼志愿力量，为培养志愿服务骨干队伍和专业团队，打造品牌项目，增强志愿服务品牌辐射力提供了范例。①

2017年，深圳市妇联精准定位，着眼于发展，组建专家顾问团队，创建基地联动服务机制，共同服务于妇女儿童家庭，形成志愿服务生态链；携手创新，开创志愿文化新格局，凝聚了强大的社会正能量，为“志愿之城2.0版”的推进提供了理论支持，充分体现了志愿文化的新理念。深圳市妇联以创服务品牌，走精准服务之路，整合优势资源，提升志愿者领袖和精英综合素质为宗旨，打造“互联网+”创新志愿服务形式，有效地推进巾帼志愿文化。

2018年，《关于建设新时代文明实践中心试点工作的指导意见》提出建设新时代文明实践中心。深圳市积极响应号召开展新时代文明实践，使巾帼

① 《着力推动龙江志愿服务事业高质量发展》，https：//baijiahao.baidu.com/s? id = 1700712317596044621&wfr=spider&for=pc，最后访问日期：2022年6月22日。

志愿服务管理由社会组织的“松散化”向基层实践中心的“规范化”“品牌化”转变。巾帼志愿服务纵深向基层，全方位实践渗透，汇聚地方智慧，集聚民众能量。深圳市巾帼志愿服务步入新时代后，仍坚持以社会主义核心价值观为指导，在构建具有巾帼特色的志愿文化过程中，既重视理论建设，也扎扎实实地做好基础服务；既为服务基地提供平台，做好对接，也积极参与各公益组织的服务。

2019 年，深圳市巾帼志愿服务以志愿者“奉献、友爱、互助、进步”的精神为主旋律，秉承“引领、创享、高端、卓越”的巾帼理念，服务社会，奉献社会，为城市的发展做出了贡献。① 在开展巾帼志愿服务的过程中，深圳市不断拓展创新志愿服务，对接需求，精准服务，深度融合巾帼志愿服务精神与社会主义核心价值观，使其相得益彰，共同成就。②

2020 年，深圳市巾帼志愿服务秉承“携手巾帼、幸福万家”的服务理念，为促进社会和谐贡献巾帼力量。一方面，深圳市积极发展志愿文化，开启志愿文化讲堂为志愿者赋能，在构建志愿文化的过程中，开拓创新，通过志愿文化大讲堂，推进志愿者赋能行动计划，进而实现志愿服务专业化、系统化。经过多年的沉淀，深圳市巾帼志愿者协会志愿文化已逐步形成。另一方面，深圳市不断拓展服务领域，对接需求精准服务，并投身抗击疫情的战役，坚守在抗疫前线，从驰援湖北、守候边境口岸到参与社区抗疫服务。在市妇联的直接领导下，巾帼志愿服务从未“缺课”，牢记初心与使命，在公益路上走得踏实，行得稳健。

（二）深圳市巾帼志愿服务发展现状

深圳市巾帼志愿服务多年来一直积极弘扬志愿精神，秉承“携手巾帼、幸福万家”的理念，服务社会，奉献社会，获得了长足成效，为经济

① 《颍州区妇联：撒播爱心　传承文明　奉献社会-妇女代表大会-阜阳新闻网》，http://mt.sohu.com/20160222/n438103165.shtml，最后访问日期：2022 年 6 月 22 日。

② 《中国志愿服务联合会成立两周年综述：积跬步终成大道》，http://www.cass.net.cn/jpgc/202207/t20220701_5415112.shtml，最后访问日期：2022 年 6 月22 日。

社会的进步做出了贡献。进入新时代，为深入贯彻习近平总书记关于志愿服务的重要指示精神，落实党的十九大及十九届二中、三中、四中、五中全会精神，深圳市妇联充分发挥妇联组织联系妇女群众的优势，聚焦妇女儿童和家庭关切，做实巾帼志愿服务关爱行动，开展关爱帮扶、家教家风、妇女儿童维权、卫生健康、绿色环保、创业就业等志愿服务工作，突出重点，创新载体，积极弘扬志愿精神，推动巾帼志愿服务有序开展。①

据统计，截至2021年，全市巾帼志愿者队伍数量已达到847支，巾帼志愿者达到47663人，共开展巾帼志愿服务活动14196场，巾帼志愿活动服务人数共1174546人次。其中，根据广东省妇联《关于开展“春暖万家平安过年”千场巾帼志愿服务活动的通知》要求，深圳市积极动员号召各区、各系统妇女组织开展“春暖万家平安过年”系列活动，用心用情关爱困难妇女群众，鼓励外来务工人员留粤过年，弘扬文明新风，共筑祥和欢乐年。活动期间，深圳市妇联系统共精心策划开展40多场志愿服务活动，服务4978人次。另外，深圳市还深入开展南粤巾帼大宣讲活动，用丰富多彩的形式引导妇女，凝聚建功“十四五”、奋斗新征程。全市各级妇女组织共开展南粤巾帼大宣讲活动线上283次、线下661次，覆盖妇女70996人次、家庭36549户。巾帼志愿宣讲队总数达到496支，志愿者达到10537人，开展巾帼志愿服务活动6097场，服务妇女353697人次和家庭76048户。②

经过了近30年的发展，巾帼志愿服务事业如今已经成为深圳改革开放进程中不可或缺的重要组成部分，成为践行社会主义核心价值观的重要主体，也成为彰显社会主义核心价值观的重要载体。③ 具体表现为以下四个方面。

---

① 《2021年广东妇女儿童十件民生实事公布　粤拟为100万名妇女提供“两癌”免费检查》，《深圳特区报》，http://sztqb.sznews.com/MB/content/202202/15/content_1165133.html，最后访问日期：2022年6月22日。

② 《市妇联发布妇女儿童事业发展概况　深圳基本实现公共场所母婴室全覆盖》，http://static.scms.sztv.com.cn/ysz/zx/szdyxc/78754746.shtml，最后访问日期：2022年6月22日。

③ 《贵州八部门联合出台支持和发展志愿服务组织的实施意见》，https://www.mca.gov.cn/article/xw/dfdt/201906/20190600017605.shtml，最后访问日期：2022年6月22日。

第一，深圳市巾帼志愿者是深圳市各行各业发展的重要助力群体。深圳市巾帼志愿者以各行各业为基础，发挥着“专业务实、敬业并进和使命导向”的作用（黄浩明，2021）。深圳市在开展志愿服务活动的基础上，创新探索出巾帼志愿服务与水环境治理、维权、科技服务等领域相结合的新机制，在推动全国巾帼志愿服务专业化方面起到了带头作用。

第二，深圳市巾帼志愿服务组织是社会治理的重要力量。巾帼志愿服务组织通过积极参与慈善事业、提供各类社会服务逐步深入社会治理。深圳市整合社会团体、民办非企业单位和基金会等力量提供巾帼志愿服务，大力推进了慈善事业的持续发展，在助力慈善事业的专业化发展方面起到了“四两拨千斤”的作用，同时使巾帼志愿服务成为企业履行社会责任的重要方式。

第三，深圳市巾帼志愿服务活动是促进志愿服务文化氛围建设的重要载体。深圳市妇联响应全国妇联号召，营造了浓厚的文化氛围。深圳市将每年3月定为“巾帼志愿服务月”，由各行动主体组织开展不同形式的巾帼志愿服务活动；将每年3月5日确定为“深圳义工节”，“赠人玫瑰，手有余香”已成为深圳市十大文化观念之一。截至2021年，全市已经组建1106支巾帼志愿服务队，吸纳74万名巾帼志愿者参与志愿服务。[①] 各级妇女组织因地制宜、上下联动，逐步形成了具有深圳市特色、能够满足群众需求的巾帼志愿者文化，成为深圳城市文明中一抹亮丽的色彩。

第四，深圳市巾帼志愿服务是促进新时代文明实践中心志愿服务制度化建设的重要抓手。进入志愿服务实践新时代，深圳市为深入贯彻落实习近平总书记关于志愿服务的重要指示精神，有效落实党的十九大及十九届二中、三中、四中、五中全会精神，在巾帼志愿服务中致力于加强制度化建设，不断推动完善志愿服务的制度化。

① 《风华四十载　深圳妇女儿童事业破浪前行》，https://www.thepaper.cn/newsDetail_forward_8901485，最后访问日期：2022年6月22日。

三 深圳市巾帼志愿服务基本情况

深圳市的速度就是巾帼的速度，深圳市的质量就是巾帼的质量，在志愿服务发展的历史长河中，广大妇女响应党的精神号召，不断投身志愿服务，在为广大民众服务的同时，弘扬社会主义精神，传递人间浓浓的真情。进入新时代以来，深圳市域内各志愿服务组织和志愿者开展了形式多样的志愿服务活动，对推进精神文明建设、推动社会治理创新、维护社会和谐稳定、增进民生福祉发挥了重要作用（张贺祥、赵立斌，2018）。

（一）建立健全政策制度，推进志愿服务制度化发展

为进一步贯彻党的十九大关于“推进志愿服务制度化，强化社会责任意识、规则意识、奉献意识”的新部署新要求，加强和改进深圳市新时代文明实践巾帼志愿服务工作，深圳市一直不断努力建立健全政策制度，推进志愿服务制度化发展。

首先，培育发展专业巾帼志愿服务队伍。巾帼志愿服务队吸纳了女性网格员、女性社区工作人员、女性律师及其他热心公益事业的辖区女性，深圳市在2020年巾帼志愿服务赋能工作的基础上，2021年继续开展深圳市巾帼志愿服务关爱赋能行动，培育、引领、带动全市各级巾帼志愿服务组织和巾帼志愿者，为广大妇女儿童家庭提供优良精准专业的巾帼志愿服务。例如，龙岗区向基层妇女组织发出号召，吸纳了一批具有志愿精神的法律工作者、心理咨询师、妇女干部等参与志愿服务活动，组建了13支1200余人的具有专业知识的巾帼志愿者队伍。

其次，制订专业管理方案。市、区妇联坚持从实际出发，围绕制度创新开展探索实践，不仅建立了三级优良高效的巾帼志愿服务队伍，还制订了相应的管理方案，以“有制度、有理念、有队伍、有服装、有标识、有荣誉”的专业特色为基础，全方位开展专业的巾帼志愿服务。例如，龙华区印发了《关于加强龙华区巾帼志愿者队伍建设的实施意见》，不仅组建了以“区-街

道-社区”框架为主体、功能队伍为补充的具有龙华特色的巾帼志愿者队伍，还对志愿者服务队伍进行规范化管理。

最后，出台相关规章制度，加强制度化管理。一方面，深圳市为进一步加强巾帼志愿者的管理工作规范化和制度化建设，根据《中国注册志愿者管理办法》《深圳市义工服务条例》等有关法律、法规和政策，从巾帼志愿者总队的实际情况出发，出台了《巾帼志愿者管理办法》，对巾帼志愿者相关事宜进行规划管理。另一方面，市妇联认真执行《关于支持和发展志愿服务组织的意见》等，表示“巾帼志愿服务不仅是现代社会文明进步的重要标志，也是加强精神文明建设、培育和践行社会主义核心价值观的重要内容”，要求加强制度环境建设，促进巾帼志愿服务组织规范化发展，强化志愿服务组织规范运行和管理。

（二）探索创新，加强体制机制建设

自新时代文明实践工作开展以来，深圳市巾帼志愿服务以原有的体制结构为依托，不断探索创新，取得了良好成效，相关工作机制相对健全。目前，精神文明委牵头协调、民政部门负责行政管理、有关部门按照各自职责开展志愿服务工作的良好局面已经形成。

1. 巾帼志愿服务工作体系建设

深圳市妇联将巾帼志愿服务作为妇联参与精神文明建设、服务妇女群众的重要抓手，不断切实加强组织领导，加强工作体系建设。第一，各地党政部门切实把巾帼志愿服务纳入文明城市、文明乡村、文明家庭创建活动之中，纳入社会志愿服务工作的总体规划之中，对巾帼志愿服务的发展给予高度重视。第二，深圳市积极争取各相关部门在工作上的指导和政策、资源上的支持，为巾帼志愿服务工作的健康发展提供有力支撑。第三，深圳市围绕党政中心工作，根据群众需求的发展变化，以改革创新精神推进巾帼志愿服务工作，努力探索开展巾帼志愿服务的新形式和新载体，认真总结，大力推广巾帼志愿服务工作的新做法和新经验，不断提高全市巾帼志愿服务工作水平。

2. 巾帼志愿服务组织体系建设

第一，深圳市积极培育巾帼志愿服务组织，各地妇联整合各类巾帼志愿人才资源，积极组建多种类型的巾帼志愿服务组织，有条件的地方建立了巾帼志愿服务协会（联合会）等行业组织。第二，深圳市鼓励、支持并号召各级主体组建巾帼志愿服务队伍，扩大了巾帼志愿服务的社会覆盖范围。第三，深圳市依托现有各地志愿服务组织和社会组织孵化基地，提高了巾帼志愿服务队伍和组织的孵化效率，在项目规划开发、能力提升培养、合作交流等方面提供“滴灌”式有针对性的扶持。第四，各地充分利用妇联的独特优势和专业的阵地设施，通过政策引导、重点培育、项目资助等方式，重点建设了一批高质量、高效率，社会影响力大的示范性巾帼志愿服务组织。部分地区扩大建立了专门的巾帼志愿服务组织孵化基地，支持巾帼志愿服务组织的启动成立和初期运作，帮助提升服务能力，培养专业化技能。

3. 志愿服务队伍体系建设

深圳市不断完善奖励激励机制，更新队伍管理运行机制，着重力量壮大文明实践巾帼志愿服务队伍，推动志愿队伍向制度化、规范化、专业化方向发展。

第一，在招募巾帼志愿者方面，深圳市坚持需求导向，广泛动员引导广大妇女加入巾帼志愿者队伍，形成巾帼志愿者的主体力量；组织妇联干部、妇联执委带头加入巾帼志愿服务组织，积极参与巾帼志愿服务，发挥示范带动作用，形成巾帼志愿者的主导力量；整合机关单位专业人才资源，联合妇联所属团体会员和女性社会组织力量，积极吸纳教育、科技、司法、文化体育、卫生健康、环境保护、社会工作等领域的专业人才加入，形成巾帼志愿者的专业力量；动员各级“三八红旗手”“巾帼建功标兵”“维护妇女儿童权益先进个人”“致富女带头人”“最美家庭”“五好家庭”等加入巾帼志愿服务行列，作为巾帼志愿队伍骨干力量发挥巨大作用；倡导社会各界巾帼力量积极参与，汇聚巾帼志愿者的社会力量；通过多种途径、多方动员，建立具有鲜明特色和一定规模的以女性为主体、男性共同参与的巾帼志愿者队伍。

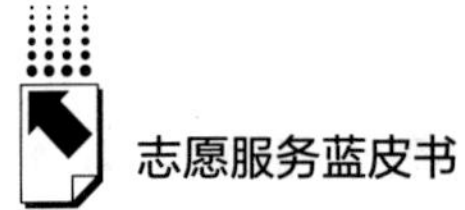

第二，在巾帼志愿服务培训方面，着力培养巾帼志愿者骨干，使其成为巾帼志愿服务的中坚力量。深圳市建立分级分类的巾帼志愿服务培训体系，开发培训课程，创新培训形式，建设巾帼志愿服务培训云平台，通过线上线下相结合的形式，扩大培训覆盖面，为巾帼志愿者和巾帼志愿服务组织提供专业培训，使巾帼志愿者从思想上、政治上、行动上与党的思想和精神保持高度一致，与全国人民共同砥砺奋进、携手共进退；增强群众工作本领，增强群团组织的政治性、先进性、群众性，充分发挥妇女组织的桥梁纽带作用，组织动员广大妇女姐妹始终坚定不移地沿着党指引的方向前进。

4. 志愿服务激励机制建设

第一，制度化激励。2005 年通过的《深圳市义工服务条例》不仅为全国志愿服务的立法提供了先例，也从法律上提高了全国对志愿服务的认可程度。2015 年深圳市委再次制定出台的《关于进一步加强“志愿者之城”建设的意见》对志愿者奖励机制提出了相关要求，扩大了志愿者奖励机制的主体；随后出台的《深圳市百名优秀志愿者资质认证管理办法》《深圳市星级志愿者资质认证管理办法》等对志愿服务表彰制度提出了新要求，使深圳市志愿服务奖励机制趋于完善。

第二，非制度化激励。深圳市除了以制度化方式提高志愿者的积极性外，还从非制度化方面对志愿者进行激励，如牢牢把握对志愿者具有潜在且持久激励作用的志愿精神及志愿服务文化宣传，以此为基础注重对巾帼志愿服务文化的广泛宣传；利用电视、报纸、公交站台、路边广告牌等传统媒体投放巾帼志愿服务公益广告，利用微信公众号、微博、QQ 群等新媒体进行巾帼志愿者新闻播报和宣传。

（三）提高站位，完善信息平台建设

一是广泛开展线下宣传。深圳市在线下人流密集地区、城市志愿服务站、各志愿服务点窗口等张贴和播放巾帼志愿服务相关的海报、宣传片等，并开展巾帼志愿服务关爱行动的宣传活动。二是通过线上渠道积极宣传。市、区各级妇联组织依托微信公众号和微信群，发布有关志愿服务的基本知识、目标意义、实践服务活动等内容，并结合关爱帮扶、家教家风、妇女儿童维权、卫生健康、绿色环保、创业就业等领域的内容，倡议辖区妇儿家庭重视支持志愿服务。三是鼓励支持各级妇联组织提高站位，完善信息平台建设。深圳市根据实际情况整合社会资源和志愿者力量，积极开展各类巾帼志愿行动，弘扬深圳市热心公益、崇德向善的城市人文精神，释放“半边天”的磅礴力量。

（四）打造特色，加强志愿服务项目建设

巾帼志愿服务项目在深圳市妇联的高度关注与指导下持续开展，形成了有利于志愿服务发展的制度环境，凝聚了更多巾帼志愿力量，打造品牌项目，为增强志愿服务品牌辐射力提供了范例，进一步建立了志愿者组织间的交互信息共享平台，以分享成长经验，提升整体效能。

1. 深圳市妇联环保志愿服务项目

为认真落实党中央、国务院关于深圳建设中国特色社会主义先行示范区的决策部署，率先打造人与自然和谐共生的美丽中国典范，根据《深圳率先打造美丽中国典范规划纲要（2020—2035 年）》及《深圳率先打造美丽中国典范行动方案（2020—2025 年）》要求，深圳市妇联扎实推进美丽中国典范建设工作。

首先，依托市巾帼志愿者协会，专门成立了巾帼环保志愿服务队，通过网站、微信公众号、微信群、QQ 群等平台积极号召，广泛动员女性加入巾帼环保志愿服务队，累计招募巾帼环保志愿者 300 余名。巾帼环保志愿服务队通过不定期为巾帼志愿者提供环境保护专业知识的指导培训，增强她们的环保意识，向她们传授开展环保工作和宣传工作的方式方法，推动巾帼环保志愿者更好地参与生态环境治理等工作，助力深圳市率先打造美丽中国典范。其次，严格按照美丽中国典范建设工作计划，扎实推进巾帼环保志愿服务行动，参与线下 3 场活动的志愿者共计 103 人次，服务时长 416 小时，开展线上线下环保志愿宣传活动累计受众人数 4615 人次，为美丽中国典范建设工作贡献了巾帼力量。

2. 深圳市巾帼大宣讲及巾帼志愿服务活动项目

深圳市各级妇联深入开展南粤巾帼大宣讲活动，采用丰富多彩的形式引导妇女，凝聚建功“十四五”、奋斗新征程。一是线上线下相结合，宣传教育出实效。宝安区西乡街道妇联组织巾帼宣讲队开展“巾帼学党史”“扣好人生第一粒扣子”“红色家风传承”等线上线下系列活动，组织巾帼宣讲队进社区、进企业、进校园，开展“党史学习”“家庭家教家风”宣传教育活动。二是组织参观红色教育基地，传承红色精神。深汕合作区机关妇联组织开展南粤巾帼大宣讲之“缅怀革命先烈，传承奋斗精神”党史学习教育，先后前往大安峒革命烈士陵园和新厝林古寨，接受革命传统教育和精神洗礼。三是调动专家力量，补充“精神之钙”。龙岗区妇联组建了一支由妇联干部、“三八红旗手”、“巾帼文明岗”、“最美家庭”、巾帼志愿者等组成的巾帼宣讲队伍，讲述女性先进典型传承红色基因、立足本职岗位、奋战抗疫一线的动人故事，区委书记向宣讲师赠送《论中国共产党历史》等书籍，激励广大党员铭史“补钙”、以史“铸魂”。

3. 开展“春暖万家平安过年”千场志愿服务活动

（1）用心用情关爱帮扶，促进社会和谐发展

一是开展结对送温暖活动。各级妇女组织依托由基层妇联主席、“三八红旗手”、爱心女企业家等组建的“妇联妈妈”队伍，由妇工、社工、律师、心理咨询师等构成的巾帼志愿者服务队，定期深入各个社区，走访慰问单亲家庭、困境儿童、空巢及失独老人等，广泛开展关爱帮扶志愿服务活动。二是开展“情暖深圳幸福年”活动。南山区科技园社区党群服务中心组织开展“新春送祝福，情暖科技园”——关爱留深职工慰问活动，发动居民手工制作爱心礼物送至企业、社康中心、警务室以及社区工作人员手中，让留深职工在社区也能感受到家乡的温暖。

（2）开展线上志愿服务，全方位服务妇女儿童

深圳市妇联结合疫情防控需求，因地制宜、因时制宜，依托各级妇儿之家及各类新媒体平台，组织开展线上线下相结合的服务活动。一是科普宣传。光明区春节期间联合区义工联组织开展巾帼志愿宣传活动 10 余场，大力宣传

禁毒、妇儿维权等内容，服务超2000人次。二是热线服务。宝安区通过12338妇女热线、馨和家园工作室、舒心驿站等服务，处理心理服务个案527例。三是家庭教育。巾帼志愿者开展“亲子共读，全民同乐”线上云端阅读打卡活动，变身故事妈妈，陪伴孩子阅读绘本，增强亲子互动关系。

（3）开展文明新风志愿服务活动

各级妇联组织积极开展文明新风志愿服务活动，引导家庭成员树立生态文明健康卫生观念。南山区发掘新的巾帼志愿服务方式，沙河街道华夏社区开展“华夏之光”志愿服务项目，采取“1445”工作法，组建了一支“华夏之光”专业服务队伍，建立“四定四化”便民服务管理，开展“五类形式”专业便民服务，对接服务有需要的人民群众。各级妇联组织通过对更多社工骨干、社区志愿者和社区组织进行引导和动员，使其参与社区治理实践，大力支持和鼓励各种形式的公益性社会组织发展，促进多元主体共同参与社区治理格局的形成。

四　深圳市巾帼志愿服务先进经验

历经几十年的发展，深圳市巾帼志愿服务专业化建设已基本健全。新时代，深圳市结合实际，以现代化科技手段为依托，提高巾帼志愿服务供需匹配度，使巾帼志愿服务的效率和精准度得以提升。

（一）以协会为聚合平台，汇聚有爱心、有凝聚力、有战斗力的巾帼志愿者队伍

深圳市巾帼志愿者协会于2015年1月成立，是一个公益性妇女社会组织，旨在为全市妇女、儿童、家庭及公益社会组织提供精准的综合性志愿服务。截至2021年，协会已有会员2000余人，创办巾帼志愿服务基地30多个，开展项目1300多个，提供志愿服务时长15.4万小时，先后获得“全国优秀巾帼志愿者服务队”“深圳市十佳公益机构”等荣誉称号。

第一，疫情期间，深圳市以协会为载体，发出倡议书，广泛发动巾帼志

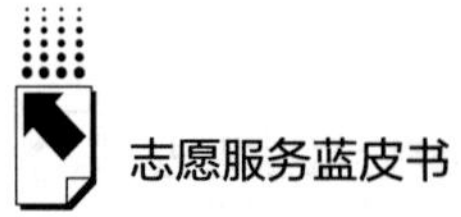

愿者参与社区排查、测温、宣传疫情防控知识等相关工作，同时创新开展“心系妇儿、情暖万家”抗疫守护关爱系列行动。此外，协会还组织专业巾帼志愿者持续在深圳湾口岸为入境人员和口岸工作人员提供心理服务，并开展“无疫花城·心情驿站”云课堂，提供心理情绪疏导、幸福歌声传唱、诗歌朗诵、亲子教育等志愿服务，引领广大妇女践行志愿精神。

第二，赋能涵养巾帼志愿者，建立巾帼人才库。深圳市针对各服务基地的志愿服务情况开展了“巾帼志愿服务赋能行动”，其意义在于引领广大巾帼志愿者、志愿服务组织形成有利于志愿服务发展的制度环境，凝结更多巾帼志愿力量，打造品牌项目，增强志愿服务品牌辐射力，进而建立志愿者组织间的交互信息共享平台，分享成长经验，提升整体效能。

第三，深圳市以志愿服务为基础，制订“精彩人生”女性终身学习计划，扩大志愿者学员的招募范围，组织开展各类线上线下学习志愿活动，营造良好的巾帼志愿文化氛围。此外，深圳市还指导协会联合罗湖图书馆打造真人图书馆公益项目，邀请专业巾帼志愿者分享独特人生经历、职业故事，演绎真人故事，传播志愿文化，弘扬志愿精神。

（二）以巾帼文明岗、巾帼建功等为辐射平台，大力弘扬巾帼志愿精神

深圳市把“参加志愿服务好”作为巾帼文明岗创岗的必要条件，并将其列入《深圳市“巾帼文明岗”管理办法》，将巾帼文明岗的建设活动与培育和践行社会主义核心价值观进行有机结合。截至 2021 年，全市已创建市级以上巾帼文明岗 3814 个。深圳市坚持“设一个岗，带一片人，挂一个牌，树一面旗”的原则，推动 3000 多个志愿服务项目在深圳市落地。“巾帼志愿服务我先行”在深圳市巾帼文明岗蔚然成风，形成了“以点带面、全面开花”的发展格局。调研数据显示，深圳市巾帼文明岗志愿服务时长岗均 256 小时，人均 19 小时。志愿服务类型包括义诊、家庭教育辅导、困境儿童救助、公共服务指导、文艺演出和义务献血等。其中，医疗保健和教育服务分别占 40. 29%和 35. 97%，成为深圳市志愿服务的重要组成部分。

（三）以巾帼志愿服务项目为服务平台，推动巾帼志愿服务向专业化方向发展

深圳市巾帼志愿者协会突出党建引领，聘请各领域专家，组织发展服务基地，将服务基地联建作为链接志愿服务资源的有效途径，让更多人广泛参与志愿服务。为了更加规范科学地进行管理，巾帼志愿者注册严格按照市义工联制度进行，以努力实现志愿服务管理有品质、有口碑。近年来，协会站在高起点，将志愿服务打造成志愿文化，在传播志愿精神的过程中，走巾帼志愿服务项目化、专业化、规范化发展之路，以更好地彰显巾帼志愿服务的风采。

一方面，深圳市深刻把握全国社会工作试点城市这一契机，将社会工作融入巾帼志愿服务，以此向政府申请购买社会工作服务，打造“妇”字号社区服务的金字品牌。深圳市妇联致力于积极培育、引领、带动深圳市各级巾帼志愿服务组织和巾帼志愿者，为妇女儿童提供精准、专业的志愿服务，推动全市巾帼志愿服务实现规范化、制度化、专业化发展。

另一方面，深圳市大力发展志愿文化成果，开启志愿文化大讲堂。志愿文化大讲堂对巾帼志愿服务发展的引领作用体现在三个方面。一是开拓性地成为深圳市首个致力于志愿服务教育的民办公益性、非学历开放式平台，而“志愿文化发展计划”又立足中国社会创新的最前沿地带，有敢为人先的基因和土壤，尤其是在深圳市乃至粤港澳地区确立了志愿文化的核心地位。二是创新性地整合政府、社会组织、企业、高校、社区的多元社会资源，为公益慈善界的更多创新提供有利的社会环境，使彼此借鉴失败的教训和成功的经验，共同探索未来的发展道路。三是巾帼志愿者协会的志愿文化理念已成为志愿服务的行动指南，引领广大巾帼志愿者、志愿服务组织营造有利于志愿服务发展的制度环境，主动作为，承担起新时代志愿服务使命。深圳市在构建志愿文化的过程中，开拓创新，通过志愿文化大讲堂，推进志愿者赋能行动计划，进而实现志愿服务的专业化、系统化。

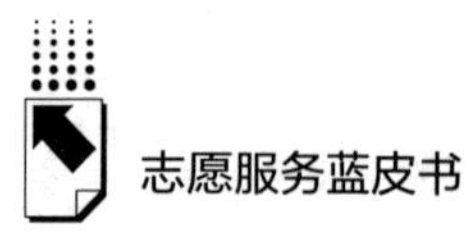

（四）拓展服务领域，对接需求精准服务，促进志愿精神与社会主义核心价值观深度融合

第一，巾帼志愿服务积极参与社会治理，在关注弱势群体、关爱残疾人方面做出了突出贡献。第二，关爱弱势群体，助力爱心机构。协会组织志愿者定期服务脑瘫儿机构——天使家园，参与“欢乐同行天使宝宝生日会”“天使宝宝关爱基金派送”等活动。第三，“一对一”陪伴，提供贴心服务。协会与深圳市助残电招服务中心合作，为全市视障人士以及肢体残障人士提供“一对一”出行贴心服务。残障朋友的需求在志愿者一个又一个接力中得到满足。志愿者上岗前要接受特殊服务培训，了解受助对象的基本情况、残疾程度以及所要承担的任务。第四，持续开展山村助学，巩固扶贫攻坚成果。巾帼志愿者协会在连续四年资助贵州省大方县营盘小学及大方三中（第一批资助的大方三中 12 名家境困难的优秀女学生已全部考入大学）的基础上，多方募集资金，为困境学生提供帮助。

五　深圳市巾帼志愿服务面临困境

深圳市巾帼志愿服务在多年发展中取得了一定的成绩，但是，面对新时代的社会环境，面对新形势下的各种挑战，深圳市巾帼志愿服务也面临一些困难与问题，亟须通过制度创新和组织创新获得发展机遇。

（一）巾帼志愿服务的统筹和指导力度仍有欠缺

一是目前深圳市在法律法规方面已取得一定的建设成果，但政策多为针对某一专门领域而制定，如专门对“组织发展”“行业建设”“制度化建设”等领域进行的法规设计。然而，全市范围内依旧缺乏整体性的顶层制度设计，难以形成对区县及各部门切实有效的实操性指导。二是巾帼志愿服务的推进活动由文明委、文明办、团委、民政等多个部门协调推进，但是深圳市目前尚未构建完成强有力的统筹协调机制。三是新时代文明实践巾帼志愿服务工作在市内各区及城乡的发展状况和发展程度不平衡，部分地区已经实现了全域覆盖，但仍有部分地区停留在场地建设、初级平台搭建、队伍组建等基础性工作层面，而统筹和指导力度以及基层工作人员对巾帼志愿服务的认识是影响巾帼志愿服务工作进展的关键因素。四是部分基层干部对巾帼志愿服务工作在传播习近平新时代中国特色社会主义思想、宣传社会主义核心价值观、参与社会治理和社会建设、服务人民群众方面的重要作用的认知停留在浅显层面，主动性和积极性不足，导致部分地区巾帼志愿服务发展停滞不前。深化基层干部的认识，在进一步推动新时代文明实践巾帼志愿服务工作深入开展中是关键。

（二）巾帼志愿服务精准化和专业化水平有待进一步提升

缺乏精准化和专业化会直接影响巾帼志愿服务的质量，使其停在表面，流于形式。深圳市现阶段在经济发展、社会进步、群众需求和巾帼志愿服务项目之间仍然存在供需不平衡现象，巾帼志愿服务的现状还没有使广大群众在深层次上的服务需求得到很好的满足。如今开展的巾帼志愿服务多为政策传递、慰问帮扶、文明劝导、爱心慰问等方面的服务，即“大水漫灌式”巾帼志愿服务，但随着社会的发展，群众需要的是“精准滴灌式”巾帼志愿服务。这方面有待进一步提升。

（三）社会参与度需进一步提升

首先，最大限度地将广大人民群众的积极性和主动性调动起来参与巾帼志愿服务活动是一个难题。即使新时代文明实践工作已经吸引了很多群众参与进来，但依旧有很大提升空间，要将广大人民群众发展成新时代文明实践巾帼志愿服务的主体。而相关层面、相关部门在创新活动载体、活动形式上的工作力度不足，吸引力不够。其次，巾帼志愿服务的活动安排需要进一步走进群众的生活，坚持“从人民中来，到人民中去”，采用群众喜闻乐见的形式，融合新时代巾帼志愿精神，但目前“阵地追人”与“人追阵地”的形式结合度不足。再次，要增强群众首创精神和基层创新精神，建立并完善群众参与制度、激励制度、保障制度，让广大人民群众放心参与巾帼志愿服务事业。最后，宣传力度不足。虽然深圳市已建设了相关信息平台，进入媒体新时期，也借助微信公众号、微博、抖音等多媒体和自媒体平台进行宣传，但其宣传力度还可以加大，在宣传方式和内容上加入更多创新元素，以扩大社会影响力。

（四）巾帼志愿服务资源有待进一步整合

全国妇联、中央文明办联合印发的《关于推动新时代巾帼志愿服务发展的意见（试行）》提出，要在中国特色志愿服务大局中进一步发挥巾帼志愿服务优势，贡献巾帼志愿服务力量，广泛开展巾帼志愿服务关爱行动，推动新时代巾帼志愿服务创新发展。2021 年 7 月出台的《“十四五”时期妇联事业发展规划》规定，深化巾帼志愿服务关爱行动，力争到 2025 年每个城乡社区都有巾帼志愿服务队伍或开展巾帼志愿服务。毋庸置疑，巾帼志愿服务已成为新时代妇女思想政治引领的重要支柱和参与社会治理的重要载体。同时，整合多方资源、汇聚多元力量，进一步提升巾帼志愿服务的质效迫在眉睫。目前，深圳市虽在志愿者专项服务方面加大了财政资金的支持力度，对志愿者参与脱贫攻坚给予了极大支持，但全市关于巾帼志愿服务的统筹协调及组织落实方面的经费尚未获得支持，对志愿者管理、培训、督导、评估等工作的开展造成了阻碍，也对专业化巾帼志愿服务水平的提升形成了制约。

六　深圳市巾帼志愿服务未来展望

新时代文明实践中心是繁荣发展社会主义先进文化、巩固全体人民团结奋斗的共同思想基础的重要阵地和有效载体。文明国度、文明城市、文明市民是构建和谐社会、和谐中国，实现中国梦的基石。志愿者作为传播文明的使者，把文明的种子播散到每个社区、每个家庭、每个公民之中是其应尽之责。深圳市妇联将坚决担负起“先行示范”的使命担当，以时不我待、只争朝夕的劲头，引领广大巾帼志愿者践行社会主义核心价值观，围绕中心工作弘扬雷锋精神，续写经济特区春天的故事。为了进一步深化拓展新时代文明实践中心建设，深圳市以巾帼志愿服务为基本形式，以群众满意为根本标准，进一步探索建设文明实践的道路，为深圳“五大未来”产业的建设添砖加瓦。深圳市新时代文明实践巾帼志愿服务的建设，应考虑从以下几个方面着力。

（一）完善制度化建设，进一步提升深圳市巾帼志愿服务管理信息化和精细化水平

首先，坚定不移地坚持党的领导，有效落实中央文明委和省文明委工作安排。深圳市要在党的思想指导之下，促进巾帼志愿服务管理相关制度的完善，以提高巾帼志愿服务制度化水平；相关部门要持续推进巾帼志愿服务事业的研究、规划，构建深圳市巾帼志愿服务发展的长效机制，使巾帼志愿服务组织健康良性发展。其次，要加强对巾帼志愿服务的管理，健全巾帼志愿服务激励制度，以增强志愿者的奉献精神、责任感和使命感。深圳市要不断强化巾帼志愿服务的顶层制度设计，并厘清巾帼志愿者、巾帼志愿服务工作者等群体的权责界限。最后，按新时代要求完善巾帼志愿服务激励奖励机制。深圳市要探索在各个方面加强对巾帼志愿者的优待，营造良好的巾帼志愿服务氛围，并发挥好巾帼志愿服务保障制度的支撑性作用，完善巾帼志愿服务保障体系，加大巾帼志愿服务经费投入，落实优惠政策，积极推动地方立法，持续推进志愿服务站点建设，努力推动文明实践志愿服务的制度化发展。

（二）创新化发展，服务更加常态化、专业化和国际化

随着经济水平和生活质量的提高，人们对社会服务的质量和专业化需求与期待都进一步提升。促进新时代文明实践巾帼志愿服务的进一步发展，应更加注重提升巾帼志愿服务水平，更加深化并升华巾帼志愿服务文化内涵。加强巾帼志愿服务专业化建设，要依托妇联“巾帼文明岗”和三八红旗集

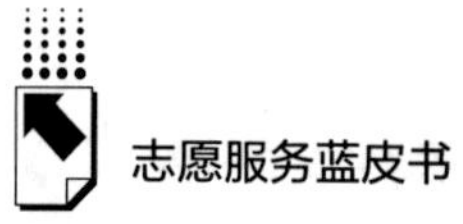

体等资源广泛吸纳更多优秀的专业志愿者，运用现代化科技手段，促进巾帼志愿服务需求和供给匹配，提升巾帼志愿服务效率和精准度。

首先，深圳市巾帼志愿服务应朝着粤港澳大湾区和中国特色社会主义先行示范区建设的方向发展，以整体经济发展为总体目标，为其提供高质量的专业服务。其次，深圳市巾帼志愿服务应下沉到社区，为新时代幸福社区的建设提供更高水准的社区服务，构建巾帼志愿服务基层力量，扩展巾帼志愿服务的常备队伍，为巾帼志愿服务深度参与社会治理、改革创新基层治理奠定基础。最后，深圳市巾帼志愿服务应为我国巾帼志愿服务事业的国际化发展提供样本，不断探索巾帼志愿服务的国际化发展路径，建立一批国际化的巾帼志愿服务高质量队伍，为深圳城市的国际化和中国社会组织“走出去”发挥创新、引领、示范和排头兵作用，依托志愿服务向世界讲好中国故事。如今，越来越多的外籍人士在深圳市生活和工作，他们的服务需求成为深圳市国际巾帼志愿服务发展的内生动力。

（三）扩大宣传，营造良好巾帼志愿服务氛围

首先，要充分发挥各级党政领导干部的示范带头作用，共产党员、共青团员要做好巾帼志愿服务活动的表率。深圳市要倡导公务员、专业技术人员、企事业单位干部职工、公众人物等中坚力量主动加入巾帼志愿服务组织，积极参与巾帼志愿服务活动。其次，在巾帼志愿服务的建设中，要始终坚持立足深圳市的实际情况，体现深圳特色，讲好深圳故事。深圳市要积极支持有利于巾帼志愿服务发展的研究、交流与合作。最后，加强巾帼志愿服务的经验总结并进行推广交流。深圳市要积极宣传巾帼志愿服务先进榜样和案例，印发相关宣传册，举办相关巾帼志愿服务项目活动，让其影响力辐射更多的社会组织和各界人士，使其参与新时代文明实践巾帼志愿服务。此外，深圳市还应大力宣传巾帼志愿服务组织在提高国民素质和社会文明程度、加强和创新社会治理、保障改善民生中的重要作用，为巾帼志愿服务组织的发展营造良好氛围。

参考文献

《光明日报》，2019，《大力弘扬雷锋精神　推动新时代学雷锋志愿服务蓬勃发展——学雷锋和志愿服务座谈会发言摘登》，11 月 14 日，第 10 版。

黄浩明，2021，《发挥志愿服务积极作用推动先行示范区国际化》，《中国社会组织》第 21 期，第 2 页。

张贺祥、赵立斌，2018，《高校志愿服务的现状与发展——以某综合性大学为例》，《产业与科技论坛》第 9 期，第 146~148 页。

B.7
武汉市巾帼志愿服务发展报告

武汉市妇女联合会　刘继文*

摘　要： 武汉市坚持“立足基层、面向家庭、见诸日常、细致入微、持续发展”的巾帼志愿服务工作思路，大力推进全市巾帼志愿服务有序开展。武汉市巾帼志愿服务形成了统筹化管理、项目化驱动、常态化开展、组织化推进等发展经验，已经在重大赛事、疫情防控、乡村振兴、巾帼宣讲等领域打造了特色项目。但当前武汉市巾帼志愿服务仍存在服务制度化建设有待推进、服务队伍体系化建设有待提升、专门化网络平台打造有待加强等问题，因此有必要进一步推进巾帼志愿服务的制度化建设、发挥妇联组织的统筹管理优势、发挥武汉女性社会组织联盟的作用以及坚持互联网思维，推动巾帼志愿服务工作越走越宽。

关键词： 武汉市　巾帼志愿服务　乡村振兴

武汉，别称江城，是湖北省省会，中部六省唯一的副省级市，特大城市，中国中部地区的中心城市，也是长江经济带核心城市、中部崛起战略支点和全面创新改革试验区。2019 年 10 月，第七届世界军人运动会（以下简称“军运会”）在武汉举行，在筹备和服务重大赛事的过程中，以巾帼志愿者为重要组成部分的志愿服务力量发挥了重要作用。

巾帼志愿服务是社会志愿服务的重要组成部分，是社会主义精神文明建

---

* 武汉市妇女联合会，中共武汉市委领导下的全市各族各界妇女的群众团体；刘继文，中央民族大学民族学与社会学院博士研究生。

设和公民道德建设的重要载体，是新形势下妇联组织参与社会管理和公共服务的重要举措。武汉市充分发挥妇女在社区建设和服务家庭中的重要作用，在广大妇女和家庭成员中广泛普及志愿服务理念，组织开展巾帼志愿服务活动，推动巾帼志愿服务工作深入发展，为推进群众性精神文明创建工作和完善全市社会志愿服务体系建设贡献了智慧和力量。

一　武汉市巾帼志愿服务的发展历程

（一）起步与探索发展时期：2007~2010年

2007 年前后，武汉市各地区涌现出一批民间性的巾帼志愿服务力量，一些妇女志愿者自发形成服务队伍并组织和开展儿童发展领域的志愿服务活动。为充分调动全市妇女志愿者的服务热情并提升服务质量，武汉市妇联成立了武汉市“爱心妈妈”联盟，为全市各类弱势儿童提供经济援助和成长关爱服务。自此，武汉市巾帼志愿服务工作正式起步，开始逐渐走上组织化发展道路。但这一阶段的巾帼志愿服务存在服务领域单一、服务规模较小、组织化程度较低、制度化发展不足、示范带动能力较弱等发展特征。处于起步与探索发展时期的武汉市巾帼志愿服务在服务领域上集中于弱势儿童援助方面，且志愿服务活动的规模较小，巾帼志愿者人数也比较有限，尚未在全市领域内形成完善的制度体系和组织支撑，因此在动员和吸引全市巾帼志愿服务力量方面仍显不足。

（二）制度化推进与快速发展时期：2011~2018年

武汉市妇联为充分发挥妇联组织的工作优势，打造武汉巾帼志愿服务品牌，在 2011 年发布了《关于深入开展巾帼志愿服务工作的意见》（以下简称《意见》），其中明确指出了在新形势下开展巾帼志愿服务工作的重要意义，并要求准确把握开展巾帼志愿服务工作的基本目标和原则。《意见》的发布使全市巾帼志愿服务的发展在制度化和标准化方面迈上新的台阶。此外，自 2016 年起，武汉市妇联面向全市实施“家·公益”服务项目大赛，通过巾帼志愿服务品牌项目的孵化与打造，推动这一阶段的巾帼志愿服务向专业化、社会化和项目化的方式转变。同时，武汉市巾帼志愿服务的阵地建设也被提上日程。武汉市妇联坚持着力推动组织覆盖“破难”，织细、织密妇联组织网格，并推进巾帼志愿服务向妇女群众生产生活的最小单元延伸，形成“身边有志愿”的巾帼志愿服务发展新格局。这一阶段的巾帼志愿服务制度化水平明显提升，并通过项目化推进形成了一批志愿服务品牌。

（三）品牌打造与深入发展时期：2019年至今

2019 年以来，武汉市巾帼志愿服务工作进入品牌打造与深入发展时期，具体体现为服务领域不断拓展、服务内容不断深化、服务品牌不断打造、服务方式不断创新等方面。随着“妇女之家”“妇女微家”等巾帼志愿服务的阵地网络建设，巾帼志愿服务逐渐实现从节日化、短期性向常态化、长期性转变。2019 年，武汉市承办了军运会，巾帼力量在军运会期间的志愿服务中发挥了关键作用，因此，武汉市巾帼志愿服务在重大赛事志愿服务方面积累了有效经验并打响了服务品牌。此外，武汉市自 2019 年底起开启了抗击疫情应急志愿服务工作，在此过程中巾帼志愿者在应急志愿服务领域表现出色，成为抗击疫情的重要力量。在重大赛事和应急志愿服务领域形成工作品牌的同时，武汉市巾帼志愿服务在志愿服务领域的日常化拓展、志愿服务队伍的体系化建设、志愿服务信息平台的建设等方面深入推进相关工作。

二　武汉市巾帼志愿服务的发展经验

（一）统筹化管理，完善巾帼志愿服务机制

武汉市通过制定并发布《意见》，形成全市统筹、科学管理、整体推进的良好发展格局，并在制度设计和实践推进中不断完善巾帼志愿服务工作机制。针对巾帼志愿服务工作机制，武汉市妇联在招募、管理、培训、维权、

激励和领导等方面进行了明确规范，形成了一套行之有效的实践模式。

招募机制。发挥阵地优势，依托社区（村）“妇女之家”就地招募热心公益事业的妇女和家庭，作为开展巾帼志愿服务的基本队伍；发挥组织优势，依托各级妇联招募一批女企业家、“三八红旗手”、行业标兵、五好文明家庭等先进妇女典型和团体充实到巾帼志愿服务骨干队伍中；发挥联络优势，依托社会资源招募一批具有科技、法律、卫生保健、教育、文化等专业技术的人员，吸纳到巾帼志愿服务队伍中，组建类型多样、各具特色的巾帼志愿服务队伍。

管理机制。依托社区（村）“妇女之家”，加强对巾帼志愿服务工作的指导和管理，建立完善巾帼志愿者注册、登记等制度，充实巾帼志愿服务人才库，搭建巾帼志愿服务信息平台，建立考核评估机制，调动巾帼志愿服务人员的积极性、主动性、创造性。各级妇联按照要求，制作和发放统一的服务胸卡、队伍旗帜、站点标牌，将妇联系统原有志愿服务统一冠名为“巾帼志愿服务”。

培训机制。分层、分类组织开展巾帼志愿服务培训工作，重点加强服务宗旨和服务技能的培训，探索组建专业化巾帼志愿服务队伍，为社区和家庭提供专业知识、信息和服务，努力提高巾帼志愿服务的质量和水平，确保服务的有效和规范。

维权机制。加强对巾帼志愿者的人身安全和权益保护教育，运用法律和综合手段，保障巾帼志愿者的合法权益。有条件的地方通过签订志愿服务协议，购买意外伤害、综合保险等方式，明确志愿服务的内容、时间、权利、义务、潜在风险等，切实做好安全防范工作，依法保护各方权益。

激励机制。创建一批巾帼志愿服务示范基地，培育一批巾帼志愿服务示范团队，推广一批优秀巾帼志愿服务项目，选树一批在巾帼志愿服务中做出突出贡献的妇联组织和先进典型，通过先进典型的示范带动作用，使踊跃参与巾帼志愿服务成为广大妇女和家庭的自觉行动。

领导机制。武汉市切实加强对巾帼志愿服务工作的领导。各级文明办从加强和创新社会管理的高度，充分认识新形势下深入开展巾帼志愿服务工作的重要意义，把巾帼志愿服务纳入文明城市、文明乡村、文明家庭等创建活动之中，纳入社会志愿服务工作总体规划。各级妇联将巾帼志愿服务作为参与精神文明建设、服务妇女群众的重要手段，列入重要工作和议事日程，多渠道争取党委政府、慈善机构、社会力量等对巾帼志愿服务提供资金等方面的支持，促进巾帼志愿服务工作的可持续发展。

（二）项目化驱动，打造巾帼志愿服务品牌

武汉市妇联在巾帼志愿服务的推进过程中，积极引导全社会发现家庭、社区建设中的需求，有针对性地设计专业性、可复制和品牌化的公益项目，共同推进家庭和社区公益事业的发展。武汉市妇联策划和组织项目大赛，通过引导培育、品牌引领、资源共享、成果展示等方式，挖掘全市优秀品牌项目，进一步推动妇女工作方式向专业化、社会化和项目化方式转变，增强妇联组织的凝聚力和社会带动力。

自 2016 年起，武汉市妇联面向全市实施“家·公益”服务项目大赛，征集与妇女发展紧密相关的志愿服务项目，具体领域包括：女性发展，如关注特殊家庭和女性，提供生活照料、同伴支持、医疗康复、心理辅导、技能培养服务，促进其身心健康，以及为女性提供创业知识和技能培训，提升综合素养等；家庭教育，如健康文明家庭生活方式养成、家风建设、各类促进亲子关系和谐发展的项目（亲子阅读、亲子艺术、亲子教育等）；社区服务，如各类托老、托幼、孕期关怀、婚恋指导、留守儿童关怀、家长学校、家政服务、生活艺术等；普法维权，包括社区反家庭暴力宣传及干预、法律帮助和指导、家庭矛盾调解与化解等。

为保障“家·公益”服务项目大赛顺利进行，武汉市妇联自 2019 年起启动“陪伴成长”计划。一方面，在项目大赛启动后，武汉市妇联针对参赛团队先后开展项目书撰写、项目路演、项目管理等系列培训。另一方面，武汉市妇联组建了专业团队，通过一对一辅导保障各服务项目落地执行。基于项目大赛，武汉市妇联通过遴选和培育出一批优秀项目建立市级巾帼志愿服务项目库，打造了一批彰显武汉特色、贴近妇女需求的巾帼志

愿服务活动品牌。

在巾帼志愿服务项目的孵化与培育方面，项目大赛每年评选出的优秀项目和组织可以获得最高 1 万元的项目补贴，并入驻武汉市女性社会组织服务中心（东西湖区社会组织孵化园），由专业社会组织孵化机构为其提供为期一年的孵化服务，通过能力建设、咨询、督导服务提高组织的可持续发展能力和项目管理水平。此外，为了加强对巾帼志愿服务项目的日常管理，武汉市妇联还引进了一个智能化公益资金投放管理平台——正道系统，对项目进行全流程线上管理，有效减少录入归档、汇总统计、整理沟通等事务性工作时间。

（三）常态化开展，实现巾帼志愿服务落地

自巾帼志愿服务活动开展以来，武汉市以社区为主要活动场域，持续推进巾帼志愿服务的社区化发展。2011 年武汉市妇联、市文明办联合出台《意见》，推介了百步亭社区开展巾帼志愿服务的经验做法，发布了全国统一使用的巾帼志愿服务徽章、胸卡、旗帜等标识。自此，武汉市社区巾帼志愿者服务行动正式启动，巾帼志愿服务逐步实现常态化和日常化。

“妇女之家”“妇女微家”等妇女工作的主要阵地，同样是巾帼志愿服务的重要依托。从 2017 年起，武汉市妇联加大对妇联组织的阵地建设，形成了 3 个市级中心+13 个区级家调中心+221 个社区（村）示范“妇女之家”的妇联组织阵地矩阵，并在规范硬件标准的同时，引入项目化管理理念和社会化运作模式，提升软件水平，丰富服务功能。自 2018 年起，全市各级妇联在有条件的各级执委会成员家中、办公（经营）场所、活动场所试点建立“妇女微家”1057 个，其中市级示范“妇女微家”67 个，成为“妇女之家”的有效补充和延伸。武汉市妇联坚持着力推动组织覆盖“破难”，织细、织密妇联组织网格，并推进巾帼志愿服务向妇女群众生产生活的最小单元中延伸，形成“身边有志愿”的巾帼志愿服务发展新格局，使“妇女微家”成为妇女群众最细微、最紧密、最活跃、最贴近妇女生活的活动服务平台，也成为巾帼志愿服务落地开展的重要阵地。

在武汉市妇联的总体统筹下，各区以及各社区纷纷成立志愿服务队伍，并依托社区开展巾帼志愿服务活动。首先，开展集中服务，在重大节日、特殊纪念日等时间组织开展大规模和集中化服务活动；其次，开展分散服务，利用妇女志愿者的空闲时间开展日常性和分散化服务活动；再次，开展派单服务，社区内有服务需要的居民可以向社区志愿服务站报备，由服务站根据服务需要与妇女志愿者服务特长和时间安排进行匹配，开展有计划的上门服务；最后，开展回馈服务，通过积分银行等制度形式，使妇女志愿者在提供志愿服务的同时，能够享受来自其他志愿者的服务，并在有需要时享有适当的服务优先权。

（四）组织化推进，规范巾帼志愿服务队伍

2018 年 4 月 8 日，武汉市召开妇联系统巾帼志愿服务工作推进会，15 支以女性志愿者为主的志愿服务团队被授予“武汉市巾帼志愿服务队”旗帜，这是武汉首批市级巾帼志愿服务队。同年，武汉市妇联将牵头成立武汉市巾帼志愿服务总队，逐步形成“总-分”统领式巾帼志愿服务组织化发展格局。在市级巾帼志愿服务总队的统筹组织下，武汉在全市建设了 1700 余支巾帼志愿服务队（每区超过 100 支），其中的 100 支提升创建为市级巾帼志愿服务队，并通过持续两年的强力推进，逐步建成了一批公信度高、带动力强、影响面广的巾帼志愿服务队伍。在组织队伍创建过程中，各级巾帼志愿服务队统一标识，规范了各项制度，实现了巾帼志愿服务队伍发展的规范化和标准化。

为加强巾帼志愿者服务队伍建设，武汉市将定期规范招募巾帼志愿服务者，把各类优秀妇女典型吸纳到志愿服务队伍中并成为骨干，同时依托具有专业服务能力的社会组织招募志愿者，开展文明创建、婚姻调解、反家暴、家庭教育、家风传承、法律援助、扶贫帮困、生态环保、大型赛会等志愿服务活动。此外，武汉市妇联还对全市巾帼志愿服务活动进行跟踪评估，对市级巾帼志愿者队实行动态管理，评估未达标者将取消其志愿服务资格。

武汉市非常重视巾帼志愿服务队伍的培训工作。首先，开展针对全体巾帼志愿者的广泛培训，制订年度培训计划，宣扬巾帼志愿服务文化，营造巾帼志愿服务氛围；其次，开展针对项目需求的专题培训，依托巾帼志愿者所处的各类组织，开展服务项目相关的心理辅导技巧、文明交通引导、应急救援救护、重大赛会礼仪等专题培训，提升巾帼志愿者的服务水平；最后，加强对巾帼志愿者骨干的培养，着力提高其组织管理能力，围绕团队建设理论与实践、项目策划与组织、志愿者规范化管理等内容开展培训活动，培养了一批相对稳定、素质过硬的骨干巾帼志愿者。

三 武汉市巾帼志愿服务的典型项目

（一）重大赛事巾帼志愿服务项目

1. 项目背景

军运会于2019年10月18日至27日在中国武汉举行。为了助力军运会顺利召开，武汉市巾帼志愿服务队全员上阵，以军运志愿服务示范站（岗）、公共服务窗口地带、社区为重点，精细化做好军运会城市服务工作，以最优的市容环境、最佳的人文面貌，展现武汉魅力。

2. 服务内容

文明礼仪宣传、环境保护知识讲座、美化环境·清除垃圾、公共秩序维持等。

3. 具体做法

军运会期间，武汉市妇联统筹组织全市1700多支队伍近3万名巾帼志愿者分赴所在区参与军运宣传、美化环境、文明礼仪等多种志愿服务活动。围绕军运会开展的经过，志愿服务由市妇联总体统筹、各区妇联具体组织，以下简要介绍各区军运会巾帼志愿服务示范站（岗）和各区妇联的具体做法。

军运会巾帼志愿服务示范站（岗）：蔡甸生态集团巾帼志愿服务站开展

场馆设施管理、裁判及竞赛器材服务、运行维护管理、礼宾服务、竞赛信息系统管理、反兴奋剂工作、酒店服务等志愿服务；“南湖大妈”巾帼志愿团队承接了垃圾分类的义务宣传工作；武昌区生命阳光公益救援中心在军运会期间开展培训活动、开展军运会相关急救员培训取证课等志愿服务；武汉开发区（汉南区）龙湖社区巾帼志愿服务岗在军运会期间组建了文明劝导、军运宣传、上门慰问、清美家园、安全巡逻、文娱活动 6 支队伍，共集结 120 余名巾帼志愿者组建成一支“白加黑”巡逻队伍，形成“人人都是东道主，个个争当志愿者”的良好氛围，弘扬巾帼志愿精神，传播巾帼志愿服务理念，努力营造出安全有序、稳定和谐的社区环境；东西湖区严家渡社区五色风志愿服务岗的巾帼志愿者们坚守岗位，贴心地为园区游客准备了便民茶水、便民医药箱、便民充电、咨询、导游等各类志愿服务，引导大家文明出行，文明游园。

为美化城市环境，各区巾帼志愿服务队开展了形式多样的活动推进垃圾分类，深入社区指导晾晒工作，力求以最洁净的环境迎接军运会的到来。例如，江岸区车站街道启用美丽晾晒小喇叭宣传队、花桥街道组织巾帼志愿者开展清洁家园活动；汉阳区巾帼志愿者“红马甲”率先在四季永兴小区内开展军运宣传活动，发起了定点巡逻、每周末清洁家园活动；武昌区珞珈山街巾帼志愿服务队开展“喜迎大庆助力军运 完美分贝彰显文明”宣传行动；临空港经开区（东西湖区）组建了一批巾帼劝导队和宣传队，成立了巾帼志愿服务岗，积极引导文明、和谐的社会新风尚；蔡甸区索河街巾帼志愿服务队播放了垃圾分类宣传片，垃圾分类工作者讲解了垃圾分类的重要性及基本分类知识；黄陂区妇联在军运会重点保障线路沿线成立了“美丽晾晒”巾帼志愿服务宣传劝导队，向大家发出了倡议号召；东湖高新区龙泉街龙泉社区巾帼志愿服务队通过军运会文明礼仪宣讲，推广军运会文明理念，增强居民文明意识，为军运会创造了良好的文明新风尚。

经过武汉市妇联总体统筹和各区妇联具体落实，巾帼志愿服务力量在军运会期间积极行动。在环境治理方面，巾帼志愿服务队的劝导和清洁等服务有效增强了市民的环保意识并改善了环境卫生状况。在文明风尚方面，巾帼志愿服务队的宣传和倡议等服务有效增强了居民的文明意识，创造了军运会期间良好的社会风尚。在赛事服务方面，巾帼志愿服务队的导游和咨询等服务有效保障了赛事期间的良好秩序。总体而言，军运会期间的重大赛事巾帼志愿服务营造了讲文明、树新风、迎军运的良好氛围，对军运会的顺利举办发挥了重要作用。

（二）疫情防控巾帼志愿服务项目

1. 项目背景

新冠肺炎疫情中，武汉是疫情防控的重中之重。武汉市妇联组织带动全市广大巾帼志愿者对全省抗疫斗争取得重大战略成果、疫情防控和经济社会恢复发展做出了积极贡献。

2. 服务内容

疫情防控、环境卫生、理论政策宣讲、心理健康疏导等。

3. 具体做法

全力做好支前保供，为打赢武汉保卫战湖北保卫战提供重要保障。在防疫物资极度匮乏的疫情初期，武汉市妇联协调、对接、募集来自全国各地的 2 亿多元爱心资金和物资，成为特殊时期应急物资筹备的重要来源之一。在防疫形势胶着对垒的关键时刻，一批女企业家第一时间踊跃捐资捐物；大批“最美巾帼农庄”采取免费捐赠、低价供应等形式参与菜篮子保供；一批巾帼家政企业不惧风险，深入方舱医院、火神山医院开展保洁服务；更多的妇联执委、“三八红旗手”、最美家庭则以多种形式服务一线医护人员家庭，服务居家隔离观察人员、独居留守儿童等特殊人群，竭尽所能做好坚强后援，展现出党领导下的妇联组织强大的组织力、动员力、凝聚力、战斗力。

守牢家庭抗疫防线，打造千千万万个文明健康的小环境。武汉市妇联充分发挥妇女在家庭生活中的独特作用，通过妇联官方微信公众号全天候、高频率发布各类动态信息 1100 多篇，发动广大妇女和家庭争当门栋防疫好帮手，当好家庭防疫的宣传员、监督员、战斗员，通过开展寻找“最美抗疫家庭”、家庭亲子阅读和厨艺空中大比拼等各类线上家庭活动，让广大家庭宅得住、安得稳、过得好。实施“家爱学院”特别家教项目，聘请全国知名专家开设27场公益直播课堂，网络热度累计达到700多万条。疫情防控常态化期间，深入开展爱国卫生运动，持续开展争当门栋防疫好帮手、垃圾分类我先行、巾帼健康大讲堂、公筷公勺进我家、勤俭节约等活动。

讲好巾帼抗疫故事，凝聚推进湖北高质量发展的巾帼力量。依托全省妇联系统网络及新媒体平台，联合省内外主流媒体，持续讲述奋战在抗疫一线的各行各业优秀女性故事，连续开展“全民战疫巾帼有我”网上故事展播320多篇，隆重发布“荆楚时代女性榜——战疫玫瑰”100人名单，联合省文明办揭晓121户“荆楚抗疫最美家庭”，在全省妇联系统深入开展“百千万巾帼大宣讲”，组织省妇联机关干部开展“到妇女群众中去”宣讲活动，开展“弘扬伟大抗疫精神·凝聚巾帼磅礴力量”巾帼宣讲报告会，在全社会展示巾帼战疫风采，把伟大抗疫精神转化为推进湖北疫后重振和高质量发展的强大力量。

参与化解疫后综合征，在打好社会稳定战中发挥独特作用。针对疫情带来的心理困扰，武汉市妇联第一时间联合专业团队，通过12338妇女维权热线提供24小时心理服务，连续推出100多篇“温馨行动·抗疫心文”。服务医护人员、病患家庭、丧亲家庭等特殊群体，联合中科院心理所实施“家爱心坊”心理服务项目，累计提供心理咨询9775起，危机干预936起，直接服务54389人次，同时累计为50696名各级妇联干部、调解员和志愿者开展心理专业知识培训。

树立妇女抗疫先锋典型，激励平凡英雄的奉献精神。武汉一直被称为英雄城市，不是在赞赏某一个超人，而是每个乐于奉献的人都是英雄。例如，“战疫玫瑰”王利，是一名在滴滴出行平台获取收入的女网约车司机。她是汶川地震幸存者，也是武汉“战疫”的铿锵玫瑰。在武汉抗疫最关键的时刻，她义无反顾率先加入滴滴武汉“社区保障车队”，主动承担接送慢性病人就医、密切接触者隔离等高危任务。作为一名“摆渡人”，她随时待命，日夜奋战。为了少脱防护服，她每天喝水不超过200ml；为了给老人取救命药，她在快递站等到凌晨4点。王利经历苦难，看淡生死，更坚定为祖国做贡献的信念。她笃信经过大家的努力，一切都会好起来。她的故事受到了包括央视新闻联播、《焦点访谈》、新华社《新青年》、《人民日报》等在内的18家权威媒体或栏目专题报道，合计新闻报道超500篇。王利荣获“2020年全国向上向善好青年”“抗击新冠疫情全国三八红旗手”，当选全国巾帼志愿服务“十大感动人物”。

（三）乡村振兴巾帼志愿服务项目

1. 项目背景

2018年全国妇联下发《关于开展乡村振兴巾帼行动的实施意见》。2018年4月8日上午，武汉市妇联在武汉巾帼园召开“乡村振兴·武汉巾帼行动”动员部署大会，旨在发挥妇联组织的独特作用，最广泛地把农村妇女动员起来、组织起来，为实现乡村全面振兴贡献巾帼力量。

2. 服务内容

环境保护、妇女脱贫、技能培训、组织建设等。

3. 具体做法

“乡村振兴·武汉巾帼行动”的主要任务包括“一活动四计划”，即开展寻访“五美农家”活动，以良好家风促乡风文明；实施“美丽村湾·你我同行”巾帼志愿服务计划，引领农村妇女共建共享生态宜居新农家；实施“巾帼巧娘脱贫计划”，引领农村妇女增收致富；实施“农村妇女素质提升计划”，提高农村妇女参与乡村振兴的综合素质和能力；实施“农村基层妇联组织引领计划”，建组织强阵地，引导农村妇女坚定不移听党话、跟党走。其中，重点是在全市新城区开展寻访“五美农家”活动（“五美”即家风美、庭院美、言行美、生活美、奉献美），全年为100户左右“五美农家”命名。武汉市、区妇联组织将共同打造专业化和群众化相结合的巾帼志愿服务队伍，采取岗村联手、乡村自发组织等方式，通过“五美农家”

“好婆媳”等多种形式的“美丽村湾·你我同行”志愿服务活动，培育尊老爱幼、夫妻和睦、勤俭持家、邻里团结等文明家风，共同维护好农村环境卫生，携手共建“美丽家园”。

（四）巾帼大宣讲志愿服务项目

1. 项目背景

为认真贯彻落实习近平新时代中国特色社会主义思想，武汉市妇联积极融入全区新时代文明实践工作大局，聚焦培育和践行社会主义核心价值观，将新时代文明实践活动与妇联工作紧密结合，以“思想政治引领、家庭文明建设、美丽家园助力、困难群众帮扶、权益维护保障”五大行动为抓手，利用各类平台开展主题鲜明、形式多样的文明实践活动，为新时代文明实践提供了生动有效的“巾帼力量”。

2. 服务内容

理论宣讲、政策宣讲等。

3. 具体做法

由武汉市委宣传部、市妇联联合开展的巾帼大宣讲活动启动以来，全市及各区妇联完成宣讲达到400余场，累计听众超过50万人次。武汉市巾帼大宣讲活动通过走进高校、机关、企业、“两新”组织、社区（村）等地，在全市开展宣讲活动100场，同时创新宣讲形式和内容，广泛开展网络特色宣讲，将习近平新时代中国特色社会主义思想和党的科学理论送到妇女群众身边。例如，武汉女性官方抖音号发起“武汉巾帼好声音”话题活动，邀请妇女群众互动参与，分享自己的奋进瞬间。此外，妇联还通过故事分享会、分享沙龙、巡讲巡演等形式，大力开展巾帼大宣讲活动。开展以女性为主题的巾帼大宣讲活动，就是要充分发挥新时代优秀女性的示范带动作用，通过讲好她们的感人故事，激励和带领广大妇女听党话、跟党走，为决战决胜全面小康、建设国家中心城市和实现经济社会发展目标“双胜利”贡献巾帼力量。

四　武汉市巾帼志愿服务存在的问题

（一）服务制度化建设有待推进

武汉市当前指导巾帼志愿服务工作的制度文件仅有 2011 年发布的《意见》，其对巾帼志愿服务的指导思想、基本原则、工作目标和工作机制进行了指导性说明。但自此之后，巾帼志愿服务的制度化建设相对落后于服务实践，未能充分和及时地针对全市志愿服务开展情况、志愿者招募与管理、志愿服务组织的规范化运行等方面进行指导性意见和制度文本的修订。武汉市当前巾帼志愿服务工作的开展主要以湖北省妇联印发的《关于深化新时代巾帼志愿服务工作的通知》《湖北省巾帼志愿服务激励嘉许办法（试行）》等省级制度文本为参照标准，在巾帼志愿者管理、巾帼志愿服务组织管理、巾帼志愿服务项目管理、巾帼志愿服务经费管理等方面欠缺更为细致和明确的相关制度。省级制度能够为志愿服务工作的具体开展起到重要的参照和指引作用，但武汉市仍需在实际工作中结合本市实际工作开展状况和城市特色，针对巾帼志愿服务工作的诸多环节，形成更为细致化和标准化的正式制度，持续推进武汉市巾帼志愿服务工作的制度化建设。

（二）服务队伍体系化建设有待提升

随着武汉市巾帼志愿服务工作的持续推进，武汉市巾帼志愿者数量持续增长。与此同时，在政府的大力培育下，武汉市巾帼志愿服务组织也实现了蓬勃发展。自 2018 年起，在市级巾帼志愿服务总队的统筹组织下，武汉在全市建设了 1700 余支巾帼志愿服务队，并通过持续两年的强力推进，逐步建成了一批公信度高、带动力强、影响面广的巾帼志愿服务队伍。当前，武汉市巾帼志愿服务工作呈现巾帼志愿服务队伍数量多、巾帼志愿服务参与人员规模大的特点，这就对全市巾帼志愿服务体系的建设、巾帼志愿服务组织的有效监督、巾帼志愿者的统筹管理等提出了更高要求。由于武汉市巾帼志愿服务队伍的发展过于迅速，巾帼志愿服务队伍之间尚未形成彼此联合、高效合作的体系化推进机制，全市巾帼志愿服务行业的规范性、专业性、联合性都有待进一步提升。

（三）专门化网络平台打造有待加强

在巾帼志愿者和巾帼志愿服务组织注册与管理方面，武汉市将巾帼志愿服务纳入全市志愿服务统一管理体系之中，并未形成地域性和专门化的管理平台。巾帼志愿服务相关的新闻宣传和信息发布则依托武汉文明网、志青春、武汉妇女网等官方网站，尚未针对巾帼志愿服务打造专门化网络平台或专门信息板块。依托全国志愿服务系统和现有官方网站进行巾帼志愿者人员、组织和信息的管理，虽然在一定程度上有助于降低运营成本，但也存在一些问题。首先，在人员和组织管理上，弱化了巾帼志愿者和巾帼志愿服务组织的独特性。其次，在信息发布和宣传上，也弱化了巾帼志愿服务消息的系统化程度和影响力程度。

五　武汉市巾帼志愿服务发展的未来展望

（一）进一步推进巾帼志愿服务的制度化建设

首先，进一步深入贯彻落实《武汉市志愿服务条例》《关于深化新时代巾帼志愿服务工作的通知》《湖北省巾帼志愿服务激励嘉许办法（试行）》，健全完善巾帼志愿服务工作体系，落实巾帼志愿服务注册管理、供需对接、考核激励、人员培训等制度。此外，针对本市巾帼志愿服务的实际进展和服务状况，有针对性地制定和发布巾帼志愿服务条例、办法、指导意见等，推进巾帼志愿服务的制度化建设，以制度化推进巾帼志愿者、巾帼志愿服务组织和巾帼志愿服务项目运行和管理的规范化和标准化。

（二）进一步发挥妇联组织的统筹管理优势

各级妇联应进一步发挥组织优势，做新时代文明实践巾帼志愿服务的推动者。充分发挥各级妇联组织和专兼职妇干在文明创建中的“领头雁”作用，依托“巾帼大宣讲”“家庭教育公益大讲堂”等载体，充分利用新闻媒体与互联网平台，开展多形式的网上宣传，使文明之风浸润广大群众心田。依托新时代文明实践中心、妇女微家、社区家长学校等阵地，积极投身环境整治、文明劝导、美丽乡村建设、关爱“一老一小”等巾帼志愿服务，展现巾帼之美，擦亮文明底色。此外，进一步发挥妇联组织的统筹管理优势，推进从“抗疫志愿服务”向“社区志愿服务”的转型，将抗击疫情期间凝聚起来的巾帼志愿服务力量转化为社区治理和社区发展的不竭动力。

（三）进一步发挥武汉女性社会组织联盟的作用

目前女性社会组织联盟的基础设施建设和实际功能发挥均有待进一步提升。武汉市应进一步依托联盟建立资源共享机制，共享武汉市女性社会组织服务中心线上线下的各种资源，实现资源共享、信息互通、能力提升。此外，结合不同类型社会组织的特点和需求，为入驻的社会组织提供不同服务，努力将武汉市女性社会组织服务中心（东西湖区社会组织孵化园）打造成武汉市、湖北省乃至全国社会组织和社会人才培育的“摇篮”，为全市妇女儿童提供更专业、更精准的志愿服务，为提升基层社会治理能力、促进社会治理创新做出积极贡献。

参考文献

陆士桢，2020，《抗“疫”志愿服务是中国精神、中国力量的体现》，《中国社会工作》第 10 期。

莫于川、曾广溢、陈越如，2022，《统筹协调 社会参与：疫情防控志愿服务的武汉经验》，《社会治理》第 5 期。

宋利，2022，《从抗疫志愿服务到社区志愿服务的转型》，《中国社会工作》第 7 期。
闫长禄、王蕾、孙琳，2020，《武汉抗疫战中的“巾帼力量”——记宣武医院驰援武汉治疗队“娘子军”》，《工会博览》第 14 期。
姚韦伟、张芳，2019，《弘扬军运精神 凝聚志愿力量——湖北省武汉市志愿服务再上新台阶》，《中国社会工作》第 33 期。

项目发展报告

Project Development Reports

B.8

党建引领型巾帼志愿服务组织发展报告

王翰飞*

摘　要： 加强巾帼志愿服务组织的党建工作是新时代基层党组织建设的重要内容，是推动巾帼志愿服务组织健康稳定发展、实现社会治理现代化的重要政治保证。因此，总结分析党建引领型巾帼志愿服务组织的基本情况，对坚持和完善党的领导，巩固党的执政基础，积极构建“党建+巾帼志愿服务”工作新格局，促进完善中国特色志愿服务体系具有重要意义。本文利用文献资料分析与案例分析相结合的方法，对党建引领型巾帼志愿服务组织状况展开说明论述，主要内容包括党建引领型巾帼志愿服务组织的内在逻辑、党建引领型巾帼志愿服务组织的外在优势、党建引领型巾帼志愿服务组织在发展过程中形成的经验做法。最后，本文归纳了党建引领型巾帼志愿服务组织存在的不足，如党务工作和巾帼志愿服务组织的业务工作不能有效融合、工作僵化、保障机制不足

* 王翰飞，中国社会科学院大学社会与民族学院博士研究生。

等。基于此，本文提出以下对策建议：①坚持党建工作与巾帼志愿服务组织业务工作有机融合，②创新巾帼志愿服务组织的工作方式，③切实为巾帼志愿服务组织提供人才和资源保障，确保巾帼志愿服务组织行稳致远。

关键词： 党建引领 巾帼志愿服务 志愿服务组织

2018年7月，习近平总书记在全国组织工作会议上的讲话中强调“要加强社会组织党的建设”，全面增强党对各类各级社会组织的领导。[①] 中国共产党是一种高度嵌入并积极引领社会的使命型政党（叶敏，2018），巾帼志愿服务组织是社会组织的重要成员。在巾帼志愿服务组织快速发展的社会环境下，加强巾帼志愿服务组织党建是执政党统合社会的重要途径之一，更是新时代基层党组织建设和社会治理的重要议题。巾帼志愿服务组织作为社会服务最基层的提供者，同时是多元社会治理参与主体中最重要的组成部分。只有最大限度地发挥党建引领型巾帼志愿服务组织的作用，才能让巾帼志愿者以更多途径更多方式参与社会治理，激活巾帼力量，引领巾帼有作为、建新功，有效推动党建工作与妇建工作的良性互动和共同发展。

积极培育党建引领型巾帼志愿服务组织，对提升巾帼志愿服务组织建设的主动性、成长的规范性、参与社会治理的有效性等方面具有重大意义。基于此，本文运用文献分析和案例资料分析相结合的方法，对党建引领型巾帼志愿服务的基本状况进行总结性论述。本文将分四个部分进行分析，具体如下：第一部分分析党建引领型巾帼志愿服务组织的内在逻辑；第二部分分析党建引领型巾帼志愿服务组织的外在优势；第三部分分析党建引领型巾帼志愿服务组织的做法经验；第四部分通过文献资料，总结党建引领型巾帼志愿

① 《习近平总书记在全国组织工作会议上重要讲话关键词》，https：//news.12371.cn/2018/07/11/ARTI1531271287820476.shtml，最后访问日期：2022年1月24日。

服务组织发展的不足，并提出推动党建引领型巾帼志愿服务组织发展的相关建议。

一　党建引领型巾帼志愿服务组织的内在逻辑

自 20 世纪 80 年代以来，我国经济社会的管理逐渐从政党领导向政府分权和多元协调的现代管理方式转变。国家机构不仅给社会让渡了一定的自由空间，也把部分职责移交给社会。志愿服务组织的发展呈现自下而上与自上而下的双向发展生长趋势（唐兴军，2020）。特别是近年来，在创新社会治理体系的背景下，志愿服务组织为公众提供了更多社会参与的平台与空间，受到公众的青睐。中国志愿服务网平台数据显示，截至 2022 年 1 月，全国志愿服务队伍总数已达到 123 万支，实名志愿者总数为 2.21 亿人。[①] 如何指导不断涌现的志愿服务组织健康有序发展，处理好执政党和志愿服务组织之间的关系，已成为新时期党的基层组织建设的重要课题。

在中国特色社会治理体系中，党是最高政治领导力量，而志愿服务组织作为社会利益的聚合体、社会公众参与的集合体，是联系国家利益和社会关系的重要纽带，二者之间并不具有难以调和的矛盾关系。在巾帼志愿服务组织中建立党组织并做好巾帼志愿服务组织的党建工作，对巩固壮大党组织的社会基础、确保中国特色社会主义建设事业稳步向前、推进社会治理体系和治理能力现代化、彰显中国特色社会主义的制度优势等具有重要意义。

从中国共产党自身的运作机理出发，深厚的人民根基是中国共产党始终保持勃勃生机的动力来源。中国共产党作为具有阶级性质的执政团体，必须得到广大人民群众的拥护。所以，建立一支先进有力的社会主义政党，就必须夯实其政治基础、社会基础和阶级基础。而由于对社会关系组织形式和权

① 《中国志愿服务数据统计》，中国志愿服务网，https：//chinavolunteer. mca. gov. cn/NVSI/LEAP/site/index. html#/home，最后访问日期：2022 年 1 月 25 日。

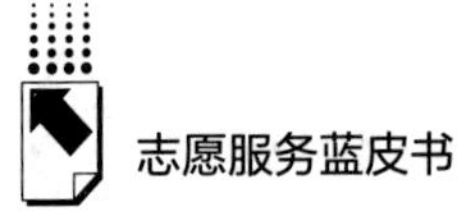

力追求的多样性、复杂性，党的政治与社会基础及其作用发挥也面临着巨大考验，甚至部分西方发达国家的政党正面临着社会基础弱化的难题，并趋于衰败。世界各国为了对抗政党的式微、夯实党内政治与社会基础，也普遍选择了积极建党的方针，即不断加强党同人民群众的沟通，更加重视党同群众性团体、利益集团、社会团体等的交流。许多西方政党要求党员参加社会组织，或者吸纳社会组织成员成为党员（周淑真，2011）。中国共产党作为中国特色社会主义事业的领导中心，代表了我国最广泛民众的切身利益，为了适应我国发展转变升级过程中社会阶层和利益诉求多样化的需求，也将进一步调整政治架构，把新型的社会团体（巾帼志愿服务组织）列入党建工作的重点内容。这既遵循社会主义政党的一般规律，又坚持了马克思主义政党创建的根本原则，更体现了中国共产党求真务实、与时俱进的思想风范。

从现代政治主体的特点分析，中国共产党和社会组织之间的良性互动可以产生增能赋权之效。协调利用广泛多样的社会共同利益也是党的政治职责（韦尔，2011）。但是从近年来西方政党演变的历史实践分析来看，随着政党意识形态的弱化、地方社会团体的崛起以及政府与民众之间沟通途径的出现，某种“腐蚀之力”逐渐形成，严重影响了政党整合共同利益的工作能力。虽然社会分化是社会变迁的动力，但是当社会分化到一定程度后必须通过“组织再造”来实现社会整合（郝宇青，2018）。而执政党由于拥有强有力的政治力量和严明的政治规矩，在社会整合方面具有得天独厚的优势。新时期以党的建设理论来完善党对各类志愿服务组织的领导管理，是马克思主义政党体制优势的重要体现。巾帼志愿服务组织的党建更能高效地整合各类社会资源特别是广大女性力量，不仅能调动巾帼志愿者的积极性，而且能带动全体女性服务于新时期的经济社会发展大局，同时基于我国经济社会自身发展不成熟和社会生活多样化的实际状况，巾帼志愿服务组织的科学规范发展也需要以党建为核心动力，广泛吸收社会各界能量（康晓强，2008）。

在微观方面，志愿服务组织具有较为广泛的群众基础和较强的社会性，在利益整合、基层治理等方面具备弥补传统政党微观性不足的重要功能。充分发挥志愿服务组织在“第三次分配”过程中的能动性，符合现代社会建设中共同富裕的发展目标，不仅是促进基层社会治理体系不断发展完善的重要基础，而且是助推中国共产党带领全国人民追求美好生活的强劲动力（谭建光，2021）。实现中国共产党和志愿服务组织的良性互动，有利于改善志愿服务组织的资源条件，提高志愿服务组织的服务质量，进而提高其社会治理的效能。因此，在巾帼志愿服务组织中强化党建工作，打造党建引领型巾帼志愿服务组织，将促进中国共产党和巾帼志愿服务组织之间的双向赋权增能，从而形成党的建设和妇女工作发展的“双赢”局面。

二　党建引领型巾帼志愿服务组织的外在优势

我国志愿服务组织是随着社会主义市场经济发展而出现的新型社会组织，和其他社会组织一样，由于兴起相对较晚，其党建工作还存在一定问题。正如习近平总书记在全国组织工作会议上指出的：“社会组织，特别是各种学会、协会的党建工作，大多没有真正破题。”因此，加强巾帼志愿服务组织党建工作既是坚持党的全面领导、充分发挥党组织政治优势的重要组成部分，也是新时代引导、规范和促进巾帼志愿服务组织健康发展的迫切需求。

（一）提高党的制度建设水平，增强巾帼志愿服务组织的制度保障

在现代社会中，组织首先必须符合理性的规则、法律或正式规定，方可取得合法性的认可（斯科特，2010）。巾帼志愿服务组织等社会组织的生存发展也是如此。2015 年，中共中央办公厅印发的《关于加强社会组织党的建设工作的意见（试行）》对社会组织党建工作提出了“应建必建”的指导方针，要求加快推进党组织嵌入，进一步提升党组织的覆盖率。《关于改革社会组织管理制度促进社会组织健康有序发展的意见》再次明确了要在社会组织登记、年检、评估等管理过程中，将是否按照规定设立党组织作为重要审核内容。2016 年 6 月，中央宣传部、中央文明办、民政部等八部门

联合印发了《关于支持和发展志愿服务组织的意见》，明确提出到 2020 年，基本建成布局合理、管理规范、服务完善、充满活力的志愿服务组织体系。2019 年，中共中央再次下发通知，规定民政部门深入贯彻执行《关于加强党的政治建设的意见》，推动社会组织党的建设工作由有形涵盖向有效覆盖转变，从整体上提高党的建设工作水平。2021 年，全国妇联、中央文明办联合印发的《关于推动新时代巾帼志愿服务发展的意见（试行）》要求进一步加大巾帼志愿服务发展力度，推动新时代巾帼志愿服务发展。地方政府为切实推进巾帼志愿服务组织的党建工作，细化并制定了一系列规章制度，通过不断健全完善巾帼志愿服务组织的党建制度体系，为党组织嵌入巾帼志愿服务组织的实践探索提供了切实的机制保障。

以山东省青岛市为例，青岛市妇联制定出台了《青岛市巾帼志愿者管理办法》，建立了一系列巾帼志愿服务管理制度，以确保巾帼志愿服务工作规范化、常态化。一是建立招募、注册和登记制度。青岛市妇联将热衷参加社区公益、具备相应专长的各级“三八红旗手”、行业标兵、全国五好文明家庭、社会服务组织人员等纳入骨干队伍当中，建立多样化、各具特色、满足社会大众生活需要的巾帼志愿服务组织。二是建立教育培训制度。各级妇联组织充分依托线上线下平台加强对巾帼志愿者的技能素养培训。三是建立激励表彰制度。青岛市妇联规定巾帼志愿者每服务 30 个小时晋升一星，对服务时间达到 90 个小时的三星级以上巾帼志愿者每两年进行一次表彰，并通过报刊宣传、会议交流、编印书籍、制作电视片等形式，大力宣传巾帼志愿服务取得的成效和志愿者先进典型。①

（二）加大党的人才嵌入力度，提高巾帼志愿服务组织的服务质量

对一些不具备成立党组织条件的巾帼志愿服务组织，执政党可借助整合社会资源，实施协同党建工作；针对缺乏党员干部的巾帼志愿服务组织，通

① 《青岛：推动巾帼志愿服务长效发展》，http：//eladies. sina. com. cn/s/2011/1108/13451103485. shtml？from=wap，最后访问日期：2022 年 1 月 28 日。

过选拔党建指导员、联络员，着力培养和发展新党员，或先成立工会、团委和妇联等带有突出政治制度属性的群团机构，为进一步发展党员干部、成立党组织夯实基础，逐步完成巾帼志愿服务组织党的建设从外嵌向内生的过渡。

以河北省内丘县为例，首先，内丘县政府在巾帼志愿服务组织党支部成立初期就遵循“人才并重”的基本原则，将党性强、业务能力强、作风正、有较强组织才能的党员干部选入党支部领导班子，从而提高党支部领导班子成员的素质；其次，不断建立健全各种制度，以制度管人，以机制服人；最后，党支部注重加强志愿服务组织内党员的教育培训，动员广大党员始终保持昂扬向上的精神状态，在志愿服务中创先争优，争当先锋，提升服务质量。①

（三）发挥党的资源整合作用，推动巾帼志愿服务组织工作向纵深发展

执政党担负着维护社会稳定、推动社会发展的重任，代表一定阶级、阶层、集团的利益资源，需要将整个社会分散的资源加以有机整合，通过整合实现资源效能最优（蒋维兵，2015）。以党建为引领实现资源整合就是以执政党为领导核心协调、链接、统筹、吸纳各种有利于志愿服务组织发展的积极因素，形成强大合力，最终发挥资源整体性作用的过程，其目的在于促进开发更多的社会资源为党组织所用，为巾帼志愿服务组织更好地实现良性稳定运行奠定坚实基础。

以江苏省盐城市盐都区秦南镇为例，镇政府坚持引导党群服务多元化，鼓励各级妇女组织围绕镇党委、政府中心工作和妇联主责主业，整合多方资源参与基层治理，积极探索打造妇联品牌，如开展“巾帼心向党、建功新时代”活动，激发妇女在岗位上建功立业，充分发挥“妇”字号基地示范

① 《内丘县巾帼志愿者协会：志愿服务聚人心，党建引领促发展》，http：//www. hebgcdy. com/hblxdj/system/2020/12/16/030468839. shtml，最后访问日期：2022 年 1 月 28 日。

带动作用。特别是在新冠肺炎疫情防控期间，全镇广大妇女同胞不畏艰辛，积极投身疫情防控，构筑起群防群控的严密防线，深刻体现了“党有号召、妇女就有行动”的优良文化，还激发了巾帼志愿服务的内生动力，不断推动巾帼志愿服务组织工作向纵深发展。①

三　党建引领型巾帼志愿服务组织的做法经验

新时期做好巾帼志愿服务组织党的建设工作，一方面，要借助执政党全面介入巾帼志愿服务组织，实现巾帼志愿服务组织应有但尚不完善的社会功能，推动巾帼志愿服务组织健康有序发展。另一方面，要在党组织和巾帼志愿服务组织有机耦合的基础上，充分发挥党组织的政治优势，积极推动巾帼志愿服务组织在社会建设事业中的价值引领、政治整合等作用得以发挥，将党组织构筑成推动巾帼志愿服务组织发展壮大的重要动力引擎。

（一）实现对巾帼志愿服务组织的价值引领，确保巾帼志愿服务组织的发展方向

中国共产党作为中国工人阶级先锋队，代表着我国先进文化的前进方向，在我国改革发展过程中承担着社会主义文化导向功能，是推动社会沿着正确发展轨迹前行的重要力量。巾帼志愿服务组织作为党和政府联系服务全国广大女性群体的重要桥梁与纽带，在社会价值理念传播中发挥着积极作用，但巾帼志愿服务组织在价值引领中常常缺少动力和力量。因此，中国共产党应利用党建实现巾帼志愿服务组织的价值引领功能，充分发挥巾帼志愿服务组织在社会主义核心价值观宣传、新时代文明实践中的“加热”作用，全面号召广大妇女紧紧凝聚在党组织周围，进一步拓展党组织的服务覆盖面。巾帼志愿服务组织的党组织还可以加强对巾帼志愿服务组织的理论与实践引导，

① 《盐都区秦南镇：坚持党建引领，激扬巾帼力量》，https：//baijiahao. baidu. com/s？id = 1677335973112905445&wfr = spider&for = pc，最后访问日期：2022 年 1 月 28 日。

充分发挥党组织的群众工作优势和共产党员的先锋模范作用，积极引导实践社会主义核心价值观，以先进的意识形态理念促进巾帼志愿服务组织转型发展，用先进的思想价值观培育积极向上的巾帼志愿服务组织精神。

（二）增强巾帼志愿服务组织参与社会治理的功能，推动社会治理体系和治理能力现代化

在社会主义市场经济的基础上推动我国社会治理体系和治理能力现代化，需要与国家、市场、社会、公民个人等市场主体“共荣共生”。执政党要和巾帼志愿服务组织构成共同增能赋权的格局，共同绘就多元化市场主体共同参与的现代社会治理蓝图，特别是凝聚巾帼力量，激发巾帼活力。志愿服务组织虽然是根据社会成员共同的利益、目标追求而成立的集体行动的团体，但它关心的通常是特定专业范围内的共同利益。特别是部分民办商业性质的志愿服务组织，由于没有充足的社会公共性，通常谋求服务团体本身的收益最大化，存在一定的狭隘性，其所承担的社会使命和自我利益要求之间产生了张力。而中国共产党作为寻求代表多元的、普遍的社会共同利益的政治团体，加强巾帼志愿服务组织的党建工作，不仅可以推动志愿服务组织积极参与社会治理，还可以拓宽志愿服务组织的视野，从而增强巾帼志愿服务组织积极参与社会建设的公共性，避免志愿服务组织发展为特定的利益组织。社会治理现代化的核心与基础在于激发居民与社区的参与热情，增强社会组织承担政府转移职责的功能，实现多重力量的协调共治。此外，充分发挥执政党统领全局协调社会各方的作用，构建以党组织为核心的有机整合基层社会治理机制（孙柏瑛、邓顺平，2015），可以有效打通服务群众的“最后一公里”。

（三）增强巾帼志愿服务组织的政治整合功能，打造基层民主协商、参与的重要平台

政党作为人们参加民主政治的主要途径，可以将不同的权利需求合理高效地统筹起来。相比于政府等权力机关，志愿服务组织开辟了多元化权利融

合的领域，填补了政党在微观方面的空白，但是志愿服务组织也存在一定的松散度，其联系社区、整合社会资源的功能明显缺失。在巾帼志愿服务组织中设立党组织，一方面，可以充分发挥党在社会资源融合方面的重要作用，推动巾帼志愿服务组织从社会资源融合提高到政治资源融合的层次，把广大人民群众的权益诉求及时传递至有关政府部门；另一方面，有利于进行更广泛的民主协商，建立更顺畅的女性政治参与途径，巩固党在广大妇女中的群众基础。

四　不足与对策建议

近年来，“党建+巾帼志愿服务”的模式已取得初步成效，党建引领型巾帼志愿服务组织的发展也具有一定规模。但是，通过文献分析可以发现，一些巾帼志愿服务组织仍然存在党务工作和巾帼志愿服务组织的业务工作不能有效融合、工作僵化、保障机制不足等问题（陈韵，2017），从而制约了党建引领型巾帼志愿服务组织的发展。

（一）党建引领型巾帼志愿服务组织存在的不足

1. 党务工作和巾帼志愿服务组织的业务工作不能有效融合

一方面，个别巾帼志愿服务组织的党组织存在行政化问题，没有广泛征求普通党员的意见，也未充分考虑广大妇女工作者的情绪，本来想办“好事”，结果被普通党员和妇女认为耽误了自己的业务工作。这不仅不利于党务工作和巾帼志愿服务组织的业务工作的有效融合，也影响了党组织在妇女心中的威望和影响力。另一方面，一些党组织在不了解巾帼志愿服务组织自身业务工作的前提下采取行政命令的方式开展工作，造成党务工作与巾帼志愿服务组织业务工作不协调，阻碍了业务工作目标的实现。

2. 工作僵化造成一些巾帼志愿服务组织缺乏活力

一些巾帼志愿服务组织没有充分考虑志愿服务组织对体制依附程度较低、人员构成复杂且流动性强的问题，在开展志愿服务活动时工作方式僵化，造成志愿服务组织活力不足，缺乏吸引力。其主要表现在：一方面，志愿服务活动重过程、轻效果，一些巾帼志愿服务组织的志愿服务活动过于强调形式；另一方面，部分巾帼志愿服务活动内容缺乏针对性和创新性，没有考虑到人民群众的多层次需要。

3. 保障机制不足影响巾帼志愿服务组织作用的发挥

志愿服务组织作用的充分发挥离不开人力、物力、财力等多方面的保障。当前，多数巾帼志愿服务组织存在活动经费缺乏以及活动人员不足等问题。首先，一些巾帼志愿服务组织规模偏小、工作人员人数较少，难以长久开展巾帼志愿服务活动。其次，资金短缺影响志愿服务的持续性。许多巾帼志愿服务组织缺乏稳定、可靠的资金来源，使志愿服务活动的开展缺乏保障。最后，志愿服务活动缺乏一定的保障机制和激励机制，制约了巾帼志愿服务的进一步发展，并对巾帼志愿服务组织的影响力和凝聚力产生不利影响。

（二）对策建议

1. 坚持党建工作与巾帼志愿服务组织业务工作有机融合

首先，巾帼志愿服务组织要通过思想政治培训的方式强化党组织的导向功能、提升政治影响力，推动巾帼志愿服务活动有序开展，赢得广大妇女对党建工作的认同，增强党组织的向心力。其次，巾帼志愿服务组织要引导做好巾帼志愿服务组织负责人和党组织领导班子的交流工作，尝试将巾帼志愿服务组织负责人培训成合格的党组织书记，对志愿服务组织管理人员做出重要决定之前先向党组织汇报并提出指导性建议，以有效地将党组织对志愿服务组织的管理落到实处。最后，巾帼志愿服务组织要严格遵守党建工作制度，杜绝官僚主义和形式主义，让党建引领型巾帼志愿服务组织保持良好的发展，更好地团结服务群众。

2. 创新巾帼志愿服务组织的工作方式

首先，巾帼志愿服务组织在开展志愿服务活动时，应根据组织的行业特点和工作人员的个人特点，探索创新服务手段和方法，以增强志愿服务的吸引力；要发挥妇女在家庭、社会治理中的“半边天”作用，激扬巾帼力量；要针对巾帼志愿服务组织的“巾帼业务”特点，举办多样化的志愿服务项目，满足民众的需求。其次，巾帼志愿服务组织在开展志愿服务活动时，要避免采用强制方法，也要避免落入形式主义的“窠臼”。最后，巾帼志愿服务组织在开展志愿服务活动时，要利用网络科技和信息化手段创新巾帼志愿服务活动。中国现已步入网络时代，互联网科技与信息化手段也早已渗入人类生产生活的方方面面，因此，巾帼志愿服务机构应与时俱进，通过微信、微博、志愿服务网络等新载体，开展更接地气、更省时、更有效的巾帼志愿服务活动。

3. 切实为巾帼志愿服务组织提供人才和资源保障

一是要促进巾帼志愿服务组织蓬勃发展，进一步加强巾帼志愿服务的社会传播力量，发挥报刊、广播、电视节目、网络、手机短信等大众媒体的积极影响，进一步普及志愿者业务知识，努力营造有利于志愿服务蓬勃发展的社会舆论氛围。同时，巾帼志愿服务组织要实施巾帼志愿者登记制度改革，以建立专业化的志愿者团队为重点，逐步形成规模合理、结构优良、管理有序、素质精良的巾帼志愿者团队管理体系。二是巾帼志愿服务组织要健全巾帼志愿服务激励机制，并在服务项目种类、咨询服务时限、咨询服务成效等方面出台志愿服务的鼓励举措，开展星级考核活动。三是政府要加大对巾帼志愿服务组织的扶持力度，以推动巾帼志愿服务的健康可持续发展。

参考文献

陈韵，2017，《社会组织党建的现实困境及其破解路径》，《党政论坛》第 1 期。

郝宇青，2018，《从分化到整合：改革开放 40 年社会变迁的动力及其转换》，《江西师范大学学报》（哲学社会科学版）第 5 期。

蒋维兵，2015，《发挥政党利益整合功能的几点思考》，《理论探索》第 1 期。

康晓强，2008，《民间组织党建的双重发展路径》，《党政论坛》第 4 期。

斯科特，理查德，2010，《制度与组织：思想观念与物质利益》，姚伟、王黎芳译，中国人民大学出版社。
孙柏瑛、邓顺平，2015，《以执政党为核心的基层社会治理机制研究》，《教学与研究》第 1 期。
谭建光，2021，《第三次分配与志愿服务发展新契机》，《中国志愿服务研究》第 2 期。
唐兴军，2020，《从嵌入耦合到驱动引领：社会组织党建的逻辑与路向》，《江西师范大学学报》（哲学社会科学版）第 1 期。
韦尔，艾伦，2011，《政党与政党制度》，谢峰译，北京大学出版社。
叶敏，2018，《政党组织社会：中国式社会治理创新之道》，《探索》第 4 期。
周淑真，2011，《政党政治学》，人民出版社。

B.9
支持型巾帼志愿服务组织发展报告

周王瑜*

摘　要： 支持型巾帼志愿服务组织是为其他巾帼志愿服务组织提供政策指导、人力、资金等支持性服务的组织。在党中央和全国妇联的指导下，各地支持型巾帼志愿服务组织迅速发展，逐渐形成了以官方主导为主、民间力量推动为辅的发展格局，组织内部也形成了支持性服务和直接服务并行发展的态势。本文梳理了当前出台的政策文件和支持型巾帼志愿服务组织的典型案例，提出应该进一步加强建设官方主导的省级支持型巾帼志愿服务组织，进一步加大资金的投入力度，进一步探究支持性服务和直接服务的协同发展，从而形成支持型巾帼志愿服务组织发展的新格局。

关键词： 妇联　巾帼志愿服务　支持型巾帼志愿服务组织　志愿者协会

2017年，国务院发布的《志愿服务条例》提出“工会、共产主义青年团、妇女联合会等有关人民团体和群众团体应当在各自的工作范围内做好相应的志愿服务工作”。在国家对志愿服务的布局中，群团组织是支持特定领域志愿服务开展的重要力量。对于妇联而言，其主要的服务对象便是广大妇女和儿童，妇联应该支持此类志愿服务的开展。在全国妇联的部署下，全国各地广泛响应，全面开展巾帼志愿服务。

2021年，全国妇联、中央文明办联合印发了《关于推动新时代巾帼志愿

* 周王瑜，中国志愿服务研究中心科研助理，社会工作硕士，研究方向为志愿服务、社会工作理论与实践。

服务发展的意见（试行）》（以下简称《意见》）。《意见》指出，巾帼志愿服务应该在中国特色志愿服务的大局中发挥其优势作用，广泛开展巾帼志愿服务关爱行动，推动新时代巾帼志愿服务创新发展。《意见》明确指出，应该"积极发展巾帼志愿服务组织。各地妇联要整合各类巾帼志愿人才资源，积极组建多种类型的巾帼志愿服务组织，有条件的地方可建立巾帼志愿服务协会（联合会）等行业组织。鼓励和支持各级党政机关、企事业单位、人民团体、社会组织等成立巾帼志愿服务队伍，扩大巾帼志愿服务社会覆盖"。巾帼志愿服务组织在全国各级妇联的支持下广泛建立，支持型巾帼志愿服务组织在其中有着重要的地位。此外，《意见》还明确指出，巾帼志愿服务应该以"立足社区、面向家庭、扶危济困、守望互助"为宗旨。从中可以看出，支持妇女儿童和家庭志愿服务的开展是巾帼志愿服务组织工作的重点。

一　支持型巾帼志愿服务组织发展状况

支持型巾帼志愿服务组织虽然是巾帼志愿服务组织中最为主要的组织类型，但其概念的提出和发展仍然处于起步阶段。在理论研究中，大多数学者都认为其最为重要的内涵就是其"支持"功能。有学者将支持型志愿服务组织定义为"与直接开展志愿服务活动的组织相区别，通过为直接提供志愿服务的组织及其成员提供政策制度、人力资源和物资资金等方面的支持和保障，从而促进志愿服务事业发展的志愿服务组织"（许莲丽、曹仕涛，2018）。参照其定义，本文将支持型巾帼志愿服务组织定义为"通过为直接提供志愿服务的妇女社会组织及其成员提供人力、资金和制度方面的支持以促进巾帼志愿服务事业发展的巾帼志愿服务组织"。

在巾帼志愿服务的发展过程中，支持型巾帼志愿服务组织对整体服务发展发挥着巨大的作用。具体而言，对许多新生的响应政府和各级妇联号召建立的巾帼志愿服务组织而言，其资源和人力特别是组织的制度建设经验是相对匮乏的。因此，支持型巾帼志愿服务组织可以为新生的巾帼志愿服务组织提供有力的支持，从而推动其发展，使其更好地提供服务。

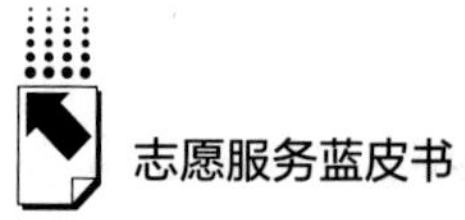

支持型巾帼志愿服务组织在发展过程中得益于各级政策的大力支持，服务的领域和专业化程度取得了长足进步。

（一）支持型巾帼志愿服务组织的制度建设

支持型志愿服务组织从模式上可以分为政府主导型、民间发展型和其他力量发展型。就巾帼志愿服务而言，支持型志愿服务组织的主要运作模式是政府主导。政府主导型支持型巾帼志愿服务组织主要的运作模式是政府投入资金，并引导其在巾帼志愿服务领域提供服务，如福建省妇联成立省级巾帼志愿者协会和19个巾帼志愿服务站，随后在9个区市成立分会，由省妇联分管宣传工作的副主席兼任省级巾帼志愿者协会会长，由设区市妇联分管宣传工作的副主席兼任分会会长。全国妇联出台了各类文件对支持型巾帼志愿服务组织提供政策上的支持和帮助。

全国妇联在《意见》中明确指出，各地妇联要“依托各地志愿服务组织和社会组织孵化基地，加大巾帼志愿服务队伍和组织的孵化力度，在项目开发、能力培养、合作交流等方面提供有针对性的扶持”，其中又明确了“鼓励有条件的地区建立专门的巾帼志愿服务组织孵化基地，支持巾帼志愿服务组织的启动成立和初期运作，帮助提升服务能力”。在全国妇联的部署下，各地妇联都以孵化新的巾帼志愿服务组织为目标，建立了一批孵化基地和支持型巾帼志愿服务组织。例如，福建省巾帼志愿者协会成立后，参与了多项巾帼志愿骨干培训项目，帮助孵化巾帼志愿服务组织。

一系列的政策文件发布和各级巾帼志愿者协会的建立，有效推动了支持型巾帼志愿服务组织的发展，使支持型巾帼志愿服务组织成为巾帼志愿服务发展中的重要抓手。依托支持型巾帼志愿服务组织，越来越多的巾帼志愿服务组织开始涌现。

（二）支持型巾帼志愿服务组织发展趋势

《2020年中国志愿服务发展指数报告》指出，2020年度活跃志愿者以受过高等教育的中青年女性为主，占比为62.5%（翟雁、辛华、张杨，

2021）。女性已经成为志愿服务参与中的重要力量，这离不开支持型巾帼志愿服务组织的帮助。

1. 省级巾帼志愿者协会（联合会）成为支持型志愿服务组织主力

各省级巾帼志愿者协会是依托省级妇联建立的社会组织，由各省级妇联主管。其主要作用是在省级妇联的指导下，协助制定和出台巾帼志愿服务相关政策和文件，评选全省优秀巾帼志愿服务项目、组织和个人。也就是说，省级巾帼志愿者协会作为各省级妇联主管的社会组织，承担了引导和培训全省志愿服务组织的任务。例如，福建省巾帼志愿者协会先后修改完善出台了《福建省巾帼志愿服务工作实施办法（试行）》《福建省巾帼志愿者协会负责人职责分工》《福建省巾帼志愿服务站点管理制度》等，下发了《关于福建省乡村振兴巾帼志愿服务工程建设工作的通知》，并且在此基础上推动基础巾帼志愿服务组织的全覆盖，通过网络发布志愿服务项目，招募志愿者，将巾帼志愿服务的发展在全省推广开来。陕西省巾帼志愿者联合会也推动巾帼志愿服务在全省发展，累计成立巾帼志愿者队伍 228 支，注册巾帼志愿者 7.1 万人，并且在每年大会上表彰“最美巾帼志愿者”和“最佳巾帼志愿服务组织”。江西省巾帼志愿服务协会将通过与社区、高校、社团、企业等不同类型组织合作，广泛发挥妇女之家、妇女微家的辐射作用，以群众需求为出发点，孵化培育各地各类巾帼志愿服务组织，根据不同类型的对象定制个性化服务，搭建多种暖心惠民平台。

除此之外，省级巾帼志愿者协会作为全省巾帼志愿服务的样板，还带头参与国家重大战略和政策部署的志愿服务。例如，多省巾帼志愿者协会积极参与疫情防控、“四史”教育等。江西省巾帼志愿服务协会在 12338 公益维权热线的基础上，增设心理援助服务，从全省招募了 470 余名心理援助志愿者组成心理援助团队，提供心理疏导和维权服务等。陕西省巾帼志愿者联合会累计开展志愿者防疫物资捐款捐赠活动 100 余场，累计捐款捐物 2300 余万元，捐赠疫情物资包括抑菌隔离睡袋、医用口罩、N95 口罩、抑菌毛巾、食品等。从某种意义上而言，省级或市级巾帼志愿服务组织作为妇联直属的社会组织，在很大程度上承担了政府的重大战略部署，参与各种官方行动。

这引领了各级巾帼志愿服务组织，对巾帼志愿服务的取向和服务领域有着重大的意义。

作为支持型巾帼志愿服务组织，省级巾帼志愿者协会为全省的巾帼志愿服务组织提供了形式多样的帮助。一些帮助是直接的，如提供组织孵化、人员培训等服务；一些帮助是间接的，如出台政策法规和引领示范。各省级妇联通过这一重要的巾帼志愿服务组织，从两个方面对全省的巾帼志愿服务组织提供了支持。首先是政策的传导。全国妇联和各省的政策文件千头万绪，具体落实到服务当中还需要对政策加以理解和落地，在此过程中，各省的支持型巾帼志愿服务组织就发挥了效用，通过其培训或者孵化的巾帼志愿服务组织对某一领域的巾帼志愿服务有较为深入的了解，能够将政策的一部分要求落到实地转化为服务。其次是引导示范。各级妇联直属的巾帼志愿者联合会除了支持性服务还会开展直接的服务，这些服务不但能够直接帮助服务对象，还能够对其他的巾帼志愿服务组织产生示范效应。其他的巾帼志愿服务组织可以通过承接其项目、与其合作甚至模仿其开展服务。这样就能够将各级妇联的政策精神有效传达到其他巾帼志愿服务组织。

2. 服务领域多样，支持性服务与直接服务并存

支持型巾帼志愿服务组织服务领域构成多样，不仅仅局限于为其他巾帼志愿服务组织提供支持性服务，也会在特定领域开展直接服务。南昌市西湖区静心社心理健康中心除了作为南昌市妇女儿童社会组织孵化基地以外，也为20余个不同服务地域的上万名特殊人群建立心理健康档案，并开展心理咨询、团体辅导、入户走访、家庭帮扶、爱心慰问等服务。广西骑楼城“红袖章”平安志愿服务队除了开展志愿服务培训以外，还开展警民联防工作，为地区治安做出了贡献。从某个领域的服务到为其他巾帼志愿服务组织提供支持，支持型巾帼志愿服务组织的服务领域从来都不是单一的。首先，对某个领域服务的专精是组织的安身立命之道，通过为特定领域或者特定人群提供直接服务，组织能够将自己的效能发挥到最大，也能够为巾帼志愿服务的开展提供直接推动力；其次，在某一领域开展直接服务能够积累大量的服务经验、项目管理经验，组织可以再将这些经验总结提炼，传授给其他巾帼志愿服务组织；最后，对某一领域开展的服务也可以形成一些常态化、品牌化的项目，这些项目可以通过合作或者招标的形式让其他巾帼志愿服务组织参与进来，从而促进巾帼志愿服务水平的整体提升。

可以说，当前的支持型巾帼志愿服务组织“两翼”发展相辅相成，这既是现实因素下的考量，也是最优化的发展方向。支持型巾帼志愿服务组织逐渐形成了“直接服务—总结经验—提供支持—开展合作—反哺服务”的运作模式。在这一模式之下，支持型巾帼志愿服务组织能够常态化、流程化地为其他巾帼志愿服务组织提供服务，同时能够在为其他组织提供服务的过程中提升自己的服务水平。

3. 项目化运作

以福建省巾帼志愿者协会为例，协会会员陈银花在漳州创新成立了漳州市妇联“好厝边”巾帼志愿服务总队，建立了巾帼大宣讲志愿服务队、春蕾安全员志愿服务队、妇幼健康志愿服务队、家庭教育志愿服务队、垃圾分类巾帼志愿劝导队、巾帼家政培训公益队伍等 6 支专业“好厝边”巾帼志愿服务队，积极参与乡村振兴。针对妇女儿童家庭垃圾分类知识缺乏的情况，协会理事李斌与宁德妇联联合发起了“垃圾分类、巾帼先行”巾帼志愿服务项目，面向蕉城、东侨 19 个社区的妇女儿童及家庭，通过环保理念宣讲、互动游戏、知识问答、快板宣传、文艺表演、赠送宣传册等形式，带动家庭开展垃圾分类。支持型巾帼志愿服务组织将自己直接开展的服务以项目化的方式运作，并且总结优秀项目案例，依托中央宣传部、中央文明办等 16 个部门联合举办的全国学雷锋志愿服务“四个 100”先进典型宣传评选活动，将项目化运作的成果进行优化，通过评选活动扩大影响力，以项目促进服务。

在支持型巾帼志愿服务组织中，项目化的运作是大势所趋。支持型志愿服务组织首先要求自己能够有长期的、稳定的对其他巾帼志愿服务组织的孵化或者支持，这在长期的运作过程中，便会形成项目；其次，对直接服务领域项目化的运作也能够让支持型志愿服务组织有自己专精的服务领域，这些项目既能够形成成熟的经验供其他组织借鉴，也能够通过与其他巾帼志愿服务组织展开项目合作，将项目带到其他组织中。

二　支持型巾帼志愿服务典型案例

（一）东至县巾帼志愿服务联盟

1. 组织概况

东至县妇联联合县内八家公益类社会组织和各级妇联组织，组建了东至县巾帼志愿服务联盟。联盟吸纳了四新领域巾帼志愿服务团体 49 支，县直机关巾帼志愿服务团体 44 支，乡镇巾帼志愿服务团体 15 支，共有注册巾帼志愿者 31560 人。联盟建立了巾帼志愿服务组织孵化中心，建立制度，每月 30 日召开碰面会，总结各组织当月工作、谋划下月活动，并采取轮值方式，每月联合开展一次活动，有效实现了巾帼志愿服务活动常态、有序开展，保证了巾帼志愿服务团队良性互动。在县文明办的大力支持下，东至县巾帼志愿服务阳光站在县新时代文明实践中心挂牌。中心面积 2 万余平方米，设有周氏家风馆、白笏吟诵馆、好人馆、志愿服务办公室和各类艺术类活动室，能充分满足各类活动的需要。各乡镇站点建设也在有序推进。

2. 主要做法

（1）巾帼助老护童暖人心。联盟举办“巾帼暖人心　最美夕阳红”老少同乐联欢会、趣味运动会；开展“巾帼敬老　爱在重阳”公益嘉年华活动，组织医疗卫生、法律服务、家电维修等各类专业志愿者走进社区、农村、敬老院为老人开展各类服务；打造“和暖小屋”女童关爱项目，为贫困女童打造一间温馨小屋，用一张平坦的书桌、一张舒适的小床、一个整洁的空间、一方私密的天地，为孩子营造一个相对私密、独立的学习生活环境，跟进做好志愿服务关爱，发动巾帼志愿者当好“爱心妈妈”“爱心姐姐”。“和蕊”女童关爱工作室、“益起成长”公益小课堂、兰花草助学等各类品牌活动都成为温暖尧乡的服务品牌。

（2）巾帼牵手齐助力脱贫攻坚。联盟开展“巾帼助贫”活动，结对228名未脱贫妇女携手共建小康路；推送10期“巾帼带货”信息，推出“巾帼助贫大礼包——九秋”200余份，累计带货10万余元；向社会募集爱心资金4万元开办“助贫超市”。

（3）防汛救灾巾帼齐上阵。疫情和汛情期间，全县4000余名巾帼志愿者战斗在一线，积极投身后勤保障、灾后重建等工作；举办最美巾帼抗疫故事分享会，4万名干群收看直播；发起“你送健康、我送温暖”关爱活动，不到24小时，为全县200余名一线医护人员家庭募集每户爱心菜篮一个。

（4）乡村振兴巾帼展担当。联盟号召广大巾帼志愿者争做环境整治、家园美化的带头人，累计开展“五净一规范”“净城慢跑”等活动52场次，参与人数达到2400人次。

（5）巾帼引领好家风活动。县家风文化志愿宣讲团、县和美婚调工作室走进社区、机关、学校、农村开展和谐婚姻家庭关系、东至周氏家风和各级最美家庭故事宣讲活动。2022年以来，开展宣讲活动100余次，受益人数达2万余人。

3. 组织经验

（1）巾帼志愿服务阳光行动是基层妇联组织延伸工作手臂、增强工作力量的重要抓手。巾帼志愿关爱行动、阳光行动相关活动的开展，进一步拉近了妇联机关和基层妇女群众的距离，增进了感情，增强了妇联组织的凝聚力和动员力。

（2）基层妇联组织的“破难行动”得到了同步推进。随着经济的迅猛发展，微商、陪读妈妈、网络主播等各类新兴妇女群体也不断涌现。基层妇联通过志愿服务活动的开展，增加了交叉点，织密了联系网。

（3）巾帼志愿服务需要给予更多的关怀和支持。在女性社会组织成员的眼中，妇联组织就是她们理解的“党委政府”，妇联组织靠得近一些，她们的获得感就强一些；给的关怀多一些，她们的认同感就高一些；联系的活动频繁一些，和她们就紧密一些。当前，社会组织还处于起步阶段，需要更多的支持和关注，需要培育和扶持。

（4）巾帼志愿服务让基层妇联在围绕中心、服务大局方面的价值得到了更多体现。围绕中心才能找准方向，服务大局才能更好地体现价值。当前，正值三大攻坚战的关键时期，妇联组织需要在这个中心中找准切入点和结合点，因此，志愿服务是一个有效的着力点，在经济建设、文化发展、社会发展等各个领域都能彰显巾帼力量的风采。

（二）河北省美丽庭院妇女讲习所志愿讲师团

1. 项目概述

近年来，围绕全省实施乡村振兴、全面开展农村人居环境整治专项行动，按照省委部署，立足基层妇女群众的需求，河北省妇联创造性地将美丽庭院创建、女性素质提升和日渐蓬勃的巾帼志愿服务工作有机结合，向省财政申请建立“河北省美丽庭院妇女讲习所志愿讲师团”专项资金，以社会化的工作思路，购买社会组织的服务，在全省范围内对项目进行运作，开展了丰富多彩的志愿传播活动，使其成为河北省农村妇女宣传思想教育工作的独创支持型志愿服务品牌。

河北省妇联携手河北省女性德孝文化促进会，分级成立省级讲师团和21个市县分团，带动一大批先进妇女典型、妇联干部和科研院所、机关事业单位专业人员加入志愿讲师队伍，利用业余时间深入各地妇女之家、妇女讲习所实地授课，热情宣讲十八大以来党的方针政策，开展绿化美化、文明礼仪、法律知识、家庭教育、美德建设、专业技能等专题讲座和实用技术培训，为农村妇女打造学习交流、健身娱乐、传承美德的精神家园，受到广大农村妇女和基层组织的热烈欢迎。

2. 项目特色

（1）专业志愿服务特色显著。志愿讲师来自各行各业，业务功底扎实，宣讲课程既有科学教子、家庭美德、妇女维权，又有手工编织、农业种植养殖等实用技术，授课形式生动活泼，满足了不同受众的需求。

（2）数据化管理志愿服务项目。项目运用大数据思维，不断完善讲师授课制度和培训制度，根据当地特色开展授课工作，实现授课服务常态化。

此外，项目还建设了约课网站和讲师智库系统，覆盖全省 13 个地市。约课网站硬件设施完备，由专业技术人员维护，实行数据动态管理，科学整理讲师授课信息，方便快捷对讲师授课信息及时更新，用科技手段助力约课的时效性和时代性。自主设计建立的河北省妇女讲习所掌上 APP 平台，建立女性终身学习模式，通过平台让更多的女性足不出户学习到实用的知识，推广自己的创业计划，订阅自己喜欢的课程，用新媒体手段随时随地利用碎片化时间充实自身。

（3）志愿讲师奖励回馈制度完善。项目制定优质课标准，每年评选优质课和优秀骨干志愿讲师；每年对讲师进行规范化的培训，提升讲师的授课水平。

（4）项目示范效应强。项目在全省征集优质课件编辑成册，聘请专业机构对优质课进行录制、制作，刻制成光盘，发放到各地市讲习所，发挥了良好的示范效应。

（5）项目带动效应强。项目制定了完整的分团申报流程，在各地选树培育省级专业讲师分团，给予工作指导和项目资金支持，带动了各地志愿讲师工作的开展。

3. 项目成效

讲师团从无到有，发展到信息化、科学化、规范化管理。

（1）志愿讲师团成员来自河北省 13 个地市，包括各市县妇联干部、企业家、教师、医护人员、心理咨询师、律师、基层工作者、艺术人士等。“中华诗词达人”白茹云，“大爱丈夫、抗癌夫妻”张贵平、郭俊伏，河北环保达人张忠民，非遗剪纸传承人丁云梅，铁板画传承人郭墨涵等具有广泛社会影响的名师都成为志愿讲师团成员。截至 2020 年 10 月，志愿讲师团已在网站注册 2735 人。

（2）项目建设了以各地市为单位的讲师智库，覆盖全省 13 个地市，实现了网络约课管理、服务常态化。电脑端和手机客户端同时约课的功能实现了基层妇联组织与讲师队伍之间信息直通，使全省各级各地共用、共享讲师资源及优质课程。2017 年，项目实现网上约课 15637 小时。

2018 年，项目实现网上约课 18960 小时。2019 年，项目实现网上约课 22440 小时。受疫情影响，截至 2020 年 10 月，讲习所线下授课时长约为 1200 小时，线上授课时长约为 19000 小时，总受众 48.06 万人次。此外，项目还在全省各地录制多场优质课程，其中《河北省妇女讲习所优质课系列》在河北教育音像电子出版社公开出版发行，讲习所之歌《心香弥漫》在全网发布，并通过新媒体平台打造线上线下共同学习的模式，使项目影响力倍增。

（3）针对疫情防控常态化的特殊形势，讲师团数千名志愿讲师开通网络公开课、直播课，走进新时代文明实践中心、基层妇女之家进行宣讲，以讲促学、以讲促做，引导广大妇女和家庭大力开展爱国卫生运动，推进卫生整治，打造健康环境，以每家每户的面貌改善助力打赢防疫攻坚战。此外，讲师团还参与开展“跟着抖音赏庭院”系列主题宣传活动，创新开展“最美人间四月天·疫走繁花开”庭院园艺直播课活动，“感恩母亲节·我为妈妈做大餐”庭院厨艺秀活动，“小手拉大手·垃圾分类我参与”环保知识比赛活动，为全省 2020 年美丽庭院创建工作增添助力。

（三）“太行女儿”巾帼志愿服务队

1. 组织概况

“太行女儿”巾帼志愿服务队由山西省晋城市妇联组建，晋城市志愿联合会指导，自 2015 年 7 月成立以来，强化和建立志愿服务队伍建设和管理机制，将巾帼志愿服务作为妇联工作的重要抓手，发挥妇联组织优势，常态化开展“巾帼建功新时代·志愿服务暖人心”主题志愿服务活动，为推进志愿服务工作制度化、品牌化、规范化提供了经验。“太行女儿”巾帼志愿服务队在册志愿者人数从 49 人增加至 1890 余人，志愿服务内容日益丰富，服务范围从晋城市城区扩展到 6 县（市、区），服务内容从妇女维权、关爱服务发展至家庭教育指导、扶贫助困、环境保护、文艺演出、大型社会活动志愿服务等。

2. 主要做法

（1）强化和建立志愿服务队伍建设和管理机制。服务队制定“太行女儿”巾帼志愿服务队志愿者招募注册制度、培训管理制度、服务登记记录制度、激励表彰制度，成为全市巾帼志愿服务的总遵循，让巾帼志愿服务者有章可循、有据可依，对标而行。同时，服务队依托全国志愿服务管理服务平台，结合“巾帼志愿服务微信工作群”，及时组织推送有关志愿服务理念、方法、技巧、经验、活动等内容学习分享，使巾帼志愿服务灵活高效。县区巾帼志愿负责人定期向市级组织报送特色亮点工作，在“晋城妇女”微信公众号展示，通过双向互动良性循环。

（2）依托“妇女之家”架起关注弱势群体的爱心桥梁。服务队着眼供需对接，一方面依托“妇女之家”开展常态化志愿服务，长期关心关爱孤寡老人、空巢老人、留守儿童、残障人士等特殊群体，开展为留守儿童拍摄影集的“影像童年”活动、“三关爱”活动、为孤寡老人洗脚理发、为残疾人打扫卫生等；另一方面制定项目发布制度，由县级以上妇联根据辖区群众和家庭需求，设计服务项目，并在重要节点集中发布推送，供各类组织承接，促进巾帼志愿服务组织的建立和成长，满足人民对美好生活的多元化需求。

（3）开展特色巾帼志愿服务活动体现妇联作为。服务队开展“恋在这里”大型交友志愿服务活动，每年利用“5·20”“七夕”等特殊节点，组织志愿者到辖区各婚姻登记处向新人发放《中华人民共和国婚姻法》《中华人民共和国妇女权益保障法》等宣传手册，开展新婚宣讲志愿服务活动；开展“守护童年　牵手共成长”——暑期儿童关爱服务活动暨“暖风学堂”项目，为留守困境儿童开展假期安全教育课、家庭教育指导课、法治教育课等课程，守护儿童健康成长；开展“晋善晋美　有你有我”巾帼志愿服务活动，通过巾帼志愿者自创、自编、自演群众喜闻乐见的文艺节目，深入城乡社区持续宣传党的方针政策，弘扬社会正能量。

（4）助力新冠肺炎疫情防控彰显巾帼担当。抗击疫情期间，“太行女儿”巾帼志愿服务队组织、团结、动员广大巾帼志愿者凝聚起众志成城、共克时艰的强大正能量，启动“晋心抗疫·巾帼助力”关爱援鄂医护人员行动，每周为援鄂及一线医护人员家庭免费配送蔬菜、水果等暖心包，累计配送 35 次 134 户。为抗疫一线女性医护人员邮寄生理卫生用品和生活必需品，以实际行动关爱奋战在抗疫一线的医务工作者。市女企业家协会组织动员会员为疫情防控捐赠现金共计 336.7 万元，捐助医用和生活物资共计 45.8 万元。“太行女儿”巾帼志愿服务队联合市家庭教育协会、心理协会开展抗疫心理援助志愿服务活动，在全省妇联系统中率先开通两条抗击疫情心理援助 24 小时公益热线，为广大市民提供公益性心理咨询服务，为群众和网民戴上防控战“疫”的“心理口罩”。

三　支持型巾帼志愿服务组织发展总结与展望

通过对支持型巾帼志愿服务组织发展概况以及典型案例的梳理与总结，不难发现，在各级妇联政策和直接支持下，支持型志愿服务组织形成了以官方主导为主、民间力量为辅的发展趋势，组织内部也形成了支持型服务与直接服务协同发展的局面。可以说，支持型志愿服务组织已经成为各级妇联开展巾帼志愿服务的重要抓手，其发展既可以推动巾帼志愿服务的全面开展，也可以为巾帼志愿服务组织提供支持。在下一步的工作中，支持型巾帼志愿服务组织还可以从以下几个方面提升。

（一）进一步加强建设官方主导的省级支持型巾帼志愿服务组织

从上文的分析不难看出，官方主导是支持型巾帼志愿服务组织存在的主要形式。这一方面是现实的需求，另一方面也推动了巾帼志愿服务的发展。但纵观全国，虽然福建、陕西等省份的省级支持型巾帼志愿服务组织已经取得了长足进步，特别是福建省巾帼志愿者协会 2021 年还获评 5A 级社会组织，但是一些省份的省级巾帼志愿服务组织仍然没有建立。省级支持型巾帼志愿服务组织是各级妇联推动巾帼志愿服务开展的重要抓手，无论是从政策制定还是从组织孵化的角度出发，省级支持型巾帼志愿服务组织都具有非常重要的作用。因此，全国各省份应指导建立省级支持型巾帼志愿服务组织。

（二）进一步加大资金的投入力度

当前，支持型巾帼志愿服务组织主要由官方主导建立，因此其主要的资金来源是政府，特别是各级妇联。投入资金的规模决定了组织和项目的规模，特别是支持型项目的常态化运作。只有组织稳定，项目常态，支持型巾帼志愿服务组织才能持续为其他巾帼志愿服务组织提供帮助和支持。

（三）进一步探究支持性服务和直接服务的协同发展

很少有支持型巾帼志愿服务组织仅仅开展支持性服务，更多的是支持性服务和直接服务一同开展。二者相辅相成的关系在上文已有论述，二者之间形成的正反馈机制能够使其相互促进，但其具体作用机制和动态结构还有待探究。如何在支持型巾帼志愿服务组织中保持支持性服务和直接服务协同发展是接下来应该研究的课题，这也需要实践者们在实践中不断总结。

参考文献

林红，2021，《海外志愿服务发展的话语形成和反思》，《社会发展研究》第 2 期。

罗婧，2021，《志愿常态化：对“个体—环境”交互机制的探索》，《管理世界》第 8 期。

田丰，2020，《网络时代社会治理的反思与对策——以抗击疫情的“饭圈女孩”为例》，《青年探索》第 2 期。

徐家良、张其伟，2019，《地方治理结构下民间志愿组织自主性生成机制——基于 D 县 C 义工协会的个案分析》，《管理世界》第 8 期。

许莲丽、曹仕涛，2018，《志愿服务支持型组织发展模式的实证研究》，《北京青年研究》第 2 期，第 84~90 页。

翟雁、辛华、张杨，2021，《2020年中国志愿服务发展指数报告》，载杨团、朱健刚主编《中国慈善发展报告（2021）》，社会科学文献出版社。

张网成，2021，《〈志愿服务记录与证明出具办法（试行）〉的政策效果预评估》，《中国社会科学院研究生院学报》第1期。

B.10

社区自组织型巾帼志愿服务组织发展报告

王晓辉*

摘　要： 志愿服务规范化、长效化发展需要社区自组织型巾帼志愿服务组织的存在。得益于熟人优势，社区自组织型巾帼志愿服务组织在志愿者招募方面具有很大的吸引力，且能够根据社区居民的真实需要开展志愿服务活动。通过专业培训和组织结构优化，这类组织逐渐成熟，能够为社区居民提供更加切实有效的服务。但不可忽视的是，社区自组织型巾帼志愿服务组织依然存在组织持续发展难度较大、社会支持力量不足、缺乏合理的项目评估体系等问题，有待进一步发展完善。

关键词： 巾帼志愿服务　社区自组织　志愿服务组织

一　引言

我国志愿服务组织起源于民间社会，但其发展壮大得益于政府部门的推动。即使是自发形成的志愿服务组织，也需要外部力量提供资源与支撑。党的十九大报告指出，“推进诚信建设和志愿服务制度化，强化社会责任意识、规则意识、奉献意识”，这对新时代志愿服务的发展提出了更高的要求。随着宣传力度的加大，群众对志愿服务的接受度也逐渐提升，行政力量之外的志愿服务活动逐步开始发展，社区自组织型志愿服务组织就此进入人

* 王晓辉，中国社会科学院大学社会发展系硕士研究生。

们的视野。

以女性为主体的社区自组织型巾帼志愿服务组织通过对社区基本情况的了解，开展长期志愿服务活动。“自组织”并非人们通常理解的简单自行或自发组织，而是一种内生协调机制。它不是在外部行政部门的指示下运作，而是社区女性群体通过协商，在治理社区公共事务的过程中达成共识、化解分歧、解决冲突、建立信任与合作的状态，并使社区逐步实现“自我维系”。也就是说，“自组织”是组织内部的一个过程，组织通过自身的发展完善实现有序化，通过简单规则产生复杂模式，而不是一种组织类型（孙彬，2013）。

二　社区自组织型巾帼志愿服务组织发展背景

随着行政改革和社区建设，在政府外部力量的支持下，我国第一批志愿服务组织自上而下地发展起来。20 世纪 90 年代以来，随着政府职能的转变和民间力量的增强，社区成为居民自治、自我服务和情感交流的阵地。社区自组织型巾帼志愿服务组织伴随着社区居民互动的增多逐步建立起来。社区自组织型巾帼志愿服务组织以女性居民为主体，其成立与发展通常由女性居民自行组织完成。它的建立通常需要在社区中具有较高声望和社会地位的女性精英充当发起者、组织者、领导者；通常为了实现某种目标，其成员组织起来开展力所能及的志愿服务活动。由于社区自组织型巾帼志愿服务组织的成员多为社区的女性居民，她们对社区基本情况较为熟悉，拥有丰富的人力资源优势，但同时她们也缺乏权力资源、物质资源和专业技术资源等。为了获取相应的资源以保证志愿服务活动的顺利进行，这类组织通常与其他社区治理主体之间存在一定的互动行为，而且这种互动行为通常伴随着资源的交换，以达成志愿目标。

目前，社区自组织型巾帼志愿服务组织的活动主要集中在敬老服务、心理咨询、青少年教育、文体活动、妇女保护等与居民生活密切相关的领域，社区居民同时是活动的发起者、组织者、服务者与被服务对象。社区自组织型巾帼志愿服务组织虽由社区女性居民自行发起，但并未完全同党政机关分离，而是建立了互惠合作关系。社区自组织型巾帼志愿服务组织从党政组织获取行动资源，它们的服务领域扩展了公共服务的功能，是实现社区多元治理的重要元素。志愿服务事业的发展正在由“政府推动管理”向“政府统筹支持”转变，“党和政府统筹、社会团体管理、公民自由参与、公益文化普及、支持网络广泛、公共评估监督”的社会志愿服务体系正在逐渐形成。这个体系对志愿活动的自组织能力提出了新的要求（蒋玉，2014）。朱莉玲等（2012）揭示的党政背景志愿组织走向“社会化”、“挂靠式”志愿组织走向“自主化”、民间机构志愿组织走向“规范化”、非正式组织走向“合法化”以及网络志愿组织走向“联盟化”的发展趋势，既是自组织化的一种体现，也可以从中透视出对自组织能力的更高要求。从根本上来看，缺乏自组织能力的组织无法适应社会对志愿者组织及其服务的要求。在当前形势下，志愿者的自组织化是发展志愿组织、提升社会志愿服务能力和水平的必由之路（蒋玉，2014）。

三　社区自组织型巾帼志愿服务组织工作亮点

（一）熟人优势招募志愿者

社区自组织型巾帼志愿服务组织的建立最重要的一步是利用共同点的关系使一群人越聚越密，也就是说，需要存在一个或若干个有较高社会地位或威望的女性社区骨干、精英，她或她们的态度和行为能够对社区内其他成员产生明显影响，成为社区中的带头人。“能人现象”证实了费孝通先生所说的个人中心差序格局人脉网，即社区精英先是在自己的社会网络中开始动员，动员过程即一个大能人带动一群小能人，小能人又动员自己的社会网。这样，一个团体就像滚雪球一样慢慢扩张开来，逐渐成形。退休的社区干部、老党员、有特殊手艺的能人等都是培育社区自组织的重要资源。自组织型巾帼志愿服务组织凭借社区中的女性群体对社区基本情况的熟悉，有效整合社区资源，链接社会资源，组织开展社区居民真正需要的志愿服务活动，吸引大批社区居民参与。同时，如果招募不能满足志愿者人数的需求，骨干志愿者还可以通过自己的关系网络，邀请身边的朋友及参加过其他活动的志愿者加入。在一些大型的活动中，如果志愿者人数不够，组织内的志愿者会各自找一些人，让这些人再找另一些人以达到人数要求。除了部分专业性较高的项目对志愿者在专业技能上有要求以外，其余活动和项目对志愿者没有硬性的规定。在普通的活动招募中，志愿者只需要填写相关信息、联系负责人即可，无须面试。一般来说，志愿服务组织会根据活动及项目的要求调整对志愿者的培训。长期项目的志愿者一般比较稳定，在具体分工时，组织会结合志愿者自身的特点，发挥其特长，真正做到人尽其才。组织并不看重志愿者归属的问题，始终以兴趣、志愿为原则招募志愿者，同时也根据项目的实际情况选择同其他志愿服务组织合作。

（二）志愿者培训强化组织能力

在社区自组织型巾帼志愿服务组织中，满怀热忱的新志愿者们缺乏从事志愿服务活动的经验和能力，亟须进行相应的培训。对新志愿者的培训不仅能够提高志愿者为服务对象提供志愿服务的能力，而且可以使志愿者充分认识到参与志愿服务活动的意义。

几乎所有的社区自组织型巾帼志愿服务组织都会进行一定的志愿者培训，但培训的内容和方式不尽相同。培训按内容通常分为传授基本技巧和知识，介绍组织基本情况、服务项目的通用培训以及提供专业知识的专业培训。实际工作中以通用培训为主，包括集中培训、网络培训等多种形式。但为了降低运作成本，社区自组织型巾帼志愿服务组织通常选择招募专业人才为服务对象提供专业的服务。

（三）优化升级团队组织结构

社区自组织型巾帼志愿服务组织的组织结构按照管理层次和幅度可分为扁平化结构和直式结构。不同的组织结构对志愿服务组织的发展存在显著影响。扁平化管理的志愿服务组织通常不会存在明显的人员冗杂、组织运转效率低下等问题，决策效率较高。但这种模式的完善是以管理者的能力为前提的，要求管理者对自己管理领域中的知识有全面详尽的理解。

目前，社区自组织型巾帼志愿服务组织的结构状态可分为两种。

1. 严谨式的社区自组织型巾帼志愿服务组织

这类组织有较为严谨的结构状态，行政架构明确、有较为完善的组织管理章程且服务领域相对明了，组织化程度高。这些组织大都采用扁平化的管理模式，如理事会下设总干事，统一管理外联部、项目部、财务部、法律部、人力资源部；设立管理委员会负责日常管理，并根据需要设立各个部门。对于刚刚兴起的社区自组织型巾帼志愿服务组织而言，可以提高效率并降低组织运作成本的扁平化结构是最佳选择。

2. 松散式的社区自组织型巾帼志愿服务组织

这类组织通常没有明确的行政结构状态，组织日常运作依靠组织负责人及骨干，成员基于活动需要进行分工合作。组织成员的聚集是为了实现组织目标，没有明确的需要遵守的规章制度，靠口头约定、对组织的认同及道德情感来维系组织，组织化程度低，如部分自组织型巾帼志愿服务组织依托网络媒介，动员社会力量开展各类公益活动。随着网络、微博等新兴媒体的出现和普及，这类组织形式逐渐增多并不断发展，影响力非常大。这类组织形式具有较强的开放性及活跃性，组织门槛较低，可以使更多的人及时参与志愿活动，同时可以使其对外部瞬息万变的环境迅速做出反应，并降低运营成本，促使组织持续发展下去。松散式的“草根”志愿者组织往往缺乏管理规范，随意性较大，结构较为松散，容易出现一些问题，且这些问题常见于组织发展的初期。随着组织的不断成熟和组织化程度的提高，大多数组织会向严谨式的结构形态转变。但是基于目前我国志愿服务事业的发展阶段及社区自组织型巾帼志愿服务组织的发展状况，部分组织仍然会以松散式的组织形态继续运行。

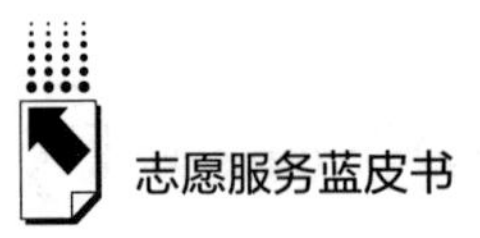

四　社区自组织型巾帼志愿服务组织典型

（一）平和县爱心助学志愿者协会

该协会于2016年8月由当地志愿者自发组织成立，2017年8月在民政部门注册。几年来，协会立足山区苏区县，始终以回报社会、助力教育扶贫为己任，坚持落细落小落实，积极携手社会力量，不断拓展延伸服务，成为加快当地教育精准扶贫的有力助手，先后被授予2018年福建省“学雷锋活动示范点”、2019年“先进基层党组织”和2020年福建省学雷锋志愿服务“最佳志愿服务组织”等多项荣誉称号。

协会现有会员395人（其中党员106人），包括教师、医护人员、机关干部、文艺爱好者、大学生、企业经营者和自由职业者等；建立健全《志愿者守则》《结对帮扶手则》《助学跟踪管理办法》《在线辅导办法》《志愿服务培训办法》等多项制度；每月定期举行志愿服务分享会，是当地实力较强、制度较规范的一支志愿服务队伍。协会先后组织深入60多所中小学了解贫困学生情况，足迹遍布全县全部240个行政村，倾情倾力开展爱心助学志愿服务。协会创新“协会搭桥，直通帮扶”模式（助学资金由爱心人士按月直接交付受助学生，落实助学资金百分百到位，且“办公”经费由参与者AA制均摊）、两个“一对一”模式（每名受助学生安排一位协会教师志愿者全程跟踪掌握学习生活动态，每名受助在读大学生或大学生志愿者结对辅导一名受助学生），截至2020年12月，共结对帮扶132名优秀困难学生，资助金额超过223万元，已有21人升入大学。受助大学生全部加入协会，成为爱心接力的新生力量。协会积极拓宽志愿服务范围，主动投身新时代文明实践活动，先后配合县精神文明建设、教育、文化、共青团等多个部门单位，带领受助学生开展“垃圾分类我给力，美丽平和我受益”“助力小苗，呵护明天”“暖心陪伴”“返乡大学生关爱农村留守儿童·七彩假期”“感恩传承，情由心生”等主题征文活动，成为当地文明实践工作的一支重要生力军。协会组建的爱心助学“妇女微家”巾帼志愿服务队使直接受益留守儿童达到1656人，所属的爱心助学“妇女微家”《爱在这里延续》入围全国巾帼志愿服务十大暖心故事候选名单。疫情防控期间，协会还第一时间组织参与抗疫宣传，主动为县内132个村庄和142个抗疫守护点捐赠815瓶酒精、3200只口罩、156箱消毒湿纸巾等抗疫物资。中国文明网、《福建日报》、福建电视台等多家媒体网站多次宣传报道协会活动。

（二）骑楼城“红袖章”平安志愿服务队

骑楼城“红袖章”平安志愿服务队成立于2015年9月，是一支由退休党员、热心居民、商家群众组成的志愿服务队，共260余人。由于成员大部分为50岁以上的退休女性，“红袖章”也被居民亲切地称为“骑楼大妈”。“红袖章”充分发挥了街巷中的治安员、楼宇中的调解员、商圈中的巡查员、舞台上的宣传员的“四大员”作用，得到了《广西法制日报》的宣传报道，也被誉为梧州版的“朝阳群众”。

为了进一步固化场所阵地，2017年1月，骑楼城“红袖章”平安志愿服务队成立了红袖章驿站，并在驿站内设置会议室、监控调度室、“红袖章”积分兑换区、形象宣传区、风采展示区等，使之成为“红袖章”社区治安志愿服务队活动阵地、宣传阵地、服务阵地和文化阵地。骑楼城“红袖章”平安志愿服务队获得2017年梧州市志愿服务大赛三等奖，2019年度梧州市“优秀志愿服务组织”、梧州市“巾帼文明岗”称号。骨干成员“骑楼大妈”黄冰晶荣获“梧州市首届文明市民标兵”称号。骑楼城“红袖章”平安志愿服务队也得到了自治区、市各级领导的赞誉，成了“平安梧州”的靓丽名片。

1. 形成“1+4+X”红袖章经验

“1+4+X”红袖章文化中的1即红袖章驿站，4指“四大员”作用，即“街巷中的治安员”、“楼宇中的调解员”、“商圈中的巡查员”和“舞台上的宣传员”，X指“红袖章”积分奖励机制、星级“红袖章”评定等多项长效制度。骑楼城街区实现“零上访”“零发案”，城南街道荣获“自治区2019年度群防群治工作表现突出集体”。

2. 社会安全感满意度全面提高

骑楼城街区从 2015 年刑事案件立案 188 件、治安案件立案 275 件降至 2020 年第一季度刑事案件立案 8 件、治安案件立案 12 件，案件数量大幅度下降，辖区安全系数明显提高，街道安全感满意度提升至 99. 38 分，荣获市委政法委通报表扬“提升群众安全感工作成绩突出乡镇（街道）”。2020 年第一季度，万秀区群众安全感满意度排名广西壮族自治区第一，群众幸福感、获得感不断增强。

3. 引领商圈和谐平安发展

“红袖章”社区治安志愿服务为骑楼城商圈发展构建了一个和谐平安的经济环境，搭建起群众与商家之间良好的互动平台。“红袖章”驿站拓展商圈联盟党群服务功能，党员商家、党员经营户充分发挥先锋模范作用，引领商家参与商圈发展，助推经济建设。2019 年，骑楼城商圈三产产值同比增长 18. 8‰，城区经济发展再上新台阶。

（三）武宣县仙城爱心协会

武宣县仙城爱心协会成立于 2015 年，现有 98 个会员、300 多个志愿者。作为社会志愿服务机构，一直以来，武宣县仙城爱心协会都以“奉献爱心、身体力行服务社会”为志向和目标。协会志愿者在参与志愿服务时奉行“奉献、友爱、互助、进步”的志愿服务理念，践行着“志愿付出、快乐奉献”，同时收获了无尽的感动与快乐。2017 年，仙城爱心协会分别荣获来宾市“三八红旗集体”和广西壮族自治区“维护妇女儿童权益先进集体”荣誉称号。2020 年 4 月，仙城爱心协会荣获自治区“三八红旗集体”荣誉称号。协会负责人王红英曾荣获自治区“最美志愿者”、武宣县“道德模范”、来宾市“三八红旗手”等荣誉称号，并于 2017 年 12 月被选为武宣县妇联兼副主席。

1. 践行志愿精神，传播爱心理念

协会义剪小分队始终秉承“服务社会、传递温暖”理念，每个月 1 日、每个周末都会准时到武宣县鞍山广场球馆、社区等地方，为老人免费理发。

这支义剪小分队用行动为建设和谐友爱社会贡献自己的一分力量。2020 年 7 月以来，义剪小分队已开展活动 13 场，活动志愿者参与人数 102 人次，累计为 496 位老人提供义剪服务，受到群众的热烈欢迎。

2. 凝聚战“疫”力量，彰显志愿精神

新冠肺炎疫情发生后，协会的志愿者们纷纷响应号召，加入防疫一线工作。他们有的在县级重点监测点、社区协助开展排查、宣传工作，有的配合县抗疫指挥部负责物资搬运，有的在发热定点单位值守，有的在村一级对回乡人员进行排查体温监测。据不完全统计，会员中参加防疫一线工作的人员达到 89 人。协会还及时启动了“疫情防控阻击战　我们在行动”捐赠活动，共有 121 人参与其中，收到爱心捐款约 1.6 万元，物资价值 2.1 万元；出动志愿者 37 人，慰问武宣县 39 个监测点或社区。不能外出的志愿者还利用业余时间煮甜酒和茶叶蛋、购买物资，为抗疫一线人员送去火炭、甜酒、茶叶蛋、饼干、蛋糕、八宝粥、方便面等物资。

3. 关爱妇女儿童，志愿服务不停步

协会在“儿童之家”开展“家庭教育”、“青葱课堂”、儿童保护知识宣传、卫生保健知识宣传和儿童心理咨询等服务活动，近年来共开展 460 场关爱服务活动，受益儿童 8255 名；在贫困村和“妇女之家”开展留守妇女“扶心、扶志、扶智”关怀服务、“关爱农村妇女　助力脱贫攻坚”、“关爱妇女健康发展　促进社区和谐稳定”、“赋能行动”等服务活动共 108 场次，直接受益妇女 5770 人。协会让广大妇女儿童切身享受到专业的服务，为推动该县妇女儿童工作和精神文明建设工作发挥了应有的作用。

（四）林西县“星火”巾帼志愿服务队

2020 年，林西县妇联结合新时代文明实践活动，孵化了一支来自社会力量的巾帼志愿服务队——“星火”巾帼志愿服务队。这支队伍由来自社会各行各业的爱心姐妹自发组成，注册人数 13 人，辐射带动人数 51 人。她们利用周末或节假日到富康新村开展志愿服务活动，服务对象以“一老一小”为主，同时全方位参与富康新村各项志愿服务工作。她们定期或不定期开展理论宣讲、卫生保健、爱心帮扶、文艺宣传、美化环境等志愿服务活动，同时链接外部资源，围绕“美丽家园”建设和“庭院经济”发展，提供培训辅导及物质帮扶，促进了本村村民健康文明生活方式的养成及文明意识、文明理念的形成。

“星火”巾帼志愿服务队队员们在县妇联指导下相继与富康新村老人们开展了“倡导文明新风”交流会、“民族团结一家亲、携手共幸福”文艺演出等活动。一堂堂生动有趣的“微党课”走进富康新村每个家庭。2021 年 6 月，志愿者们联系社会爱心人士为富康新村捐赠了爱心花圃，并与富康新村的老人们一起栽花种果。农历二月二，志愿者们为行动不便的老人们剪发；端午节，志愿者们自发为老人们送粽子、发彩葫芦。夏季的傍晚，富康新村更是一片欢声笑语，巾帼志愿者们带领老人们唱红歌、练扇子舞、扭大秧歌……每周周日，巾帼志愿者们忙碌的身影都会出现在村里的庭前院后，朴实而真诚的语言犹如露珠一般映射着“最美”的欢乐声，浓厚的“幸福感”浸润着整个新村。多样化、专业化，接地气、聚人气的志愿服务成为新村一道美丽的风景线（李晓军等，2020）。关爱儿童，是时代的大爱。“星火”巾帼志愿服务队不仅服务老年人，还为残疾、留守儿童提供帮助。她们定期组织“情暖童心”满足儿童微心愿行动，走入家庭为特殊儿童送去教育、送去温暖。此外，每周五下午，乡妇联还组织乡、村两级巾帼志愿者代表到富康新村图书室，定期为暑期学生辅导作业。巾帼志愿者们凭借着不服输、不怕苦的精神，用真诚与善意积聚力量，传递人间大爱，助推富康新村的“华丽”蜕变。

五　社区自组织型巾帼志愿服务组织不足及启示

（一）组织持续发展难度较大

志愿者招募是志愿者管理中至关重要的一个环节。对于社区自组织型巾帼志愿服务组织而言，有更多的志愿者参与组织的志愿服务活动，可以提供更多选择，避免出现志愿者的能力与相应的志愿服务活动不匹配的状况；同时报名者可以在志愿者招募的过程中对组织有更加充分的了解，尽可能地避免出现志愿者盲目加入志愿组织，后来由于各种原因不得不离开的状况。但是草根志愿者组织大多服务领域较为单一，活动能力有限，因而招募到的志愿者数量往往无法与需求相匹配。在人员招募上，社区自组织型巾帼志愿服务组织大多通过熟人介绍以及志愿者主动报名的形式，有招募标准和权利义务但甄选不够。在管理机制上，虽然大部分志愿服务组织拥有一定的规章制度，也制定了相关的工作章程，但在实际操作中，组织内部并没有形成科学的管理机制。在工作计划上，组织虽有规划和活动安排，但内容重复率较高，执行率不高，目标不够明确。

虽然部分社区自组织型巾帼志愿服务组织吸纳了部分专业人士，但对于大部分社区自组织型巾帼志愿服务组织而言，专业人才匮乏的问题仍然突出。专业志愿者匮乏，组织招募志愿者对象不够明确，缺乏人才战略计划，对志愿者的培训较少或不够专业，易出现人岗不匹配的情况，导致招募效果不佳。组织内部管理人员匮乏，受社区自组织型巾帼志愿服务组织自身组建形式、无偿公益的特殊性质、管理能力的限制，同时由于对组织成员缺乏有效的激励，大多数组织都将精力放在如何推动志愿服务帮助“受助者”上，忽略了维系组织内部工作人员的团队建设与能力建设，忽视了志愿服务专业人才的“选育用留”，最终导致人员流动性较大且难以吸引高学历的青年人才，从而使组织运行机制不全。

（二）社会支持力量不足

社区自组织型巾帼志愿服务组织的日常运作与工作开展离不开资金支持，稳定的资金来源能够有效保证组织的可持续发展。在我国，政府资助、社会捐助、会费及服务性收费等是志愿服务组织经费的主要来源。虽然部分社区自组织型巾帼志愿服务组织与政府建立了较好的互惠合作关系，但整体而言，社区自组织型巾帼志愿服务组织主要通过社会捐助或组织中的个人出资维持组织运作，政府资助的资金在其经费来源中所占比例不大。此外，社区自组织型巾帼志愿服务组织还主动寻求资源，积极争取外部的资金支持，但这类资金支持极不稳定，多依靠项目合作的一次性收入，且所获得的资金无法很好地满足组织的发展需要。受资金的限制，许多特色项目无法开展。

志愿服务的常态化离不开社会各界对其进行物质资助、政策支持以及宣传助力，只有整合来自社会各界的力量，尤其是得到党政部门和政府部门的支持，才能将志愿服务组织的社会效益最大化。社区自组织型巾帼志愿服务组织尤其需要其他社会力量在日常管理、活动组织、项目策划、人员培训方面予以指导与帮扶。虽然人们期望志愿服务组织能够有较强的自我发展能力，但是志愿机构的公益属性而非市场属性，制约了其对专业人才和物资的招募和链接。目前来看，无论是官方的政策渠道还是面向社会的筹资渠道，都是社区自组织型巾帼志愿服务组织需要关注并积极争取的。而政府有关部门也应考虑到志愿服务组织的运转，保障志愿服务组织尤其是能够切实服务民生、推动社会进步、帮扶弱势群体的组织获得稳定的资金支持。

（三）缺乏合理的项目评估体系

项目评估是对项目是否具有针对性、效果和成果如何进行系统和客观的评价。当下，仍然有很多社区自组织型巾帼志愿服务组织尚未形成项目评估的意识，或对项目评估的重视度不够。研究发现，大部分组织的服务项目都没有经过专业化的评估，有的甚至没有评估。有些组织并未综合评估项目的整体运作过程，而只对项目进行简单的成果总结或分享。事实上，科学的评估结果能够清晰地展现组织的优势和不足，使组织对自身有更加充分的了解，从而为组织此后的志愿服务活动提供参考，使组织更好地发展（范黎惠、赵守飞，2018）。

六　社区自组织型巾帼志愿服务组织未来展望

（一）弘扬志愿精神，强化精神基础

“奉献、友爱、互助、进步”的精神内涵是志愿服务活动吸引居民积极参与的重要因素。参与志愿服务不仅有助于提升个人价值，而且能够传递正

能量，有利于国家现代化的实现（谢娅婷、刘唐宇，2017）。通过张贴志愿服务相关的海报等手段对志愿服务进行宣传，有助于营造开展志愿服务的良好氛围，鼓励居民积极参与志愿服务。同时，开展多形式多领域的志愿服务也可以增加居民参与志愿服务的机会，增强居民对志愿服务活动的体验感，使成果惠及更多居民，提升居民对志愿服务的认可度，扩大社区志愿服务的影响。当下，新媒体蓬勃发展，但传统媒体依然具有很强的权威性和广泛的群众基础。因此，社区自组织型巾帼志愿服务组织应积极寻求政府部门的支持，通过传统官方媒体对活动或成果进行报道，通过合法性自愿的叠加扩充社区自组织型巾帼志愿服务组织的社会资本。

（二）满足参与需求，健全激励机制

发源于女性群众的社区自组织型巾帼志愿服务组织提供的服务更贴近大众特别是女性群体的需求，能够吸引社会大众参与。因此，组织的目标及项目设计应遵循“取之于民，用之于民”的原则，重视居民的参与动机，尽可能地满足居民的参与需求。社区自组织型巾帼志愿服务组织对志愿者进行有效激励，不仅能够避免志愿者流失，吸引更多人参加志愿服务活动，也保障了志愿者组织的持续发展。社区自组织型巾帼志愿服务组织由于不追求经济利益，缺乏组织运作的资金，较少对志愿者进行物质激励，较多选择精神激励。感谢、认同、荣誉等精神激励能够强化人们的志愿行为，符合志愿精神价值伦理的要求。目前，社区自组织型巾帼志愿服务组织对志愿者的精神激励既有如颁发“优秀志愿者”奖状或荣誉证书等比较直接的方式，也有深层次的如交流与鼓励、人性化的组织氛围、强调公益价值等激励措施，以增强成员的责任感和使命感，激发和维持其参与志愿服务的动力。

（三）协调内外资源，构建支持网络

当下，政府的支持和培育能够为社区自组织型巾帼志愿服务组织的发展提供强有力的支撑。在目前的体制环境下，政府掌握着绝大部分资

源，而社区自组织型巾帼志愿服务组织面临的最大问题正是资源不足，因此，社区自组织型巾帼志愿服务组织应积极寻求与政府的互动合作。政府的信任和支持可以帮助组织争取更多发展资源，从而促进组织的可持续发展。社区自组织型巾帼志愿服务组织在目标选择上应与政府保持一致。一方面，组织应做出正确判断，促进政府目标达成的同时完成组织使命，不丢失公益组织的本质；另一方面，应关注社会大众的需要和支持，服务目标的设立不仅要关注政府的指向，而且要关注公众的需求，这是社区自组织型巾帼志愿服务组织发展的推动力量，也是组织的使命和目标。社区自组织型巾帼志愿服务组织通常来源于社会，根植于群众，因此要发挥自身优势，为社会公众服务，赢得大众的支持与信任，以保障组织的持续运转。

此外，大多数社区自组织型巾帼志愿服务组织都面临资金短缺的问题，政府部门提供的支持又比较有限，因此，组织或多或少同企业存在合作关系。特别是当组织的活动规模扩大、服务对象增多时，维持组织运转的成本也会急剧上升，这时，与企业或其他社会组织的合作就成了获得发展资源的重要渠道。社区自组织型巾帼志愿服务组织要实现与企业合作，一方面要不断开展特色服务活动，提高组织知名度，另一方面要在保持公益本质的基础上积极拓展合作方式，开展与企业的良性互动，实现资源交换或共享的目的。而加强与其他社会组织特别是公益组织的合作，可以整合资源，扩大志愿服务的影响力。

参考文献

范黎惠、赵守飞，2018，《动员视域下城市社区志愿者发展路径探析》，《太原学院学报》（社会科学版）第1期。

蒋玉，2014，《自组织型志愿活动的动机过程探赜》，《学术交流》第6期。

李晓军、董大伟、刘金珠，2020，《描绘村美民富壮美画卷》，《赤峰日报》12月2日，第4版。

孙彬，2013，《自组织建设理论视域下的志愿服务进社区工作模式探析——以广州市为例》，《浙江青年专修学院学报》第3期。

谢娅婷、刘唐宇，2017，《社区志愿者基本素养及其提升路径探究》，《高等继续教育学报》第3期。

朱莉玲、王媛媛、谭建光，2012，《国际视野下中国志愿组织的发展》，《中国青年政治学院学报》第5期。

B.11

企业型巾帼志愿服务组织发展报告

吴　睢*

摘　要： 党的十八大以来，中国特色志愿服务工作开创了崭新的局面。企业型巾帼志愿服务组织在中国特色志愿服务发展大局中的重要作用越发凸显。我国的长期实践经验表明，企业志愿服务作为企业承担社会责任的重要方式，已成为我国志愿服务发展的重要组成部分。此外，女性的力量在企业志愿服务中日益显示出其优势和作用。本报告结合文献材料以及对典型案例的梳理与陈述，发现企业型巾帼志愿服务组织制度建设逐渐完善，以注重品牌培育、注重志愿服务专业化、注重志愿服务参与社会治理为主要发展趋势，积极参与各项志愿服务评比活动以提高自身建设水平。最后，本报告从扩大企业型巾帼志愿服务组织覆盖面、提高企业型巾帼志愿服务组织专业性、完善企业型巾帼志愿服务组织保障机制三个层面对未来工作提出建议。

关键词： 志愿服务　企业志愿服务　企业型巾帼志愿服务组织

党的十八大以来，中国特色志愿服务工作开创了崭新的局面。十三届全国人大四次会议表决通过的“十四五”规划明确提出，“要壮大志愿者队伍，搭建更多志愿服务平台，健全志愿服务体系”，“广泛开展志愿服务关爱活动”。志愿服务作为中国特色社会主义现代化事业的重要组成部分，关

* 吴睢，中国社会科学院大学博士研究生。

乎我国社会民生领域的持续进步。在新发展阶段，志愿服务事业在各级政府、企事业单位、社会组织、志愿者等各方主体的关注与实践下，逐渐走上了常态化、组织化、专业化、法治化的发展道路。

近年来，全国妇联深入学习贯彻习近平新时代中国特色社会主义思想，推动巾帼志愿服务高质量发展。2021 年，全国妇联、中央文明办印发的《关于推动新时代巾帼志愿服务发展的意见（试行）》指出，“积极发展巾帼志愿服务组织”，“鼓励和支持各级党政机关、企事业单位、人民团体、社会组织等成立巾帼志愿服务队伍，扩大巾帼志愿服务社会覆盖”。我国的长期实践经验表明，企业志愿服务作为企业承担社会责任的重要方式，已成为我国志愿服务发展的重要组成部分（王忠平、陈和午、李迺昕，2016）。此外，女性的力量在企业志愿服务中日益显示出其优势和作用。企业中的女性以组织的形式在中国特色志愿服务发展大局中的重要作用也越发凸显。

在“十四五”期间，对以往企业型巾帼志愿服务组织的发展状况进行回顾，可以从中汲取经验，以应对未来的挑战。基于此，本报告旨在选取典型案例并结合文献材料，对近些年中国企业型巾帼志愿服务组织的组织体系、阵地建设、队伍发展、先进经验进行分析和探究，以期在总结经验的基础上，对未来工作进行展望。

一　企业型巾帼志愿服务组织发展概况

企业志愿服务作为企业组织或支持的志愿服务活动，一方面作为企业文化融入企业员工管理，另一方面又推动企业社会责任承担落于实践。企业型巾帼志愿服务组织是企业志愿服务的一个重要组成部分，其运作是在企业整体性志愿服务的发展大势下进行的。但目前，社会各界单独对企业型巾帼志愿服务组织进行的研究还在少数。基于此，对中国企业型巾帼志愿服务组织的考察就需要更加深入与系统，并结合中国企业志愿服务发展概况来进行。

（一）企业型巾帼志愿服务组织的制度建设

中国企业志愿服务起步于对外开放和市场经济改革与发展。在对外开放的过程中，中国企业吸收国外企业管理理念和企业文化，开始注重以企业捐赠与志愿服务来增强企业社会责任等软实力。自 2001 年中国加入世界贸易组织（WTO）以来，中国企业的发展模式已有所拓展，即通过志愿服务的方式促进企业人力资源管理、承担企业社会责任和提高经济效益。2008 年，北京奥运会、汶川大地震等重大事件的发生为志愿服务走进公众视野提供了契机，这也使企业志愿服务的重要作用得到了政府、企业、社会组织等各方主体的重视。2014 年 2 月 19 日，中央精神文明建设指导委员会印发《关于推进志愿服务制度化的意见》，提出要支持和发展各类志愿服务组织，推动企事业单位、学校、医院等建立志愿服务团队，服务社区。2016 年 3 月 16 日，第十二届全国人民代表大会第四次会议通过的《中华人民共和国慈善法》对志愿服务进行了官方界定，即“志愿服务”是“非营利服务”中的一种方式，为后续志愿服务走向制度化提供了法律政策保障。2017 年 6 月 7 日，国务院第 175 次常务会议通过了《志愿服务条例》，其中提出国家鼓励和支持国家机关、企事业单位、人民团体、社会组织等建立志愿服务队开展专业志愿服务活动，鼓励和支持具有专业知识和技能的志愿者提供志愿服务。此后，在《中华人民共和国慈善法》和《志愿服务条例》的指导下，企业志愿服务以规范化、法治化作为其发展方向坚持发展。2019 年 10 月 28 日，中共中央宣传部、中央文明办发布的《关于新时代文明实践志愿服务机制建设的实施方案》对企业参与志愿服务的方式进行了倡导，即企业应积极履行社会责任，以项目资助、结对援助、技术援助、市场对接等形式参与志愿服务。在此基础上，2021 年 1 月 8 日，全国妇联、中央文明办联合印发《关于推动新时代巾帼志愿服务发展的意见（试行）》，提出要凸显巾帼志愿服务的优势特色，“鼓励和支持各级党政机关、企事业单位、人民团体、社会组织等成立巾帼志愿服务队伍，扩大巾帼志愿服务社会覆盖”。一系列企业志愿服务法律法规的颁布，确立了企业志愿者和企业志愿服务组织的合法性地位，激励国内企业积极促进企业志愿服务常态化、系统化发展。同时，企业型巾帼志愿服务组织在该发展大局下，不断加强自身制度化建设，优化组织管理结构，发挥巾帼志愿服务优势。

（二）企业型巾帼志愿服务组织发展趋势

《2020 年中国志愿服务发展指数报告》指出，2020 年度活跃志愿者以受过高等教育的中青年女性为主，占比为 62.5%（翟雁、辛华、张扬，2021）。具体到企业志愿领域，根据 2014 年、2016 年和 2017 年的“慈善蓝皮书”中关于企业志愿服务的性别结构数据，本报告发现参与企业志愿服务的女性多于男性（翟雁、辛华，2018）。同时，和众泽益志愿服务中心同中国民间志愿服务联盟以及北京、上海、广州企业志愿服务联盟，采用线上与线下结合的方式对中国企业志愿服务状况进行的调查发现，参与企业志愿服务的员工中，女性占比高达 69.44%，远高于男性的 30.56%（王忠平、刘姝辛，2019）。从数据可以看出，一直以来，无论是在中国总体志愿服务中，还是在企业志愿服务领域，女性都是志愿服务的主力军。

1. 注重品牌项目培育

进入新时代以来，志愿服务被赋予了更多的时代价值与任务。为更好地回应社会各界对美好生活的企盼，提升志愿服务项目质量，提高志愿服务项目的标识性成为志愿服务建设的重要工作之一。2016 年 7 月 11 日，中共中央宣传部、中央文明办、民政部、教育部、财政部、全国总工会、共青团中央和全国妇联等部门联合印发《关于支持和发展志愿服务组织的意见》，其中提出各职能部门要支持志愿服务组织发挥自身优势，积极推动党员、青年、老年、学生、巾帼志愿服务有序发展，打造精品项目，以形成品牌效应。在该背景下，企业型巾帼志愿服务组织注重发挥自身优势，致力于打造先进志愿服务组织，培育品牌项目。依托中共中央宣传部、中央文明办等 16 个部门联合举办的全国学雷锋志愿服务“四个 100”先进典型宣传评选活动，企业型巾帼志愿服务组织不断提高自身创新能力，汇聚成员智慧，优化项目流程与内

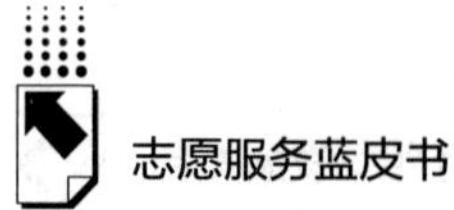

容，促进项目质量提升。例如，上海市徐汇区铭言菜市场妇女联合会培育的“铭言花开”志愿服务项目，以诚信“亮牌”，扶危济困，获得社会各界一致好评，并入选2020年全国学雷锋志愿服务“四个100”最佳志愿服务项目。

2. 注重志愿服务专业化

志愿服务不仅需要热情，更需要专业的知识和技巧，要在志愿服务项目设计层面、实施环节促进供需的精准匹配。志愿服务专业化涉及众多层面，如组织管理的专业化、志愿服务队伍的专业化、服务内容的专业化以及服务项目的专业化。2020年3月27日，工信部办公厅、民政部办公厅联合印发《关于开展志愿服务促进中小企业发展的指导意见》，其中提出要建设一支通政、善法、善技术、善管理、乐于奉献、乐于帮助企业的高水平专家志愿服务队伍，并为中小企业提供政策、法律、金融、管理、科技、创新创业等方面的免费咨询和个性化解决方案，助力中小企业加快复工复产、转型升级，实现高质量发展。近些年，在社会需求、政策倡导、企业志愿服务组织自身建设等各方因素的综合作用下，企业志愿服务注重以专业化来促进自身发展。《中国企业志愿服务发展报告（2018）》数据显示，截至2018年7月，50.67%的企业志愿者参加过技能志愿服务，44.89%的企业志愿者参加过专业志愿服务；同2016年的调查数据相比较，可以发现，参加过高层次技能志愿服务的企业志愿者比例提高了4个百分点。①《2020年企业志愿服务十大趋势报告》进一步认为，企业专业志愿服务横向发展、纵向深化明显，企业志愿服务专业化是一大发展趋势（王忠平、钟金秀、陈军健，2021）。在该背景下，企业型巾帼志愿服务组织在组织建设、队伍建设、品牌建设等各个层面注重立足本组织专业技能优势，吸收专业人才，规范自身组织体系，以专业技能和知识促进项目切实落地。例如，南昌市西湖区静心社心理健康中心整合巾帼力量，发挥巾帼专业优势，开启专职社会服务工作。

① 王忠平、孙孝文、喻雨田、任大林：《中国企业志愿服务发展报告（2018）》，https://www.docin.com/p-2184441591.html，最后访问日期：2022年2月8日。

3. 注重志愿服务参与社会治理

近些年，特别是在精准扶贫、社区治理、生态环境保护、防灾救灾、舆情管理、抗疫等领域，企业在党委领导下已成为多元化协同治理主体的一员，并在社会治理中发挥着至关重要的作用（吕鹏、刘学，2021）。自 2016 年《“十三五”脱贫攻坚规划》中明确指出要“强化国有企业帮扶责任”、“引导民营企业参与扶贫开发”、“广泛动员社会力量帮扶”及“进一步发挥专业社会工作和志愿者扶贫作用”以来，企业将慈善捐赠以及志愿服务并举，以此为解决贫困问题持续贡献自身力量。2018 年，《乡村振兴战略规划（2018—2022 年）》进一步肯定了志愿服务要作为一种重要手段参与乡村振兴、脱贫攻坚以及农村精神文明创建。企业要在总结扶贫经验的基础上，进一步发挥自身优势，拓展企业发展目标，帮助全国乡村地区以及乡村全面实现共同富裕。2020 年，《关于号召广大志愿者、志愿服务组织积极有序参与疫情防控的倡议书》倡导全国各地志愿者、志愿服务组织弘扬雷锋精神及志愿精神，积极投身于疫情防控工作，充分展示爱心和担当，成为抗击疫情的重要力量。企业型志愿服务组织立足于信息阵地建设优势，采取线上线下相结合的方式，以基础志愿服务、专业志愿服务并举的方式参与抗击新冠肺炎疫情的工作。

从脱贫攻坚到乡村振兴，从日常志愿服务到抗击新冠肺炎疫情，企业型志愿服务组织作为新时代社会治理的一个重要主体，持续为国家社会发展贡献自身力量。企业以志愿服务的形式参与社会治理已成为国际上发达国家的一种普遍做法，也是未来国内企业履行社会责任、服务于现代化建设的发展方向。[①] 在此过程中，企业巾帼志愿服务组织积极响应党和国家号召，创新服务项目，将志愿服务带进乡村、带进社区，服务人民。例如，“铭言花”巾帼志愿服务队以就业帮扶、社区助老、扶贫助学等方式助力脱贫攻坚以及乡村振兴，以爱心募捐、发放物资等方式参与抗击新冠肺炎疫情。

① 《企业志愿服务如何融入到社会治理中去？这个研讨会亮点多》，http：//cul. china. com. cn/2020-09/10/content_ 41291300. htm，最后访问日期：2022 年 2 月 7 日。

二　典型案例

推进志愿服务组织、志愿服务项目和志愿者评选活动是保持志愿服务高质量发展的重要举措之一，能够持续激励志愿服务从事者探索创新志愿服务机制。对企业型巾帼志愿服务的典型案例进行分析和探讨，不仅可以增强企业型巾帼志愿者服务的宣传效果和示范效果，还能激发其他志愿服务组织、志愿者的学习热情，促使其汲取成功经验来优化志愿服务内容。

（一）“2020最佳志愿服务组织”——南昌市西湖区静心社心理健康中心

1. 组织概况

南昌静心社健康咨询服务有限公司于2010年成立，提供的是以心理健康为主的综合性社会服务。2012年，该公司开始以特殊人群中的社区服刑人员为工作对象，为其提供心理咨询、心理帮扶等服务。在此期间，巾帼志愿者开展一些辅助性志愿服务。2013年，该公司成立南昌市西湖区静心社心理健康中心（以下简称“南昌静心社”），开展专职社会服务工作。截至2020年底，南昌静心社共有理事会成员23名，专家库成员63名，注册志愿者472名，专职工作人员12名。南昌静心社致力于运用“生理-心理-社会”的互助发展模式，持续为近万名特殊人群、上千家庭提供以心理帮扶为主的综合性社会服务；长期为政府部门、企事业单位、各大院校、街道社区等提供专业的社会服务；并专注于特殊人群的帮扶工作，成为江西省女子监狱、豫章监狱、江西省未管所、南昌监狱、南昌市司法局、儿童村、太阳村等的特聘心理健康顾问。

南昌静心社在致力于发展的同时，积极承担社会责任，组建巾帼志愿服务队，开展一系列专业性的志愿活动。巾帼志愿服务组织利用专业人才优势，探索实施心理帮扶、司法帮教、心理健康等志愿服务项目；截至2020年，累计开展志愿服务405196小时，人均开展志愿服务858小时。

2. 项目简介

近十年，南昌静心社巾帼志愿服务组织以特殊人群、女性、儿童为主要服务对象，共打造了 11 个品牌项目："益起点"特殊人群关爱帮扶项目、"巾帼 · 爱驿站"帮扶基地、"和睦家"社区 1+N 共享服务、"我有妈妈了"孤残儿童帮扶项目、"黄丝带"帮教项目、西湖区残联"阳光家园"残疾人志愿服务项目、西湖区司法局购买服务项目、南昌监狱购买服务项目、南昌市妇联"健康生活 · 从'心'开始"——南昌市幸福家庭成长计划走进机关公益活动、青山湖区政法委"蓝色心房计划"心防项目、南昌市残联"愈心行"心理健康服务项目。

3. 服务内容

（1）关注特殊人群，开展综合型帮扶。自 2010 年以来，南昌静心社巾帼志愿服务组织针对在押服刑人员、社区服刑人员、吸毒人员、精神障碍患者、特殊青少年、留守儿童、困境（单亲）家庭、失独及空巢老人等特殊群体开展持续性帮扶教育、矫治救治等综合帮扶志愿服务。南昌静心社巾帼志愿服务组织整合企业内外资源，充分发挥专业人才优势，努力探索打造志愿服务品牌项目，创立特殊人群帮扶新品牌"益起点"。在项目实施过程中，南昌静心社巾帼志愿服务组织同司法、妇联、团委等各个政府部门进行紧密合作，充分利用街道、社区资源开展各类专业性帮扶志愿活动。2010 年至今，南昌静心社巾帼志愿服务组织陆续走进都昌太阳村、南昌 SOS 儿童村、资溪留守儿童"关爱之家"、西湖区司法局、西湖区残联、贵溪市妇联、西湖区妇联、青山湖区妇联、南昌监狱、阳光学校、江西省孤独症康复中心、可凡加以及 10 余所学校，为 20 余个不同服务地域的上万名特殊人群建立心理健康档案，并开展心理咨询、团体辅导、家庭帮扶以及家访、慰问等志愿服务，累计成功服务上千个案例。

（2）专注司法帮教，促进社会维稳。从 2012 年开始，南昌静心社巾帼志愿服务组织介入司法帮教服务。2013 年，在民盟的支持下，南昌静心社巾帼志愿服务组织聚集企业资源，打造"黄丝带"帮教服务品牌，并取得了一系列成就。南昌静心社长期与南昌监狱、江西省未管所、西湖司法局、

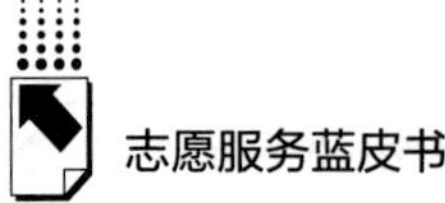

东湖司法局开展合作。在此期间，南昌静心社巾帼志愿服务组织发挥专业优势，促进形成多元化帮教形式，结合多维度专业角度启发矫正对象，促进其自觉调整心理状态能力的培育，增强其社会适应能力，帮助其尽快再次融入社会；通过一系列专业志愿服务活动，帮助服务对象形成健康的心理机制、重新获得生活的信心，取得了良好的社会效益。截至2020年，南昌静心社已与江西省司法厅、南昌市司法局，江西省内五所监狱、六个县区司法矫治中心等司法职能部门建立长期合作关系。而且，南昌静心社巾帼志愿服务组织协助企业为民盟培养及输送“黄丝带”专业人才数名，为司法帮教做出了切实有效的贡献。

（3）关注居民身心健康，推动社区文明创建。从2013年开始，南昌静心社陆续走进10余个街道、100多个社区为居民及街道社区干部开展家长课堂、心理减压等心理讲座。巾帼志愿服务组织积极探索打造“和睦家·社区共享”品牌项目。该品牌项目以社区服务为主，延伸至学校领域，旨在将心防队伍及公益资源共享，围绕心理帮扶、家庭矛盾干预、社区自组织培育、打造示范社区等目标开展服务。具体服务内容为：心理健康讲座、心理拓展、历奇教育、家庭教育讲座、兴趣小组、义诊、“赣鄱红色娘子军”宣讲活动等。在巾帼志愿者的推动下，该项目实现了“六心”进社区，夯实了心防工作基层力量，有效促进了精神文明建设，推动了文明城市创建工作的开展。该品牌项目被南昌市西湖区南站街道、绳金塔街道、青山湖区南钢街道、贵溪市江边社区等多个街道作为成功案例进行学习，形成了良好的示范效应。

（4）关注妇女儿童健康发展，培养优秀巾帼人才。2016年，在南昌市妇联的充分认可下，南昌静心社作为优秀社会组织进入南昌市妇女儿童活动中心一楼连心家园，负责南昌市妇女儿童社会组织孵化基地。其间，南昌静心社巾帼志愿服务组织立足于自身发展经验及社会资源优势，协助企业为更多妇女儿童类社会组织提供孵化服务。此后，南昌静心社以打造基地、成立基层妇联组织等方式，配合当地政府和妇联做好品牌工作的设计打造。南昌静心社巾帼志愿服务组织凝聚广大妇女力量，开展妇女儿童家庭公益服务，为社会治理贡献自身力量。

（5）关注公职人员心理健康，加强心防基地建设。从 2017 年开始，南昌静心社陆续为江西省司法厅、南昌市司法局、南昌市青山湖区纪检、南昌市妇联、南昌市湾里区、玉山司法局、南昌监狱等 7 个部门开展机关干部心理培训；以团建、培训等多种形式，引导机关干部学习和谐处理各类社会关系以及理性管理自我情绪。同时，南昌静心社为湾里区廉政专修班、青山湖区廉政专修班、贵溪市新提拔干部家属廉政培训班开展了好家风廉政文化专题讲座，通过通俗易懂的语言将廉政与幸福的关系、干部家属在预防贪腐中的巨大作用、良好家风对家庭和孩子的积极影响做了透彻的分析。其间，南昌静心社巾帼志愿服务组织全程参与并协助企业进行工作的落实与开展，积极发挥资源链接、咨询、服务的作用，促使项目成功落地。

（二）“2020最佳志愿服务项目”——“铭言花开”志愿服务项目

1. 组织概况

上海市徐汇区铭言菜市场妇女联合会成立于 2016 年 6 月 28 日，是全国第一个菜市场行业妇女联合会，也是上海市第一个四新领域妇女联合会。铭言菜市场妇联成员包括铭言集团下属 20 多家菜市场的 2000 多名女性从业者。基于铭言菜市场妇联的人力资源优势，铭言企业成立“铭言花”巾帼志愿服务队，其中注册志愿者人数为 650 余人。该服务队致力于打造品牌项目——“铭言花开”志愿服务项目，服务内容由起初以维护菜市场秩序、把控食品安全、促进就业融入为主要目标，拓展到对儿童、老人等弱势群体的帮助与服务。

2. 项目简介

“铭言花开”志愿服务项目是经由铭言菜市场妇女联合会的全力推动开始实施的。项目的践行者包括 650 名“铭言花”巾帼志愿服务队成员以及铭言菜市场的女性工作者。该志愿服务项目主要以就业帮扶、社区助老、扶贫助学为目标内容。项目自实施以来，获得了社会各界人士的一致肯定。“铭言花”巾帼志愿服务队获得“上海市巾帼文明岗”“2018~2019 年度上海市志愿服务先进集体”等荣誉，巾帼志愿服务者也被亲切称为“菜花姐姐”。

3. 做法及成效

“铭言花开”志愿服务项目自开展以来，始终围绕关爱社会弱势群体这一工作主线，切实解决女性、儿童、青年、老人的各项问题。（1）就业帮扶。“铭言花”巾帼志愿服务队采取就业培训、生活关怀的策略帮助菜市场新入行的经营户学习相关规范，适应当地生活，尽快融入工作岗位与稳定生活秩序。截至 2020 年，“铭言花”巾帼志愿服务队共服务近 500 户新入行经营户，帮助其融入新的工作生活。（2）社区服务。“铭言花”巾帼志愿服务队于重大节庆日在上海市范围内走访帮扶失独家庭和孤寡老人，在生活照料和精神慰藉上为其提供支持性服务。从 2017 年开始，服务对象数量呈现逐年上升趋势：从 2017 年的 744 户、2018 年的 808 户、2019 年的 870 户增加到 2020 年的 907 户。在 2017~2020 年的服务过程中，巾帼志愿者同走访老人建立了深厚的感情。而且，“铭言花”巾帼志愿服务队还重点关注社区弱势青年、阳光基地的未成年犯罪人员，为其提供爱心家庭餐、置办冬衣等关爱服务。（3）扶贫助学。2018~2020 年，“铭言花”巾帼志愿服务队赴云南省红河州服务贫困地区儿童以及助力当地扶贫工作。其间，“铭言花”巾帼志愿服务队以捐赠助学金、学习生活用品等方式提高结对帮扶学生的物质生活水平，并且链接内外资源，协助引进销售云南扶贫产品，销售业绩达十余万元。（4）健康生活。2020 年，“铭言花”巾帼志愿服务队开设“菜花家族”知识小讲堂。讲堂内容包括农副产品挑选搭配、养生知识、家庭小厨房知识等生活知识。讲堂以普及传递生活知识的形式，促进社区居民养成健康生活的习惯，提高社区幸福感。（5）抗击疫情。2020 年，新冠肺炎疫情严重影响了经济社会的运行秩序，使社区居民正常生活受到损害。在此背景下，“铭言花”巾帼志愿服务队整合服务资源，齐心助力疫情防控。志愿者开展义务为菜场顾客及经营户测量体温、发放口罩、消毒购物场所、义务送菜、爱心募捐等基础性志愿服务来为抗击疫情做出应有的贡献。在此期间，“铭言花”巾帼志愿服务队为周边 13 个街道、镇的 500 多个家庭提供了义务送菜服务，持续 55 天组织菜市场的疫情防控工作，为抗击疫情累计捐赠近16万元。“铭言花”巾帼志愿服务队将志愿服务热情落实到实践行动，为抗击疫情提供了人力和物力支持，为社区居民回归正常生活秩序贡献了力量。

三　总结与展望

通过对近些年来企业型巾帼志愿服务发展概况以及典型案例的梳理与陈述，可以发现，在党和国家宏观政策的指导下，企业型巾帼志愿服务在制度建设、品牌建设、专业化建设、社会治理等方面取得了一系列成就。当前，企业型巾帼志愿服务组织始终坚持党的领导，紧紧围绕国家发展大局，关心社会弱势群体，以基础性服务和专业性服务并举促进志愿服务融入社会现代化建设。而如何进一步推进企业型巾帼志愿服务制度化、常态化、专业化发展，如何推进企业型巾帼志愿服务深入人心、融入公众生活，仍然是值得进一步探讨的议题。基于此，本报告将从以下三个层面对未来企业型巾帼志愿服务组织发展提出建议性意见。

（一）扩大企业型巾帼志愿服务组织覆盖面

在梳理企业型巾帼志愿服务组织发展概况时可以发现，目前巾帼志愿服务在企业中的覆盖率仍处于较低水平。数据表明，虽然在企业志愿服务组织中，女性志愿者占比远高于男性志愿者，但专职的巾帼志愿服务组织的组建数量仍是少数。多数巾帼志愿者是依托综合类企业志愿服务组织开展志愿服务的，女性志愿者在其中发挥着至关重要的作用。在建设中国特色志愿服务的总体要求下，要持续发挥巾帼志愿服务的优势，就需要以组织化的形式来统一协调各项志愿服务资源，以促进优势资源的更精准配置。因此，提高巾帼志愿服务组织在企业中的覆盖率既符合建设中国特色志愿服务的大局，又符合广大巾帼志愿者的服务需求。拓展企业型巾帼志愿服务组织的覆盖面需要从两个层面入手。一是各级妇联要切实发挥协调功能，深入全面了解企业志愿服务信息，发掘具有组建潜力、培养潜力的巾帼志愿者，自上而下推动企业型巾帼志愿服务组织建立。二是企业巾帼志愿服务者要善于结合自身优势，自发自主成立巾帼志愿服务队，利用企业资源，组建具有标识性的志愿服务组织。

（二）提高企业型巾帼志愿服务组织专业性

志愿服务不仅需要热情与爱心，更需要专业的知识和技巧来进行制度建设、运作建设、项目创新。随着经济社会的发展，社会需求呈现多元化特征，如何准确评估志愿服务对象的需求、开展有效的志愿服务是今后志愿服务发展的重点问题之一。目前，企业型巾帼志愿服务组织大部分仍以提供基础性志愿服务为主，如捐钱捐物、探访陪护等。在基础性志愿服务上，企业巾帼志愿服务虽然取得了一定的成效，但仍缺乏专业领域切实有效的服务，如法律权益维护、医疗救助、心理咨询等。因此，在今后的企业型巾帼志愿服务组织发展过程中，要致力于提高自身建设的专业性。提高企业型巾帼志愿服务组织专业性可以从以下三个层面着手。一是开展巾帼志愿服务队伍的专业技能培训。企业型巾帼志愿服务组织要通过邀请相关领域的专家学者开展知识讲座、教育培训、实践模拟等活动，来提高巾帼志愿服务队的专业水平。二是完善巾帼志愿服务组织的各项规章制度。规章制度的完善可以规范巾帼志愿服务组织的各项流程，方便组织管理者依据志愿者信息、组织资源进行项目的设计与运行，以使项目在开展过程中能够有迹可循，避免出现重复服务、无效服务等问题。三是善于链接企业资源。不同类型的企业有着特定的工作领域，具有特定领域下的知识储备以及专业人才资源。企业型巾帼志愿服务组织要善于利用企业自身资源，结合企业特质，联结企业专业人员，将所学所长投入志愿服务。

（三）完善企业型巾帼志愿服务组织保障机制

志愿服务者在奉献爱心、服务他人的同时，也面临着一定的风险，如人身安全、财物损失、利益受损、需要承担相应法律责任或赔偿责任等风险。而目前关于维护志愿服务者在志愿服务过程中个人权益的法律法规还不够完善。2017 年出台的《志愿服务条例》指出，在志愿服务过程中，志愿服务组织要“说明在志愿服务过程中可能发生的风险”，“解决志愿者在志愿服务过程中遇到的困难，维护志愿者的合法权益”，“应当为志愿者购买相应的人身意外伤害保险”。该条例虽指出志愿服务组织要对志愿者进行保障，但仅仅着重强调了志愿者的人身安全，在其余方面并未给出具体的操作化指标。这种近乎“裸奔”形式的志愿服务活动会大大增加志愿者所面临的风险，以至于降低其志愿服务的积极性。同样，企业巾帼志愿服务中仍存在上述风险问题，尤其是企业型巾帼志愿服务组织在开展相关专业性志愿服务，如心理咨询、医务救助、法律维权、疫情防控等时，这种风险更大。因此，今后企业型巾帼志愿服务组织要进一步完善保障机制，对服务过程相关潜在风险进行评估，并予以规避。完善企业型巾帼服务组织保障机制可以从以下两个层面入手。一是完善保障规章制度。组织要通过量化形式对各项潜在风险进行指数评估，并列清各项具体应对保障策略。二是提高巾帼志愿者应对风险的能力。组织要通过理论宣讲、实践模拟等形式对巾帼志愿者进行系统培训，提高其规避风险的能力。

参考文献

吕鹏、刘学，2021，《企业项目制与生产型治理的实践——基于两家企业扶贫案例的调研》，《中国社会科学》第 10 期。

王忠平、陈和午、李迺昕，2016，《广州企业志愿服务参与动机和运行现状调查》，《青年探索》第 5 期。

王忠平、刘姝辛，2019，《企业志愿服务发展现状、问题及对策》，《中国社会工作》第 9 期。

王忠平、钟金秀、陈军健，2021，《2020 年企业志愿服务十大趋势报告》，载《和众泽益》。

翟雁、辛华，2018，《2017 年中国志愿服务发展指数报告（2013~2017）》，载杨团主编《中国慈善发展报告（2018）》，社会科学文献出版社。

翟雁、辛华、张杨，2021，《2020 年中国志愿服务发展指数报告》，载杨团、朱健刚主编《中国慈善发展报告（2021）》，社会科学文献出版社。

B.12
文明实践巾帼志愿服务发展报告

王　璐*

摘　要：　文明实践巾帼志愿服务作为巾帼志愿服务的重要组成部分，不仅顺应了社会文明进步的新要求，而且聚焦人民群众的新期待。深入推进文明实践巾帼志愿服务，主要围绕挂点联系天津市新时代文明实践中心建设试点工作、文明实践巾帼志愿宣传宣讲、文明实践巾帼志愿阳光行动等内容展开。调研发现，文明实践巾帼志愿服务项目在塑造品牌、打造阵地、创新形式和运用数字平台方面积累了宝贵的经验，但在服务覆盖面、宣讲团结构、互动交流方面仍存在完善空间，对此本文提出了相应的建议。

关键词：　文明实践　巾帼志愿服务　阳光行动　理论宣讲

党的十九届五中全会指出，“要健全志愿服务体系，广泛开展志愿服务关爱行动”。全面提升志愿服务水平是全面建设社会主义文化强国、推进国家治理体系和治理能力现代化的内在要求。巾帼志愿服务是由各级妇联组织开展，巾帼志愿者、巾帼志愿服务组织自愿、无偿向社会和他人提供的公益服务。巾帼志愿服务要服务大局发展、融入百姓生活、突出家庭特色，以宣传妇女、凝聚妇女、服务妇女儿童和家庭为基本职责，以“立足社区、面向家庭、扶危济困、守望互助”为宗旨，健全完善巾帼志愿服务体系，建立健全帮困解难巾帼志愿服务机制，动员引导广大妇女大力弘扬志愿精神和

---

* 王璐，中国社会科学院大学在读博士生。

雷锋精神，在关爱服务他人中促进社会变得更加美好。

文明实践巾帼志愿服务项目以习近平新时代中国特色社会主义思想为指导，充分发挥巾帼志愿服务在开展妇女思想政治引领、参与基层社会治理、培养时代新人中的独特作用，依托新时代文明实践中心站点、妇女儿童之家等阵地，全面推进文明实践巾帼志愿服务深入广泛开展，全面融入新时代文明实践中心建设，大力推动巾帼志愿理论宣讲队伍和成果下乡进村入户，弘扬雷锋精神，积极开展巾帼志愿阳光行动，着力推进移风易俗，推动文明实践巾帼志愿服务队伍和力量服务基层服务群众，打通服务妇女群众的“最后一公里”，为党凝聚妇女人心做出新的贡献。

一　文明实践巾帼志愿服务项目整体情况

（一）挂点联系天津市新时代文明实践中心建设试点工作

1. 以高政治站位为基础，探索志愿服务“天津模式”

为深入贯彻落实习近平总书记关于新时代文明实践中心建设试点工作的重要指示精神，按照中央文明委工作部署，全国妇联负责联系指导天津市新时代文明实践中心建设试点工作。自 2020 年挂点联系以来，全国妇联、市妇联紧密结合工作职能，发挥妇联组织优势，深度参与新时代文明实践中心建设工作。天津市紧紧围绕中央部署和市委安排，先行先试，主动探索，在 5 个全国试点区的示范带动下，面向城乡基层全面推进新时代文明实践中心建设工作，按照党建引领、试点先行、示范带动、多点突破、纵深发展的工作思路，以传播党的创新理论为首要任务，以解决群众实际问题为工作导向，以满足群众需求为出发点，突出精准、注重实效、形成常态。2022 年初，天津市已实现新时代文明实践中心、所、站三级全覆盖，建成区级实践中心 16 个、镇街级实践所 254 个、村居级实践站 5180 个。

天津市文明办从顶层设计、机制建设和阵地建设三个方面完善新时代文明实践中心体系建设；从统筹资源、组建志愿服务队伍，培育志愿服务项目、开展志愿服务活动两个方面深化新时代文明实践，逐步探索“天津模式”。具体来说，天津市把新时代文明实践中心建设融入经济社会发展大局，结合全国文明城区创建“文明带提名”结对共建行动，制定帮包联系制度，在“比学赶帮超”中提升文明实践工作水平；实施文明实践拓展工程，制定《天津市新时代文明实践基地管理办法（试行）》，组建区级志愿服务队伍4000余支，围绕中心工作和群众需要，设计组织形式多样的志愿服务项目。

2. 以创新为基本要求，开展常态化巾帼志愿服务

天津市采取新方式，利用当地新时代文明实践信息平台、“志愿天津”微信小程序，建立了群众点单、中心（所、站）派单、服务队送单、群众评单机制，通过发布项目“供给菜单”，为基层群众提供点单派单精准服务。例如，宝坻区打造的新时代文明实践中心网络管理服务平台，已累计完成点单派单6000余次，服务群众26万余人次。依托服务专线创新点单配送，不仅实现了新时代文明实践中心（所、站）志愿服务供给方式从“政府包揽”向“政府主导、市场配置、社会参与”的转变，同时有效破解了新时代文明实践中心“资源不知往哪送”和新时代文明实践站“服务不知哪里有”的难题，切实推动了供给方式由“配送供给”向“按需点单”转变，将选择权交到民众手中，进一步增强了基层群众在新时代文明实践站的获得感和幸福感，推动了新时代文明实践站的常态运行、长效发展。

为保障巾帼志愿服务常态化，天津市进一步健全志愿服务保障机制。在资源配置方面，天津市通过建设新时代文明实践信息平台，并依托区级融媒体中心，运用“两微一端”等，实现市级与区级志愿服务网数据的联通共享，实现全市、全区、各镇（街）、各村（社区）数据共享和各类资源有效配置。在资金保障方面，区级财政提供基本经费，并建立专项资金，统筹使用镇（街）文化经费、社区服务群众专项经费等项目资金。在此基础上，天津市还积极探索建立新时代文明实践基金，通过畅通社会化资金募集渠道，争取企业、社会等各方面的支持，鼓励引导社会力量通过多种方式支持新时代文明实践工作，推动志愿服务常态化、长效化。

3.以活动为手段，深化巾帼志愿服务组织参与

首先，天津市妇联为发挥女性力量，深化巾帼志愿服务组织的参与，积极组建并发展巾帼志愿服务队伍。2021年10月，天津市妇联成立了巾帼志愿服务总队，各区也相继在阵地组建了巾帼志愿服务队伍，把新时代文明实践工作与引领、服务、联系妇女的各项工作紧密结合。例如，武清区为落实“党有号召、妇联有行动”的要求，在全市创新实施“妈妈工程”，依托村、社区妇联组织建立“妈妈管护队”1000余支、妈妈管护示范团300余支、妈妈管护突击队1支。这支巾帼志愿服务队伍开展思想引领、文明实践、乡村振兴、基层治理巾帼志愿服务活动2000余场次，使妇联工作融入基层、发挥作用。

其次，巾帼志愿服务队伍以家庭为优势领域，聚焦“一老一小”问题，坚持需求导向，将新时代文明实践的触角延伸到家庭，结合妇女群众实际需求，以服务活动为手段，在最美家庭的寻找中实现价值引导。例如，滨海新区妇联依托区新时代文明实践中心开展“家庭亲子阅读”“21天学论语打卡”等志愿服务活动；津南区妇联在各文明实践站（所）建立巾帼实践志愿服务等团队，开展邻里互助、文艺演出、孤老协助、卫生清整等服务活动；北辰区妇联在文明实践站组织巾帼志愿者开展“包粽子、送温暖”“与爱同行，巾帼点亮微心愿”等志愿服务活动；武清区妇联推出“女性成长课堂”，发布“点学单”，助力提升女性素质和能力；宝坻区妇联在巾帼志愿阳光站开展“亲子共颂党的故事　牵手同唱红色歌曲”“浓浓端午情　永远跟党走”等活动，以家风活动促文明实践。

（二）文明实践巾帼志愿宣传宣讲

1.利用红色资源，加强理论宣传

宣传党的新理论新政策、传习习近平新时代中国特色社会主义思想是新时代文明实践巾帼志愿服务的主要任务。各级妇联在全国妇联的指导下，整合区、街镇、村（居）资源，“网罗”区内外理论专家、高校学者、退休老干部等，成立理论政策宣讲志愿服务支队，重点组织建立“百姓名嘴”“文艺轻骑兵”“播

种机”等宣讲小分队，形成专家学者讲理论、领导干部讲政策、基层群众讲故事、文艺骨干传精神的理论宣讲格局。各级妇联利用红色资源，开展各类理论宣传活动，如在各地革命遗址遗迹、革命博物馆、纪念场馆等各级各类爱国主义教育基地，由巾帼志愿者讲解员线上线下深情讲述党史故事，重温革命先辈奋斗历程、赓续共产党人精神血脉，把习近平新时代中国特色社会主义思想送到百姓的心坎上，把深刻的理论融化在日常的生活中。同时，各地各级妇联还将红色资源搬到线上，打造网络宣传阵地，如文明实践云平台、农村大喇叭广播、社区公众号、微信邻里群、志愿服务群等，在线上平台通过语音、视频的方式宣讲传播党政新策以及习近平新时代中国特色社会主义思想。

2. 各地宣讲“遍地开花”

2021 年，我国各省市都成立了巾帼志愿示范宣讲队，面向妇女扎实推进“四史”宣传教育，用心用情宣讲，以实际行动传承红色基因，赓续精神血脉，让党史故事、红色故事、巾帼故事激励全国各地妇女群众在新征程中奋发有为。例如，贵州省妇联采取“1+N”的方式，不断壮大巾帼志愿宣讲队伍，组建了万名巾帼志愿宣讲员纷纷走进基层讲党史、讲红色家风故事、讲巾帼奋斗经历，在广大妇女群众中掀起了党史学习教育热潮。此外，贵州省妇联还积极运用政务新媒体平台，在微信公众号开辟“我是巾帼志愿宣讲员”专栏，发动全省各红色旅游景区、爱国主义教育基地的专业和志愿讲解员，利用其专业优势，生动讲述中国共产党成立 100 年来各重要历史时期的党员英烈事迹和红色经典故事。2021 年，上海市妇联也联合启动上海家庭接力宣讲红色家风故事活动，以“颂党恩传家风”为主题，于 5~6 月集中开展家风家教主题宣传活动，重点在上海市、浙江省嘉兴市、江西省井冈山市、贵州省遵义市、陕西省延安市、河北省西柏坡、北京市等党史重要事件和活动发生地开展红色家风故事接力宣讲活动。2021 年 5 月 15 日国际家庭日，浙江省妇联、嘉兴市委等也联合举办了“颂党恩传家风”红色家风故事接力宣讲活动，邀请了 93 岁高龄的革命前辈杨巧云以亲身经历讲述党史故事，号召广大家庭守好红色根脉，传承红色家风。

（三）文明实践巾帼志愿阳光行动

1. 关爱“一老一小”，以护童助老为主要内容

2021 年，全国妇联宣传部在全国建设 118 个全国文明实践巾帼志愿阳光站，组建全国文明实践巾帼志愿阳光服务队开展文明实践巾帼志愿阳光行动。该行动围绕关爱“一老一小”，推动移风易俗，以守护女童、关爱留守妇女、老年妇女为主要内容，重点在新时代文明实践中心开展丰富多彩的巾帼志愿服务，广泛动员社会工作者、教师、大学生、心理专家、医护工作者、企业爱心人士等加入巾帼志愿者队伍，鼓励广大巾帼志愿者化身“阳光使者”，给予老年妇女、留守妇女和女童等阳光般的关爱与服务，倡导文明新风，增强她们的获得感、幸福感、安全感，助力建立健全覆盖全生命周期的人口服务体系。

具体来说，文明实践巾帼志愿阳光行动主要包括三项主要内容。第一，开展护童服务。该行动针对儿童尤其是留守女童的实际需求，组织巾帼志愿者、大学生志愿者等利用寒暑假为女童提供预防性侵、安全防护等知识教育，为其学习生活提供阳光指导，丰富女童课余生活、普及安全知识；在为女童提供志愿服务的基础上，从小培养“有时间做志愿者、有困难找志愿者”“我为人人、人人为我”的志愿理念，激发女童自尊、自信、自立、自强的精神动力。第二，开展助老服务。该行动结合各地优势资源，以科技助老、文化助老、健康助老、生活助老为主要服务方向，多维度为老人特别是留守妇女、老年妇女提供服务，针对老年人特殊需求提供定制化服务，打造助老服务品牌项目。第三，助力移风易俗。该行动围绕推进移风易俗，倡导婚事新办、丧事简办，倡导婚嫁、生育、养育、教育的科学理念和文明新风，切实回应“一老一小”所需所盼，守护女童，关爱留守妇女和老年妇女。

总之，文明实践巾帼志愿阳光行动在开展妇女思想政治引领、参与基层社会治理、培养时代新人方面发挥了独特的作用，增强了妇女群众对全面建成小康社会的获得感、幸福感、安全感，提升了对广大妇女的引领、联系和

服务能力，提升了巾帼志愿服务的项目化规范化水平，以巾帼志愿服务的新实践、新成效促进了我国志愿服务事业发展。

2. 聚焦全国各地，以专业精准为服务标准

在全国妇联宣传部、中央文明办三局的指导下，全国数十个地区的妇联组织巾帼志愿者积极开展关爱帮扶志愿服务，以精准关爱和专业服务把党的温暖送到妇女儿童身边。例如，江苏省泰州市妇联开展贫困残疾妇女关爱活动，组织慰问走访困难妇女、儿童和家庭，与失独等特殊困难群体拉家常，为群众提供法律咨询援助、妇女维权、就业创业、心理咨询、按摩推拿、理发补衣、修车修鞋、眼镜超声波清洗、测量血压、健康知识讲座、免费义诊等便民服务。深圳市妇联指导巾帼志愿者协会等 10 家团体会员，为在深务工人员提供安心驿站值守、亲子趣味体验服务，赴基层社区开展女医师健康行公益义诊、关爱老人、儿童、残疾人等巾帼志愿服务关爱行动。山东省威海市妇联探索志愿服务载体，设计志愿服务项目，推出 47 个特色“巾帼情”志愿服务项目，为广大群众提供面对面、心贴心的巾帼志愿服务。江苏省宿迁市妇联开展“情暖孤童，快乐成长”公益活动，致力于关爱失去双亲、残障人士家庭或父母服刑家庭的孩子，建立“一对一”帮扶制度，讲授生活安全常识、进行分组游戏和礼仪培训，让孤贫儿童感受关心关爱、健康成长。浙江省嘉兴市妇联创建“1+N”结对关爱留守女童模式，实施“心蕊计划”关爱农村留守女童，168 位“心蕊妈妈”牵手留守女童，提供心理疏导、“亲情”关爱、权益维护、安全守护、课业辅导等精准高效的贴心暖心服务。广西壮族自治区百色市各级妇联开展助力农民工赴粤返岗爱心专列关爱志愿服务，组织 435 名“巾帼志愿者”到各地“爱心大巴”及定点动车站出行现场，协助开展体温检测、发放“旅行暖心包”、讲解疫情防控知识、引导有序登车等暖心服务工作，服务 12030 名农民工顺利返岗复工。河南省新乡市、周口市妇联推动在市委办公室等市属部门成立巾帼志愿服务队，联合市属职能部门开展法律宣传、关爱农村儿童和残疾人家庭、送医送药、文艺演出、帮助困难商户、应急救护知识普及等志愿服务。

二　文明实践巾帼志愿服务项目的典型经验

（一）因地制宜，推进服务项目化、品牌化

全国妇联积极探索巾帼志愿服务新举措，推动巾帼志愿服务项目化、品牌化发展。一方面，各地妇联加强巾帼志愿服务项目策划、设计。一些地方妇联探索"项目立项—社会组织承接—项目实施—妇联评估—总结推广"的品牌项目运作模式，举办妇女儿童公益创投，对活跃度高、实效性强的巾帼志愿服务项目加大孵化力度，给予资金扶持、宣传推介并提供专业指导，吸引更多的巾帼志愿者参与妇女儿童事业。另一方面，全国各地妇联结合当地特色资源，充分利用重要节日节点，抓住"学雷锋纪念日"、"国际志愿者日"、"三八"妇女节、寒暑假期、5·15国际家庭日、"六一"儿童节、重阳节、妇女儿童权益保障相关重要法律实施纪念日等契机，集中力量策划开展贴近群众需求的巾帼志愿服务活动，打造出一批叫得响、影响力大、让人耳熟能详的品牌项目，提高了巾帼志愿服务的社会关注度和影响力。例如，天津市打造了"有扶'童'享'艺'起成长""妈妈管护队""木兰之家"品牌项目；内蒙古自治区打造了"芸公益""小丽志愿服务团""拉话话""仁爱妈妈"品牌项目；浙江省各地结合当地实际形成了"一市一品牌"，如杭州"武林大妈"、宁波"甬尚姐妹"、温州"海霞妈妈"、湖州"德清嫂"、金华"一格一姐"、衢州"三衢和姐"、舟山"东海渔嫂"、台州"和合姊妹"等特色品牌项目。

（二）打造阵地，深化拓展巾帼服务

文明实践巾帼志愿服务项目重视因地制宜，积极探索建立巾帼志愿服务阵地。各地妇联组织依托妇女儿童活动中心、妇女之家、儿童之家、家长学校、维权服务站点、妇女儿童博物馆、妇女爱国主义教育基地等妇联工作阵地和新时代文明实践中心（站、所），设立有标识、有人员、有活动、有资

金的标准化巾帼志愿服务阵地，打造巾帼志愿服务示范站点，引领带动巾帼志愿服务阵地建设。例如，天津市滨海新区打造了巾帼宣讲亭，巾帼宣讲亭的“微宣讲”接地气、聚人气，已经成为社区文化教育的开放式学堂和广大妇女儿童的实践阵地。同时，各地妇联发挥互联网优势，利用新时代文明实践信息服务平台，围绕关爱“一老一小”，建立宣讲、教育、科普、文艺等资源服务中心，打造线上服务阵地，在信息服务平台上通过征集心愿单、发布志愿服务项目等方式服务群众。

（三）形式多样，理论宣讲深入人心

理论宣讲是新时代文明实践志愿服务的首要任务。全国妇联积极探索有效方法、路径、载体，使理论宣传和思想教育更接地气、更有活力、更有温度。各地妇联运用流动式、文艺式以及融入式等多种方式，将理论宣讲融入群众日常生活，深入人心。具体来说，流动式宣讲即依托新时代文明实践中心（站、所），深入企业、机关、村居、田间地头，根据宣讲对象确定宣讲时间、宣讲人、宣讲内容、宣讲形式，使党的声音、党的思想、党的理论、党的精神走进群众心间；文艺式宣讲即围绕学史践行，让巾帼志愿者们通过故事讲述、情景剧、快板、相声等形式，从不同侧面还原新时代文明下实践巾帼志愿服务融入基层社会治理的现实场景和日常缩影；融入式宣讲即用通俗易懂、群众耳熟能详的语言讲述身边人、身边事，将理论宣讲融入群众日常生活。例如，天津市通过“墙根党课”、广场宣讲、“村村通”宣讲等形式多样的宣讲方式做到了让身边人说身边事、用百姓话说百姓事、用大白话说天下事，把“大道理”讲活、讲深、讲透，使理论宣讲具有很强的针对性和吸引力。

（四）线上线下，数字技术助力精准服务

全国各地市为统筹现有公共文化服务资源，搭建了新时代文明实践的线上线下平台，实现中心、所、站、基地四级线上线下平台网络全覆盖，有效构建了点多面广、功能完备的“15 分钟志愿服务圈”。各地通过市级新时代

文明实践信息服务平台动态发布供需信息，公示志愿服务项目和活动安排，提供点单、派单、接单、评单等精准服务，以线上网络平台服务于线下志愿服务，实现线上线下贯通。例如，天津市北辰区新时代文明实践中心建设的数字化管理服务平台，通过一库（科教文体宣资源数据库）、一门户（北辰新时代文明实践中心小程序）、一屏（新时代文明实践实时数据运营管理大屏）“3 个 1”数字化工程，实现了志愿服务资源管理的智能化。河北省搭建了“燕赵巾帼志愿服务云展示”线上平台，放在“燕赵女性”微信公众号“巾帼志愿”栏目中，作为全省巾帼志愿服务展示风采、交流经验、接受评价的在线窗口。此外，通过菜单式服务，各地妇联整合力量、聚合资源、规范化推进，有效扩大了巾帼志愿服务的覆盖面，使巾帼志愿服务关爱行动惠及更多的妇女儿童和家庭。

三　文明实践巾帼志愿服务发展的不足

（一）文明实践巾帼志愿服务覆盖面仍需进一步扩大

新时代文明实践巾帼志愿服务项目旨在发挥加强妇女思想政治引领、推进社会治理创新、改善妇女儿童福祉的重要作用。当前，文明实践志愿服务的理论宣讲和服务活动以“送温暖、献爱心”为主题，以常态化、长效化为原则，主要在市、县、乡、村的社区家庭里开展各种便民利民的巾帼志愿服务活动。调研发现，新时代文明实践巾帼志愿服务项目在全国各地开展了种类丰富、形式多样的活动，在宣传群众、教育群众、服务群众等方面发挥了重要作用，在提高妇女群众思想觉悟、道德水平、文明素养方面做出了重要贡献。但调研还发现，虽然各类服务活动已经实现了深入妇女群众生活的方方面面，但是活动范围仍需进一步扩大，因为各类服务活动在学校、民营企业、新型社会组织中的覆盖面还不够广。

（二）巾帼志愿服务理论宣讲团结构仍需进一步优化

巾帼志愿服务理论宣讲团的服务内容主要包括开展理论教育、宣传宣讲、网络课堂与引导群众参与文明实践，把党的主张和声音传递给广大妇女群众，团结教育广大妇女和党同心同向同行。调研发现，目前全国各地巾帼志愿服务理论宣讲团主要由妇联干部、妇联执委和网宣员等组成，例如，贵州省妇联举办的一次志愿宣讲活动中，宣讲员由来自全省 9 个市州 88 个县的妇联干部、教师、宣传媒体和社区干部、“三八红旗手”、巾帼“建功标兵”、“最美家庭”的代表等 100 名志愿者组成。这些志愿者大都是党员干部或者行业标杆，而群众身边的草根宣讲员所占比例还较低。巾帼志愿服务是以服务百姓为目的，应坚持“从群众中来，到群众中去”，提高基层百姓加入宣讲队的比例，采取灵活多样的学习培训方式，加强宣讲员队伍培训，引导百姓做伟大事业的建设者，做文明风尚的倡导者，做敢于追梦的奋斗者。

（三）各地巾帼志愿服务互动交流仍需进一步加强

调研发现，全国各市、县、镇、村通过文艺汇演、观摩体验等形式，组织开展了主题突出、特色鲜明、形式多样、内容丰富的群众性巾帼志愿服务活动。然而，当前各地志愿服务活动交流分享主要是通过参加地方及全国举办的志愿服务项目大赛，方式较为单一。志愿服务项目之间实现充分交流不仅有利于更广泛、更深入地推广有益经验，而且有利于服务项目的创新与完善。在交流过程中，各地巾帼志愿服务不仅可以交换特色经验，实现资源与优势互补，还可以深入挖掘百姓的需求，在思想碰撞与需求交互中创新巾帼志愿服务活动的内容与方式。

四　完善文明实践巾帼志愿服务项目的建议

（一）优化巾帼宣讲队伍结构，聚焦强化理论武装

优化巾帼宣讲队伍结构，首先要以高标准建设宣讲队伍，在精选学者、教师、区镇村三级妇联“领头雁”、金色榜样（劳模、“最美家庭”、“三八

红旗手”、宣讲志愿者）等优秀妇女典型组建巾帼宣讲团的基础上，提高草根巾帼志愿者的参与比重；其次可以让团长带头讲、讲师团成员示范讲、百姓巾帼志愿者跟进讲，形成“一级引领一级讲”的宣讲局面，突出小范围、近距离和短时间，推动巾帼志愿宣讲接地气、冒热气、聚人气；最后要“做活”家庭讲堂，推动鼓励“草根”巾帼志愿者“炕头讲”“床边讲”“庭院讲”“树下讲”，让理论深入基层，走进群众。

（二）拓宽志愿者招募视野，扩大巾帼志愿服务覆盖面

全国各级妇联应将基层妇联干部、专业女性技术人才、妇女群众和家庭成员作为巾帼志愿服务的主要力量，同时采取全面动员与重点发动相结合的方式，积极拓宽志愿者招募视野，通过网络宣传、朋友推荐、手机短信、宣传册等多种形式组织招募巾帼志愿者，把热衷于社会公益事业并乐于奉献的女党员、女干部、女教师、女企业家吸引到巾帼志愿者队伍中来，形成多种类型、各具特色、满足群众需求的巾帼志愿服务队伍。此外，全国各级妇联还应推广“妇工+社工+巾帼志愿者”服务模式，让巾帼志愿服务更加专业化、高效化，顺应妇女群体工作方式和联络方式网络化、多元化的新情况、新变化、新挑战，不断拓展志愿服务领域，积极推动各类新型社会组织、各大高校、民营企业内部成立巾帼志愿服务队伍，不断扩大巾帼志愿服务的覆盖面。

（三）线上线下加强交流，推广巾帼志愿服务有益经验

新时代文明实践巾帼志愿服务应立足新发展阶段，贯彻新发展理念。全国各级妇联应探索运用大数据手段，构建智慧型巾帼志愿服务系统，提升巾帼志愿服务的信息化管理水平，加强与全国、省级志愿服务信息平台的互联互通，充分利用信息化技术手段，动态发布供需信息，发布志愿服务项目和活动安排，及时有效匹配巾帼志愿服务供给与需求，探索建设各类巾帼志愿服务资源库，加强对巾帼志愿服务的理论与实践研究，建立巾帼志愿服务专家库，探讨巾帼志愿服务领域前沿和重大问题，

提高巾帼志愿服务的前瞻性、科学性。此外，全国妇联还应鼓励各地开展巾帼志愿服务的论坛研讨、实地考察、成果展示、创投大赛等活动，推广有益经验，促进巾帼志愿服务工作分享交流，以适应新时代志愿服务发展的需要。

B.13

常态化巾帼志愿服务发展报告

杜弈钢*

摘　要： 常态化巾帼志愿服务项目是以女性志愿者为主体的志愿服务组织、志愿服务团体或其他组织聚焦妇女儿童和家庭关切，在一定周期内长期性开展的具有明确目标、内容、计划和保障的系列志愿服务活动。巾帼志愿服务要以“送温暖、献爱心”为主题，以常态化、长效化为原则，扎实开展各种便民利民的巾帼志愿服务活动。多年来，全国妇联大力推进巾帼志愿服务工作，在发展上树立新观念，在形成科学决策中多出新点子，在推动工作落实上寻求新突破，在加强统筹协调上力争新作为，不断延伸工作手臂，进一步增强巾帼志愿服务的主动性，实现巾帼志愿服务多领域全生命周期覆盖。

关键词： 常态化　巾帼志愿服务　妇女儿童　家庭关切

一　常态化巾帼志愿服务概述

常态化巾帼志愿服务项目是以女性志愿者为主体的志愿服务组织、志愿服务团体或其他组织聚焦妇女儿童和家庭关切，在一定周期内长期性开展的具有明确目标、内容、计划和保障的系列志愿服务活动。志愿服务常态化是夯实筑牢志愿服务事业的压舱石，也是志愿服务专业化、项目化、规范化的

* 杜弈钢，中国社会科学院研究生院社会发展系硕士研究生。

基础，对推动志愿服务持续健康发展、培育和践行社会主义核心价值观、使全社会形成向上向善的力量具有重要意义。服务常态化是为了效果常态化，常态化的志愿服务有利于志愿服务组织积累经验和进行反思，实现服务精准化、精细化；有助于组织建立起清晰的目标和战略方向，有效促进志愿服务队伍组织化，降低志愿者管理难度和成本；有益于组织在服务过程中形成自身特色和文化，给志愿者带来良好体验，提升志愿者的荣誉感、获得感，激发志愿者服务热情，让人们处于参与志愿服务和接受志愿服务的良性互动之中。

志愿服务作为新时代文明实践工作的主要活动方式，是建设具有强大生命力、创造力的社会主义精神文明的有效载体和有力抓手，因此，志愿服务常态化开展更是题中应有之义。志愿服务不是“一时之兴”，不能“毕其功于一役”，而是要长久发力才能“久久为功”，服务更科学、更专业、更有效才能深入持久，因而志愿服务常态化要做到规范化实施，以工作体系建设为基础，以队伍建设为重点，以项目建设为关键，整合各种资源，改进工作方式，创新服务模式，着力构建服务优质、运转高效的志愿服务机制，从工作规划、内容建设、服务供给、日常活动、志愿者培养、机制保障等方面形成相对固定的工作规程，让所有人的参与都有规可循、有章可依，提升参与的仪式感、庄重感。

2011 年，《全国妇联关于深入开展巾帼志愿服务工作的意见》指出，巾帼志愿服务要以“送温暖、献爱心”为主题，以常态化、长效化为原则，扎实开展各种便民利民的巾帼志愿服务活动。多年来，全国妇联大力推进巾帼志愿服务工作，在发展上树立新观念，在形成科学决策中多出新点子，在推动工作落实上寻求新突破，在加强统筹协调上力争新作为，不断延伸工作手臂，进一步增强巾帼志愿服务的主动性，实现巾帼志愿服务多领域全生命周期覆盖。

常态化巾帼志愿服务可以分为以下六类。

一是关爱帮扶类志愿服务。这类志愿服务围绕困难妇女儿童和家庭，聚焦扶贫帮困、雪中送炭、化解矛盾、凝聚人心，为困难、残疾、患病妇女儿童等提供精准关爱，为贫困家庭、困难退役军人家庭、中小学生家庭等提供专业服务，为运用智能技术困难的老年妇女提供有力帮扶。例如，由淄博市妇联与市扶贫办、市民政局、市慈善总会联合设立的“美在家庭”巾帼志愿扶贫志愿行动，围绕市委市政府的工作部署，深入贫困户家庭走访调研，将“美在家庭”建设向贫困户延伸，聚焦庭院硬化缺失现象，彻底解决“晴天一身土，雨天一脚泥”的问题，确定了以实施“庭院爱心小路”项目为突破口，引领贫困家庭既要脱贫也要洁美的工作思路，面向全社会发起参与“庭院爱心小路”志愿服务活动倡议。

二是家风家教类志愿服务。这类志愿服务以建设文明家庭、实施科学家教、传承优良家风为重点服务内容，推动社会主义核心价值观在广大家庭中落地生根。例如，在中山市妇联的指导下，中山市家庭教育指导服务中心带领市家教协会共同实施“雁阵飞”项目，运用“领、阵、助”理念，发挥领头雁作用，运用家长雁阵平台阵地，通过助人自助公益精神的核心理念凝聚社区家长互助微组织，促进社区百姓家庭分享交流家教家风的信息及经验。

三是妇女儿童维权类志愿服务。这类志愿服务宣传普及妇女权益保障、未成年人保护等法律知识，开展婚姻家庭纠纷调解，参与和支持妇女信访工作，为妇女儿童提供直接便捷的维权服务。例如，重庆市垫江县妇联“丹丹姐”巾帼志愿服务队立足维护妇女儿童合法权益，开展“建设法治中国　巾帼在行动”志愿服务活动，依托具有专业法律知识的志愿者组成的妇女儿童维权律师团，为妇女群众提供法律宣传、法律援助。

四是卫生健康类志愿服务。这类志愿服务通过卫生健康知识普及、心理疏导、文化娱乐、健身保健等活动，不断提升妇女儿童和家庭的幸福感。例如，广东省妇联结合文明城市创建要求，发动广大巾帼志愿者进村居、进家庭开展“绿色清明　文明祭扫”“文明交通　安全出行”“粒粒珍惜　节俭最美”等移风易俗、文明创建宣传动员工作，组织巾帼志愿者踊跃参与“家越美　粤幸福”“环境整治齐动手　巾帼志愿共参与”“清滩护河净山”等垃圾分类、厕所革命、美丽家园建设等促进乡风文明的志愿服务活动，引导妇女群众追求文明健康的生活方式。

五是绿色环保类志愿服务。这类志愿服务开展习近平生态文明思想理论宣讲、生态环境宣传教育和科学普及、绿色低碳实践参与等志愿服务，助力美丽中国建设。例如，广西壮族自治区成立了1万多支“环保妈妈”志愿服务队，从身边小事做起，带动农村人居环境整治，以“环保妈妈”红马甲守护乡村净土，成为“美丽广西·幸福乡村”建设的一道亮丽风景。

六是创客类志愿服务。这类志愿服务围绕经济建设、妇女发展，为广大妇女特别是青年女性、贫困妇女提供创业就业服务。例如，内蒙古自治区妇联和内蒙古民航机场集团合作共建“北疆巾帼吉雅”志愿者服务岗，借助呼和浩特白塔国际机场大流量的平台窗口，增设公益“北疆布丝瑰创业就业行动”宣传广告和妇女手工艺制品无人售卖区，用实际行动践行铸牢中华民族共同体意识，践行生态优先绿色发展理念，宣传展示妇女儿童事业发展成果和妇女手工艺产品，拓展妇女姐妹就业增收的渠道，服务自治区经济社会发展。

二　常态化巾帼志愿服务发展现状

（一）常态化巾帼志愿服务需要机制支撑

坚持统筹谋划，强化系统性工作机制。志愿服务工作机制建设是志愿服务工作顺利推进的首要前提，因此全国妇联发挥统筹协调职能和系统优势，汇聚各方智慧。一是积极联合当地有关部门，整合社会、家庭、高校等有关资源力量，发挥各自优势，联合协同推进，为巾帼志愿服务提供阵地、人员、队伍、服务等方面的保障支持。二是强化项目化意识，推进全国各地巾帼志愿服务项目化管理，落实项目化举措，实现工作项目化、项目目标化、目标责任化、责任考评化，明确时间表、责任人，统筹整体、掌控细节、精准督查，确保有序、高效地推进巾帼志愿服务项目的执行，推动项目在全国范围内广泛开展。三是积极推进省（区、市）、市、县、乡、村（社区）五级巾帼志愿阳光站建设，搭建巾帼志愿服务网络体系。

推进一体支持，加强制度机制建设。全国妇联持续推进常态化巾帼志愿服务进程，配套志愿服务政策，完善志愿服务制度体系。2021 年，全国妇联开展关爱行动，联合中央文明办印发《关于推动新时代巾帼志愿服务发展的意见（试行）》，进一步明确要求、厘清任务，规范了巾帼志愿者和巾帼志愿服务组织活动开展、日常管理、品牌发展等工作，为提升巾帼志愿服务水平提供了重要指引，搭建起巾帼志愿者和巾帼志愿服务组织常态化制度管理框架。同年，全国妇联围绕中宣部、中央文明办关于文明实践志愿服务工作部署的新使命，聚焦服务“一老一小”新目标，开展巾帼志愿阳光行动，发布《关于开展全国文明实践巾帼志愿阳光行动的通知》，并配套提供《全国文明实践巾帼志愿“阳光站”管理指导手册》《全国文明实践巾帼志愿“阳光站”规章制度》《全国文明实践巾帼志愿阳光服务队规章制度》等管理制度，积极探索志愿服务管理新规范。全国妇联宣传部、中国市长协会女市长分会联合发布的《关于联合开展全国巾帼志愿服务关爱行动的通知》进一步建立起巾帼志愿服务工作流程规范，对巾帼志愿服务关爱行动的全流程宣传推广进行了详细的规定和指导。

（二）常态化巾帼志愿服务需要阵地依托

全国妇联宣传部、中央文明办三局于 2020 年联合实施巾帼志愿阳光行动，在全国建设了 35 个巾帼志愿阳光示范站，推动了文明实践巾帼志愿服务广泛开展。2021 年，为认真落实党中央关于全面推开新时代文明实践中心建设的新部署新要求，全国妇联继续新建 118 个“阳光站”，项目开展、阵地建设日渐完善，巾帼志愿服务氛围渐浓，巾帼志愿服务呈现多元化、全域化、社会化的发展特点，持续推进文明实践巾帼志愿服务。

“阳光站”建设做好了激活盘活、联通共享的“文章”，打破了条条框框的界限，整合妇女之家、儿童之家等妇联现有基层公共服务阵地资源，通过联动新时代文明实践中心，实现“一个中心，一个主题，多种使用”。“阳光站”采用标准化打造，使用统一提供的“阳光站”LOGO 标识，并制作为上墙标识；阵地按照《全国文明实践巾帼志愿“阳光站”管理指导手册》《全国文明实践巾帼志愿“阳光站”规章制度》《全国文明实践巾帼志愿阳光服务队规章制度》等管理制度统一管理，活动站硬件、软件配置完善。新时代文明实践志愿服务是一项创新之举、战略之举，“阳光站”作为巾帼志愿服务常态化开展的坚实阵地，通过统一建设、制定标准、规范流程、提供指导的工作模式，提供巾帼志愿服务活动空间，有利于创新服务内容、打造活动品牌、孵化推广项目，并在此基础上摸索新思路、新机制、新方法、新模式，提炼工作经验，形成可复制推广的经验。

以全国妇联首批新时代巾帼文明实践中心试点单位——慈溪市妇联为例，慈溪市妇联将妇儿活动中心打造为新时代巾帼文明实践市级平台建设工作的重要阵地和载体，全面建设了巾帼教育服务志愿联盟基地，聚力社会组织，撬动社会资源，秉持公益效益，成为服务全市妇女儿童及家庭的主阵地。经过数年摸索实践，慈溪市妇儿活动中心公益志愿服务体系日渐成熟，项目运作日趋完善，内部管理机制日益健全，于 2022 年 2 月成功授牌全国文明实践巾帼志愿“阳光站”。该中心作为全国文明实践巾帼志愿“阳光站”的主阵地，始终以服务中心大局和民生所需为主旨，坚持党政所需规定做，群众所盼认领做，妇儿所求灵活做，下设红色学堂、姐妹学堂、妈妈学堂、亲子学堂、创业学堂、平安学堂、庭院学堂、巧娘学堂、婚恋学堂、网上学堂等十大学堂，采取统一管理、同步运作、整体推进的方式办学，以“规定动作+特色亮点”的认领模式、“上门走访+你点我领”的服务模式，“网上预告+网上预约”的报名模式，完成了十大学堂服务项目的全覆盖，实现了志愿服务人人享、志愿服务人人做。

（三）常态化巾帼志愿服务需要队伍支持

巾帼志愿者招募采取公开招募与定向招募相结合、经常性招募与阶段性招募相结合、个人招募与集体招募相结合等方式，根据志愿服务项目和岗位需求情况，通过线上及线下等多种形式向社会公开发布有关巾帼阳光志愿者的数量需求、岗位需求和报名方式等招募信息，充分整合优势志愿服务资源。

各级妇联组建文明实践巾帼志愿阳光服务队，深入城乡社区和机关、学校、企事业单位、社会组织等机构，有针对性地开展招募工作，吸纳各方面的优秀人才加入队伍，动员热心公益的广大群众，特别是有一技之长的专业人士就近、就便参加志愿服务活动，充分融合、各展所长、热情服务，建立健全高效便捷的招募机制和稳定通畅的招募渠道，打造“横向覆盖城乡社区、纵向包括各个组织层级及所属团体”的全国“一张网”巾帼志愿服务体系。

（四）常态化巾帼志愿服务需要激励保障

彰显价值导向，因地制宜，建立完善巾帼志愿服务评价体系和激励机制，制定以精神奖励为主的褒奖激励措施，增强巾帼志愿者的成就感和荣誉感。全国各地妇联建立巾帼志愿者回馈制度和时间银行，将巾帼志愿服务时长纳入市民诚信积分，给予志愿者星级评定、积分兑换、免费保险等礼遇；建立巾帼志愿者嘉许制度，宣传表彰优秀巾帼志愿者、巾帼志愿服务组织、巾帼志愿服务工作者，在“道德模范”“文明家庭”“三八红旗手”“巾帼建功标兵”“维护妇女儿童权益先进”“五好家庭”等评选表彰中向优秀巾帼志愿者倾斜，调动和保护巾帼志愿者的积极性和服务热情；开展新时代巾帼志愿服务征集展示活动，“两微一网”等全媒体平台跟踪式报道各地活动情况，全系统上下联动、互比互看，集中展示优秀项目，有效激励和带动巾帼志愿向更深层次及更广范围推进。例如，宁夏妇联开展的“送奖牌到基层”活动，不仅致敬了先进典型，而且将送奖活动延伸为激励引领、联系工作、服务基层、形成合力的有力抓手。

三　常态化巾帼志愿服务实践研究

（一）巾帼科技志愿服务

巾帼科技志愿服务有着深厚的实践基础，在宣传普及科技知识、开展实用技术服务以及提高公众的科学素质方面发挥了重要作用。广大巾帼志愿者聚焦科技强国战略，积极参与科技创新巾帼行动，发挥女科技工作者协会、女科技工作者的积极作用，加大科普作品创作和科普宣传力度，创新开展丰富多彩的巾帼志愿科普活动，提高妇女和儿童的科技素养。

巾帼科技志愿服务根据服务对象不同可以分为三种类型。一是面对青少年群体和广大家庭，重点普及卫生健康、科学育儿、环保低碳、保护生物、合理膳食等知识，推动科普全面深入融入家校社协同育人过程，用科学思想启迪孩子，加强对青少年科学兴趣的引导和培养。二是面对老年人群体，重点开展医疗保健、疫情防控、抵制封建迷信等宣传普及活动。三是面对农村妇女，提供技术咨询、农时指导、农技培训、技术示范等科技帮扶活动。例如，黑龙江省农科专家巾帼志愿服务团与贫困县农村妇女代表结成科技帮扶“对子”，及时提供服务，强化实时指导，将自己的科研成果转化到农村妇女的创业实践中；山东省农科院作物所巾帼志愿者服务队开展科技帮扶活动，组织全所小麦、大豆、甘薯、谷子、高粱等方面的专家，根据作物生长发育时期和地方需求，常年开展科技下乡指导服务。

为助力我国实现从科技大国向科技强国的战略性转变，在推动科技自立自强、开启全面建设社会主义现代化国家新征程中贡献巾帼力量，2021 年，全国妇联、科技部、国务院国资委、全国总工会、中国科协、中国科学院、中国工程院共同研究制定了《关于实施科技创新巾帼行动的意见》，指出要广泛开展巾帼科技志愿服务，助力提高广大家庭和青少年的科学素养。广大巾帼科技工作者牢固树立“科技报国、科技为民”意识，发挥示范带动作用，积极参与“女科学家走基层”“女科学家进校园”等品牌活动，借力借势、整合资源，依托《科技日报》、“科普中国”、“中国科普网”等平台，成立巾帼科技志愿服务队，助力开展科技资源科普化工程、科普信息化提升工程、基层科普能力提升工程等，深入新时代文明实践中心、妇女儿童之家、中小学校等开展科普讲座、科普阅读、科学实验等科技志愿服务活动。山西省成立女科技工作者专委会大会，同时启动了巾帼科技志愿服务活动，吸收高校、科研院所、医院、企业等各领域的优秀科技女性为会员，为党和政府联系女科技工作者搭建了桥梁，组织女性科技人才走进基层，发挥业务专长，开展科学普及服务，推广普及科学技术知识，促进女性科学素质提高。山东省诸城市妇联组建了“科技人才+土专家+田秀才”服务队，登门服务 6 家涉农企业，推进种养技术服务送入农场、合作社、种业公司、茶园等。甘肃省妇联联合中国女医师协会在漳县开展了“巾帼健康大讲堂”活动。在活动中，省妇幼保健院、白银市第一人民医院和妇幼保健院等多位专家为基层医护人员讲解宫颈疾病的筛查与诊治技术规范、不孕症的规范化治疗流程等专业知识以及疑难病例的治疗方案，并面向妇女群众进行义诊，深入浅出地讲解宫颈癌、乳腺癌防治方法以及女性身心健康调理方法等。

2022 年，为在广大农村妇女儿童中形成讲科学、爱科学、学科学、用科学的良好氛围，助力提升妇女儿童科学素质，中国科协科普部、全国妇联宣传部联合开展了“我和妈妈学科学”活动，鼓励、号召各级科协、妇联共同开展相关活动。活动主要面向基层地区妇女和中小学生，重点是全国科普示范县（市、区）、国家乡村振兴重点帮扶县的农村妇女和中小学生，以亲子形式拍摄视频，共读科学，以网络渠道传播科学，为相关地区送去科普资源包，传输科普内容、理念和方法，以特色内容宣传家乡。活动有效激励了农村地区妇女儿童了解家乡优势，提升科学素养，助推美丽乡村振兴，为经济社会发展做出了贡献。在活动中，各省区市妇联积极推进，广大妇女、儿童和家庭积极参与，广西壮族自治区、河南省、四川省、辽宁省、河北省、山东省、海南省等数十个省区市妇联、科协等单位深度联动，广泛动员，向青少年和妇女群体重点发力，推动科普由“大水漫灌”转向“精准滴灌”。各地妇联积极推动开展巾帼科技志愿服务，充分发挥巾帼志愿服务队伍的作用，将巾帼科技志愿服务与“我和妈妈学科学”活动有机融合，围绕参与活动妇女、青少年的所盼所需，开展科普志愿服务，扩大活动影响力和覆盖面。各地各级妇联通过组织录制亲子科普短视频的互动方式，宣传家乡的科学名人、科学设施、农业特产、自然风光等。活动积极鼓励妈妈和孩子一起进行启发式、探究式、开放式的科学实验，以激发青少年的求知欲和想象力；聚焦大国重器、国之大者等拍摄推送视频，以激励青少年树立投身建设世界科技强国的远大志向；注重弘扬科学精神和科学家精神，培养青

少年的爱国情怀、社会责任感、创新精神和实践能力，营造热爱科学、崇尚创新的社会氛围。

（二）脱贫攻坚与乡村振兴

在脱贫攻坚、全面建成小康社会的征途中，广大巾帼志愿者、巾帼志愿服务组织无私奉献，奋战在服务农村教育科技、振兴乡村文化、改善村民健康、关爱特殊群体、发展农村产业等扶贫战线上，在农业科技技能培训、直播带货等重点领域，开展了一批能落地、可推广的志愿服务项目，助力困难地区稳经济，帮助困难群众谋发展，成为脱贫攻坚战场上的一道亮丽风景线。甘肃省平凉市妇联结合巩固拓展脱贫攻坚成果同乡村振兴有效衔接工作，针对全市“三留守一困境”人员开展了走访、助困、帮办实事等志愿服务活动。辽宁省抚顺市妇联坚持从决战决胜脱贫攻坚、全面建成小康社会的实际出发，推出“巾帼助学”圆梦行动志愿服务项目，探索巾帼志愿服务与妇联品牌工作有效衔接、发酵碰撞，推进巾帼志愿服务项目化、常态化、长效化，践行“不让任何一个孩子因家庭贫困在求学路上掉队”的初心使命，实现教育过程全覆盖、贫困家庭学子全覆盖，以实际行动书写新时代巾帼学雷锋助力脱贫攻坚的故事。

（三）特殊群体关爱志愿服务

特殊群体关爱志愿服务围绕关爱“一老一小”，以守护女童、关爱留守妇女、老年妇女为主要内容，助力建立健全覆盖全生命周期的人口服务体系。

一是结合老人需求，在科技方面、文化方面、健康方面、生活方面开展特色助老服务。科技助老，结合配套科技助老工具包，开展科技助老服务。各地结合当地老人需求，开展相关活动讲授智能手机等智能设备的基本功能和使用方法，使老人学会使用网上购物、订餐、就医、约车等服务。文化助老，利用群体访谈或个人访谈，记录老人生命历程，借助文字、图片等形式梳理老人生命故事，整理形成《听长辈讲故事》文选集。健康助老，动员医生、护士、养老护理专业人员加入并成立“医养助老”小分队，为老人提供专业的医护服务，为每位老年人建立健康监测手册，从健康监测、护理保养等方面为老人定期开展专业服务。生活助老，从老人的实际需求出发，征集身边老人的愿望，开展个性化服务，解决老年人在生活上遇到的问题。

二是结合女童生理健康以及安全防护方面的配套课件，采用灵活的活动形式，为女童的学习生活提供指导，丰富女童的课余生活，普及安全知识。例如，辽宁省“大辽姐姐帮帮团”凝聚各方力量，多方面、全方位保障儿童健康成长；积极参与以增强儿童防范意识为宗旨的“女童保护”项目，通过情景模拟、互动等形式让儿童明确什么是侵害行为、如何预防侵害及如何应对侵害，让儿童学会保护自己远离侵害行为，从而保护儿童，远离性侵害。

三是结合青少年重点问题，围绕思想引领、学业辅导、健康生活、科技创新、艺术素养等内容，实施关爱行动。例如，湖南省女子强制隔离戒毒所为解决因父母吸毒、戒毒导致失管脱管的未成年人子女问题，创新开展“健康无毒，青春无悔——禁毒宣传剧团”项目，依托省女子强戒所的优势资源，以禁毒公益剧演出为主要形式，重点挖掘禁毒宣传素材，创作相关剧目和宣传片，融拒毒相关知识于话剧、情景剧等表演中，以“阳光警察妈妈”“知心警察姐姐”的角色进行表演，并结合发放宣传资料、开展专题讲座、讲解咨询、禁毒宣演等开展生动形象的禁毒宣传。

（四）维护妇女权益

2021 年是“十四五”开局之年，也是“八五”普法启动实施的第一年，同时维护和代表妇女权益又是妇联组织的职责和使命，因此开展巾帼维权志愿服务有利于深入学习宣传贯彻习近平法治思想，进一步提升广大妇女法治素养，切实提高女性维权能力，通过读法、解法、说法，进行法治科普，助力全面完善职能优化、联动融合、运行高效的维权机制，不断提升维权服务法治化水平。山东省青岛市城阳区妇联与多家律师事务所联合成立了婚姻家庭法律工作室，注重整合社会资源，打造了“三叶草”巾帼维权志愿服务品牌，构筑起专业化、家庭化、网络化、多元化的维权工作新格局；创新结对帮扶模式，使维权服务家庭化，为全区每个社区妇女微信群配备一名结对律师，群里的妇女群众只需发一条微信，就能马上得到律师“一对一”的解答和回复。重庆市江津区妇联成立了一支由公、检、法、司等部门的50多名女性法律工作者组成的巾帼法律维权志愿服务队。该服务队以广大妇女和家庭为开展志愿服务的主体，以“送温暖、献爱心”为主题，扎实开展各种便民利民的巾帼维权志愿服务活动，引导妇女儿童通过法律途径解决问题，切实维护妇女儿童基本权益。

（五）宣讲

思想政治工作既是党的传家宝，也是一切工作的生命线。党的十八大以来，以习近平同志为核心的党中央举旗定向、正本清源，使基层思想政治工作得到了持续加强。全国妇联牢记总书记的嘱托，始终将思想引领作为重要政治任务，面向广大妇女和家庭，切实加强对习近平新时代中国特色社会主义思想的宣传宣讲，开展百千万巾帼大宣讲活动，实施头条工程，组织开展巾帼大学习活动，这些都是非常有效的尝试。近年来，全国妇联系统以志愿服务为抓手，理论和形势政策宣讲覆盖面越来越广，针对性越来越强，基层党建工作更加注重思想引领，全系统上下呈现凝心聚力、奋发进取的良好局面。例如，广西壮族自治区妇联组建了“桂姐姐”宣讲团，各级妇联组织成立了“桂姐姐”宣讲队，开展“桂姐姐大宣讲”活动，因人施策、因地制宜，针对社区居民、村屯群众，根据当地的语言和风俗习惯，采取“乡村舞台”“山歌坡会”“壮话快板”等接地气、通俗易懂的形式进行宣讲。各级妇联通过“桂姐姐”宣讲的感染和带动，转换、吸收脱贫先进典型户、创业致富带头人、优秀返乡创业者、驻村第一书记、机关女干部、企事业女职工、农村女能人等加入宣讲队，不断发展壮大“桂姐姐”宣讲队。同时，各级妇联还探索创新，采用“桂姐姐说”网上讲堂、有奖问答、才艺展示等新颖的形式，激活“桂姐姐”宣讲的生命力。

B.14

重大赛事重大活动巾帼志愿服务发展报告

王晓辉*

摘　要： 我国重大赛事重大活动志愿服务在2008年北京奥运会后逐渐发展起来。巾帼志愿服务项目蓬勃开展，在疫情防控、平安巡航、基层治理等领域发挥重要作用。近年来，我国重大赛事重大活动志愿服务在不断发展的过程中出现专业力量不足、文化培育不成熟、志愿者协调管理难等问题。重大赛事重大活动志愿服务项目应如何管理，如何推动传统志愿服务向重大赛事重大活动志愿服务转型是值得探讨的新问题。杭州“武林大妈”诞生于G20峰会，为峰会保驾护航，在后峰会时代积极进行转型，为我国重大赛事重大活动志愿服务项目的开展和转型提供了宝贵的参考经验。

关键词： 巾帼志愿服务　赛事活动　武林大妈

一　引言

在2008年的北京奥运会、残奥会上，热情洋溢的志愿者为赛会提供了优质服务，让志愿服务的社会认知度有了提高，从此重大赛事重大活动志愿服务逐渐进入人们的视野。在2022年的北京冬奥会、冬残奥会上，志愿者

* 王晓辉，中国社会科学院大学社会发展系硕士研究生。

的热情服务让各国参赛人员充分感受到中国人民的热情好客和文明礼貌，感受到春天般的温暖。习近平总书记在北京冬奥会、冬残奥会的表彰大会上强调，要在全社会广泛弘扬“奉献、友爱、互助、进步”的志愿精神，更好地发挥志愿服务的积极作用，促进社会文明进步；要弘扬奥林匹克精神，发挥奥林匹克促进人类和平发展的重要作用，为人类文明进步贡献更多中国智慧和中国力量。

重大赛事重大活动可以推动多元文化的交流融合，使城市成为新思想的发源地，对城市的经济社会发展具有强大的推动作用。志愿服务是大型赛会不可缺少的重要组成部分，是大型赛会正常运行的重要保障之一，是城市的名片，可以节约成本、提升城市国际形象等（陈碧红、余晓婷，2019）。因大型体育赛事或活动而产生的重大赛事重大活动志愿服务能够提升城市形象并增强社会成员的凝聚力，使之产生自豪感和自信心。女性群体凭借其独有的特性，在重大赛事重大活动志愿服务中发挥了相当大的作用。

二　重大赛事重大活动巾帼志愿服务难点

重大赛事重大活动志愿服务自 2008 年北京奥运会、残奥会以后有了长足发展。随着我国综合国力的不断提升，在我国举办的重大赛事和重大活动不断增多，但与此同时，我国的重大赛事重大活动志愿服务依然面临以下三大难点。

（一）专业力量匮乏

通常情况下，重大赛事重大活动的服务对象数量庞大且身份复杂，具有很强的影响力，因此，重大赛事重大活动志愿服务规格通常较高，涉及的服务项目广，需要数量充足且综合素质高的志愿者。因此，重大赛事重大活动志愿服务需要强大的专业化队伍作为主要支撑，除专业素质外，这类志愿服务在培训指导、组织管理、规范标准及规模方面都有很高的要求。但显然，目前我国重大赛事重大活动志愿服务在理论研究和实际操作过程中都存在一些问题，尤其是专业志愿者稀缺。许多重大赛事重大活动的志愿服务都依靠在校大学生完成，但由于大学生缺乏相应的志愿服务经历，专业性难以保证，且无法提供长期、稳定的志愿服务，参与重大赛事重大活动志愿服务的志愿者往往难以满足活动的实际需求。巾帼志愿服务者虽凭借其细致、耐心的特性在重大赛事重大活动中发挥重要作用，但专业性提升仍是不可忽视的问题。

（二）志愿服务文化尚未发展成熟

重大赛事重大活动志愿服务文化是指在重大赛事重大活动举办期间，“通过志愿者的热情服务而逐步建立起来的一种能够自我激励、自我教育、广泛传播的社会认同”（张晓红等，2014）。重大赛事重大活动的顺利举办离不开这种文化所包含的丰富内容及作为其核心的志愿精神，同时，这种文化还能起到促进当地志愿服务发展的重大作用。北京奥运会、冬奥会、上海世博会、广州亚运会、南京青奥会、2014 年 APEC 峰会、世界互联网大会、G20 峰会等重大赛事和重大活动中，都能看到志愿者的身影，志愿者的身影成为其中最亮丽的一道风景线，女性志愿者在其中发挥着不可或缺的作用。然而，历次重大赛事重大活动都面临的一大难点就是志愿服务文化的培育。志愿服务的宗旨、精神是重大赛事重大活动志愿服务文化的重要组成部分，但这种文化还要与赛事和活动的主题相契合，同时体现赛事和活动举办地的城市特色，因此，重大赛事重大活动志愿服务文化难以在短时间内培育成熟。

（三）志愿者协调管理较为复杂

重大赛事重大活动的志愿者管理工作十分庞杂，涉及多个主体且主体间协调沟通复杂。志愿者队伍管理难度大，人数众多、来源复杂，短时间内难以达到高度融合；重大赛事重大活动服务周期长，工作压力和强度大，志愿者易产生心理波动，出现不满、焦虑等情绪；重大赛事重大活动的志愿服务管理往往涉及多个部门，但跨部门管理和指挥往往受到很大限制，跨部门协

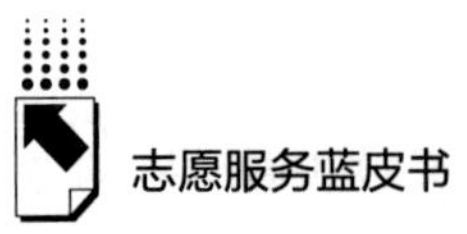

调沟通不畅；协调管理意识落后，部分部门和管理者对志愿服务和志愿者的认识还处在义务劳动的水平上，甚至将志愿者视作免费劳动力，这些都对志愿者的协调管理提出了挑战（荣德昱等，2017）。

三　重大赛事重大活动巾帼志愿服务项目管理

要解决重大赛事重大活动巾帼志愿服务项目存在的种种问题，只有从工作流程、志愿者组织结构、评价和激励机制等方面着手，才能达到提升重大赛事重大活动巾帼志愿服务项目质量和水平的目的。

（一）重大赛事重大活动巾帼志愿服务项目工作流程

重大赛事重大活动巾帼志愿服务的工作流程包括项目规划、志愿者招募与遴选、定位与培训、配置与协调、监督与评估、激励等，各个环节之间相互联系、相互影响、相互制约（宋玉芳，2005）。重大赛事重大活动开始之前，需要将巾帼志愿者召集在一起，使之成为一个志愿服务的群体，从而保障重大赛事重大活动的成功举办。重大赛事重大活动开始以后，整个管理流程就无法更改，因而必须同时进行志愿者的任务分配与岗位实践这两项工作。此时，管理者的工作更多是协调控制而非具体管理。重大赛事重大活动结束之后，需要完成总结、认证、奖励和撤除的善后工作，要对志愿者进行认证和奖励，并逐渐解散各个部门，组织志愿者回到原本的工作岗位上。

（二）重大赛事重大活动巾帼志愿者组织结构

重大赛事重大活动巾帼志愿服务项目的正常运行离不开组织管理运作体系，要建立“志愿者指挥中心—志愿者服务团—项目大队—服务小队—志愿者”的体系，科学调配志愿者，以优化志愿者资源配置。首先要进行合理的分工合作。合理的组织结构和有效的分工合作可以使管理主体之间、志愿者与正式员工之间、各不同部门的志愿者之间以及同一部门不同专业的志愿者之间的合作达到“1+1>2”的效果，节省志愿服务项目管理的成本，实现为重大赛事重大活动的参与者提供优质服务的目标（宋玉芳，2005）。其次要注意岗位配置的弹性化。时空波动性与志愿者行为的随意性是重大赛事重大活动志愿服务活动的两大特征，志愿服务系统的运作也极易受到偶发因素的影响。因此，志愿者的配置必须做到专业、细致，要基于实际工作需求建立志愿者数据库，以便对管理活动进行及时调整。总的来说，大型体育赛事志愿者的岗位配置在细致合理之余还需留有适当的余地，才有可能减少不可控因素带来的损耗。志愿者被安排到各自的工作岗位上以后，并不一定会完全按照预定目标运作。因此，管理者要赋予志愿者一定的自主权，保证志愿者活动的机动灵活，使其顺利完成志愿服务活动，同时又要在特定的环境中及时地进行调控和管理。

（三）重大赛事重大活动巾帼志愿服务评价与激励机制

重大赛事重大活动巾帼志愿服务的顺利开展也离不开合理的项目管理评价与激励机制。志愿者的付出不仅可以满足志愿者个人的需要，也能够满足重大赛事重大活动志愿服务的需要。由于重大赛事重大活动志愿服务的不可重复性与志愿者的不稳定性，管理者想要吸引和留住志愿者，就必须采用更加高效的激励方式。因此，根据激励理论，结合重大赛事重大活动志愿服务活动与志愿者的特点，存在内在激励和外在激励两种方式。内在激励来自志愿者参与重大赛事重大活动而产生的自我满足感；外在激励是指志愿者因提供志愿服务而得到的所有正面反馈。内、外激励之间的关系较为复杂，相辅相成，内激励是志愿活动的主导，外激励对内激励有促进作用，二者共同促进志愿者积极地为大型体育赛事提供良好的志愿服务（宋玉芳，2005）。

四　向重大赛事重大活动巾帼志愿服务转型

近年来，随着G20峰会、世界园艺博览会、上合峰会、博鳌亚洲论坛、冬奥会等重大赛事重大活动在我国陆续举办，如何实现传统志愿服务的转型已成为新的课题。

（一）“政府主导”转向“多方支持”

巾帼志愿服务要健全志愿服务领导体系，加强工作力量配备，需吸引更多具有奉献精神与专业能力的人士参与志愿服务，加强志愿工作指导中心的人员力量配备；要增强志愿服务意识，对工作的理念、方法和机制进行创新，整合和融入志愿者，培养志愿者积极主动服务的意识，提高及增强对社会各界群体的吸引力及群体凝聚力；制定适当的战略，整合机构工具，不断优化工作、政治和社会环境，促进志愿服务的发展；加强不同部门之间的合作，在规划、监测、执行以及管理和考核方面加强协同作用，支持志愿服务的发展；不断优化项目体系，使志愿者有效参与志愿服务；关注公共服务和改善人民生活，并将项目管理作为改进项目收集、开发、展示和推广的手段，发展和支持一系列创新、方便操作且可重复的服务项目。同时，巾帼志愿服务还要通过公益资本相亲会、优秀项目评估会、品牌项目交流会等形式，有效推动项目交流和资源整合，并健全项目评估系统、对志愿服务过程及管理进行评估和评价，为城市志愿服务项目建立一个综合的分级体系；争取市人大常委会的支持，定期组织合规检查和纠正错误；继续完善志愿者人身意外保险工作，与社会征信系统充分接轨，并与发展和改革委员会及其他机构通力合作，制定和实施通过进一步培训、招募和使用公共社会资源来支持和保护志愿者的举措。

（二）“线下”转向“线上+线下”

巾帼志愿服务建立了志愿者招募和登记制度以及现场管理平台，以促进志愿者的注册、建设项目的招募和征集、信息交流和互动、时间统计和评估反馈，收集基本数据并建立科学基准，以有效协调和动态管理组织、项目和资源。“一键式”服务平台的持续发展要考虑到多样、特殊和便利的需求，并在党员群体中积极促进志愿服务，基于各种志愿服务数据库开发“智慧化”终端服务阵地，使公众能够轻松参与和使用志愿服务，相关服务可以考虑使用大型公共服务数据集。一方面，要测量和汇总大数据，收集和分析来自以下系统的数据：招募机制、培训机制、激励和保障体系、服务运作、动员机制、现场管理和控制系统、志愿者需求质量综合系统；完善招聘、培训和志愿管理系统的协调功能。另一方面，要交换和共享数据，将政府征信系统和志愿服务信息管理平台对接，将广大市民提供的志愿服务时长按一定的比例转换成志愿者提供的优惠措施。巾帼志愿服务要充分利用志愿者多元灵活的社会资源，在网站、微信、微博、杂志、户外广告等媒介宣传志愿服务，发挥新闻、信息、文化、媒体、综合服务五大功能；为了确保定位明确、功能互补和综合报道，要加强与媒体的联动，并在报纸、广播和电视上向公众宣传志愿服务的“好声音”和“正能量”。巾帼志愿服务还需要加强自媒体制作，扩大志愿媒体的影响力，创建“一个声音、多个渠道”的三维游说方案；争取各级党委组织部门的支持，并实施将志愿服务纳入党校和行政学院干部培训课程等举措，以提高各级领导和管理人员对志愿服务的认识、理解和支持；联合教育部门，继续推动将志愿服务作为未成年人思想道德发展和大学生思想政治教育的重点内容，在全社会创造“人人志愿”的新趋势（赵晓旭，2017）。

五　重大赛事重大活动巾帼志愿服务项目案例

G20 峰会期间，杭州市通过打造优秀的志愿服务团队，在为峰会保驾护航的同时，也为重大赛事重大活动志愿服务提供了宝贵的经验。杭州市妇联在全市巾帼文明岗启动“迎接 G20，巾帼建新功”活动，在商贸、旅游、交通等各行业开展巾帼文明岗风采展示和服务活动（王佶伶，2016）。“武林大妈”缘起武林街道，诞生于杭州 G20 国际峰会期间，在为峰会护航过程中起到了重要作用。近年来，“武林大妈”在党建引领下发挥地形熟、人头熟、情况熟的“三熟”优势，由党员带头，动员带领身边的每位热心人士，为辖区居民提供各种志愿活动，如文明宣传、文明劝导、平安巡防、人民调解、邻里互助等，成为下城区乃至杭州市平安志愿服务的一张“金名片”。

（一）“武林大妈”平安志愿服务项目起源与发展

1. G20峰会初露锋芒

2016 年初，杭州 G20 国际峰会前夕，杭州市下城区妇联、区委政法委和武林街道共同组建了一个名为“武林好大妈”的 18 名志愿者小组，向公众发起“护航峰会，守护家园”的倡议。同年 8 月，武林大妈公益社会服务中心登记注册为从事志愿服务活动的独立社会组织。①

武林街道因武林路而得名，起始于风波亭，紧邻西湖，终结于“武林门”。由于武林路紧贴西湖景区，临近浙江省委省政府，治安巡防任务繁重。尤其是在 G20 峰会期间，它是通向西湖景区的最后一道防线。因此，长寿、环西、竹竿巷、安吉等社区的楼道党支部书记联合向辖区居民发出“人人都来守护家园，创建一个平安‘G20’”的倡议。18 位创始人都是中老年女性，组织因此得名“武林大妈”。在武林路的拐角处，在通往西湖的一侧，“武林大妈”们设立了一个“微笑亭”，为路人提供各种简单服务，如提供茶水和针头线脑、置换零钱、指路等。久而久之，“微笑亭”成了守护西湖的岗亭，为民服务的窗口，为峰会顺利召开做出了重要贡献。穿着红马甲、戴着红帽子的“武林大妈”们也成为 G20 期间西子湖畔一道亮丽的风景线。②

2. 党政统筹，组建高素质志愿队伍

“武林大妈”在 G20 峰会期间发挥了巨大作用，获得了中央和省市领导的多次表扬。区委区政府高度重视，组织建设形成区、街道、社区、网格四级平安志愿服务工作体系。区级层面成立了“武林大妈”平安志愿者服务中心，设立了 8 个街道分中心、75 个社区服务站，并在 282 个社区网络和 15 个重点区域设置服务点。其目的是在街道、社区和网络层面建立

---

① 《喜报！“武林大妈”入选全国巾帼志愿服务“十大优秀项目”》，https：//hwyst. hangzhou. com. cn/xwfb/content/2021-03/09/content_ 7924575. htm，最后访问日期：2022 年 10 月 27 日。

② 《“闪耀的红马甲”：杭州下城“武林大妈”风采录》，http：//www. newhua. com/2020/0624 /350967. shtml，最后访问时间：2022 年 1 月 17 日。

一个四级志愿和平服务系统。该系统适用于区、街道、社区和网络层面。[①]首先，统一品牌，规整各级自治组织。区委区政府将过去下城区 8 个街道的志愿者组织统一到“武林大妈”一个品牌之下，让志愿者统一穿红马甲，统一标识，使组织更规范、作用更有力。其次，统一组织指挥体系。由分管平安建设的区委副书记、政法委书记牵头，“武林大妈”被纳入网格的工作模式和管理系统，在每条街道上都建立了服务中心。对“武林大妈”的职能、工作标准和工作目标也进行了重新调整。区委政法委总结了“武林大妈”的工作职能，希望实现不发生安全防范案件、不升级冲突和纠纷、不存在网络管理盲区、不存在家访遗漏、不存在邻居间相互支持的疏离等目标。

“武林大妈”是杭州市下城区群防群治的重要力量，在平安建设中发挥“自治”作用并做出了重大贡献，同时也是下城区人数最多、规模最大的志愿者社会组织。自创建以来，“武林大妈”逐步形成了品牌化、常态化、规范化的工作机制，其中最重要的一条就是始终保证党的领导，充分发挥党员在志愿者队伍中的先锋模范作用。“武林大妈”志愿者组织共分四个层级，每个层级都配备了党的书记或者骨干作为主要负责人，从组织上保证了党的领导和引导。党组织为志愿者组织提供保障条件，充分激发了基层志愿者的积极性和创造性，尤其是党员骨干通过示范带动，引领广大志愿者在正确的道路上更好地发挥作用。“武林大妈”从群众中来，又把爱和温暖回馈给更多的群众。这是在党建引领下中国特色社会主义法治体系建设的生动实践。“武林大妈”的成长加快了基层政府与社会组织共建共治共享的社会治理格局的形成。

经过多年发展，“武林大妈”的队伍逐渐壮大，教师、律师、心理咨询师等专业人士的加入使大妈们的功能越来越强大，扮演了“六个员”的角色——邻里互助员、文明劝导员、民情收集员、安全巡防员、平安宣传员和

---

① 《喜报！“武林大妈”入选全国巾帼志愿服务“十大优秀项目”》，https：//hwyst. hangzhou. com. cn/xwfb/content/2021-03/09/content_ 7924575. htm，最后访问日期：2022 年 10 月 27 日。

纠纷调解员。志愿者主要通过公开方式招募，不限性别、不限年龄、不限职业、不限区域，“四不限”的开放格局使“武林大妈”发展迅速，作用更大。目前，“武林大妈”已有 53000 名注册志愿者。常驻志愿者通常按照街道、社区和网格进行工作分配，而那些非常驻的志愿者可以通过各种形式（线上或线下）注册为临时志愿者，进行阶段式志愿服务。志愿者骨干多为具有丰富社会工作经验的退休人员、资深楼道支部书记或委员以及律师、教师、心理咨询师等专业人士。①

（二）“武林大妈”平安志愿服务项目常态化运行探索

巾帼志愿者的力量加入基层社会治理实践，凭借地形熟、人头熟、情况熟的“三熟”优势，贴心的志愿服务，不求回报、无私奉献的志愿精神促进“武林大妈”的一步步发展。

1.“武林大妈”的熟人工作模式

“武林大妈”凭借特有的熟人工作模式，充分发挥女性志愿者开展工作的主观能动性，通过摸底调查了解社区居民生活状况，为社区工作提供实时消息，弥补了社区工作主体实时信息收集工作不到位的缺失（马茜，2021）。“武林大妈”在与社区居民你来我往的日常交流互动中，拉动社区居民主动参与社区治理，这既能促进社区居民强烈的民主管理、民主参与意识的形成，又能推动社区自治组织的建设。

2. 巾帼志愿者服务典型营造社区良好氛围

“武林大妈”们多是土生土长的本地人，对社区了解程度较高。罗睿绮是“武林大妈”团队的骨干成员，并经营着罗睿绮人民调解工作室。她喜欢和别人交流，喜欢帮助别人解决问题。罗睿绮成为“武林大妈”后不久，发现社区一位老太太有捡拾并在家里和走廊堆放垃圾的习惯。其他居民曾多次劝说，但都是徒劳，为此居民之间产生了很大的矛盾。罗睿绮凭借长期的

---

① 《喜报！“武林大妈”入选全国巾帼志愿服务“十大优秀项目”》，https://hwyst.hangzhou.com.cn/xwfb/content/2021-03/09/content_7924575.htm，最后访问日期：2022 年 10 月 27 日。

心理咨询经验，多次对这位老太太进行疏导，逐渐让她理智起来，最终说服她把垃圾搬走（赵芳洲，2017）。“哪里需要我们帮忙，我们就去哪里。”这是包括罗睿绮在内的“武林大妈”们的一致想法。大妈们非常了解大家的实际情况和真实想法，往往能够用几句话解决争端，促进了家庭和社区的和谐。

3. 弘扬志愿精神，发展区域文明

“奉献、友爱、互助、进步”的志愿精神是对志愿服务的诠释和升华。“武林大妈”志愿服务开展过程中，一个个志愿者从群众中来，通过一项项志愿服务把爱和温暖回馈给身边更多的群众，这一循环的过程促进了社会治理的发展和大进步，既是社会文明的进步，也是社会治理现代化的新发展（夏雪峰，2016）。

（三）“武林大妈”平安志愿服务项目亮点

1. “智慧化+精细化”凝聚合力

“武林大妈”志愿服务工作利用当前全省力推的“四个平台”信息系统优势，把“武林大妈”志愿者作为四个平台遍布社区、网格的“千里眼”和“顺风耳”，使各类志愿服务活动的发动、组织、宣传、回访等流程形成闭环操作。“武林大妈”志愿服务活动通过运用“志愿汇”平台实施信息化管理，对接志愿者和志愿服务组织，使活动组织更加便捷、数据掌握更加准确、激励方式更加灵活。“武林大妈”由党政统筹发展，全区整体推进，建立完善的区、街道、社区、网格四级平安志愿服务工作体系。在区级层面，区委区政府成立了下城区“武林大妈”平安志愿者服务中心；设立了 8 个街道分中心，74 个社区服务站，在 279 个社区网格和 15 个重点区域设置服务点。同时，“武林大妈”志愿服务项目还在重大节庆活动和日常平安建设过程中实现时段全覆盖，在治安巡防、平安宣传及矛盾调解等工作中实现业务全覆盖。

2. “标准化+常态化”落实长效

经过 G20 峰会的洗礼，“武林大妈”的名声已非常响亮，品牌也“金光闪闪”。下城区委区政府意识到，这是人民群众在基层治理中的一个伟大创造，要借 G20 的东风，把它打造成全区的统一品牌，引导这个群众自治组织向更高的层次、更广的领域发展。因此，区委区政府出台了《“武林大妈”日常志愿服务行为规范》等制度，明确了志愿服务团队宗旨、活动形式、活动内容；建立工作评价标准体系，通过社会调查，根据不同工作内容，设定领域和具体指标，形成“武林大妈”工作评价标准体系；推广“武林大妈”工作站，工作站具备便民服务点、心愿发布认领点、微笑宣传点、志愿者招募点等多项服务功能，提供应急产品、凉茶和旅游资讯等便民服务。工作站通过政府补贴、企业支持、志愿者奉献的方式，实现长效管理。①

3. “品牌化＋项目化”树好形象

武林大妈公益社会服务中心在民政部门登记注册，成为独立的社会组织，开展实体化运作，通过优化“武林大妈”视觉识别系统，创设 LOGO 和吉祥物，让志愿活动开展具有识别度和独特性。“武林大妈”志愿服务活动采取项目化管理，涉及心理咨询、安全宣传、扶弱帮困、文明引导、环保宣传、家电维修等多个领域，从具体项目入手，规范发布、管理、资助、验收等环节。截至 2022 年，“武林大妈”累计提供志愿服务达 70 余万小时，在群众中获得了很好的口碑。如今，“武林大妈”跨越了性别、年龄和地理的界限，成为杭州社会管理的动态“金名片”。“武林大妈”们也获得了许多骄人的荣誉——她们先后被评为浙江省和杭州市“服务保障 G20 峰会先进集体”、杭州市“优秀志愿服务集体”，还在《最美浙江人——2016 年度浙江骄傲任务评选》活动中获得“年度特别奖”。②

4. “5566”机制创新

在实现社会治理体系和治理能力现代化的重要窗口期，在城市小区治

① 《喜报！“武林大妈”入选全国巾帼志愿服务“十大优秀项目”》，https：//hwyst. hangzhou. com. cn/xwfb/content/2021-03/09/content_ 7924575. htm，最后访问日期：2022 年 10 月 27 日。

② 《“武林大妈”织就一张基层社会管理网》，https：//zjnews. zjol. com. cn/zjnews/hznews/201810/t20181008_ 8426671. shtml，最后访问日期：2022 年 10 月 29 日。

理矛盾多发期，在后峰会前亚运时期，“武林大妈”都发挥着不可替代的独特作用，形成了“5566”工作机制：“五个要”——底数要清、情况要明、人头要熟、信息要灵、业务要精；“五个零”——安防零发案、矛盾零激化、管理零盲区、走访零遗漏、互助零距离；“六大员”——安全巡防员、纠纷调解员、平安宣传员、邻里互助员、文明劝导员、民情收集员；“六个一”——“走一走”掌握隐患，“看一看”发现纠纷，“认一认”熟悉情况，“说一说”强化宣传，“做一做”当好助手，“帮一帮”拉近感情。①

六　重大赛事重大活动巾帼志愿服务项目未来与展望

（一）推进巾帼志愿服务与党建引领相结合

志愿服务是新时代文明实践的主要形式，是群众性精神文明创建的实践，是新时代宣传思想文化工作的重要内容，也是推进基层社会治理创新的重要抓手。重大赛事重大活动巾帼志愿服务的发展应始终坚持党的领导，充分发挥党员在志愿者队伍中的先锋模范作用，引领广大女性志愿者更好地发挥作用；应继续坚持党建引领与志愿服务相结合，把志愿服务作为践行社会主义核心价值观的重要途径，广泛传播奉献精神；同时，应继续加强典型的示范和引领作用，积极倡导群众广泛参与志愿服务，推动全社会见贤思齐、崇德向善（沈威，2021）。

（二）推动巾帼志愿服务与有效激励相结合

志愿者凭借一腔热血无偿地提供服务，给予适当的激励可以增强志愿者的获得感，鼓励更多的群众参与志愿服务，促进社会和谐发展。因此，

① 《“武林大妈”，善城杭州的金名片！》，http：//www. chinapeace. gov. cn/app/appchannel97/2018-12/06/content_ 12248535. shtml，最后访问日期：2022 年 10 月 29 日。

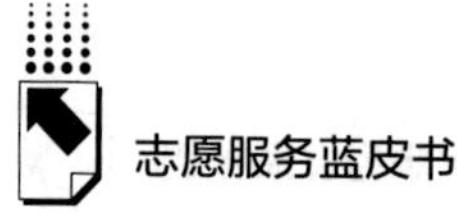

重大赛事重大活动巾帼志愿服务项目在推广志愿服务、招募志愿者的同时，应建立明确的激励机制，使志愿者根据志愿服务时长和群众评价获取志愿服务积分。政府应定期进行指导和审核，并对志愿者参与活动的情况进行梳理，对积极参与志愿服务、群众评价较高的志愿者进行表彰。合适的激励机制作为一种评价是对志愿者参与志愿活动的肯定，有助于鼓励志愿者积极参与志愿服务活动，激发其对志愿服务的热情，从而拓展志愿服务活动覆盖的范围。

（三）推动巾帼志愿服务与专业培训相结合

志愿者的专业水平在很大程度上决定了志愿服务活动的质量。现阶段，除志愿者本身的专业素养外，很少有针对志愿者进行的长期、连续、全面的专业培训，而多是活动举办方针对某一项活动对招募的志愿者进行的临时培训，这类培训主要是为了满足当下活动的需要，但对志愿者本身的素养提高作用极其微小。重大赛事重大活动巾帼志愿服务项目管理方应组建培训体系，对登记在册的志愿者进行志愿服务工作内容、价值观、管理体系等方面的培训，同时注重志愿者人际沟通能力、团队协作能力的培养，提高志愿者的社会交往能力，提升其综合素质，以更好地推动志愿服务开展。

（四）推进巾帼志愿服务与信息化平台相结合

志愿者在进行志愿服务的过程中不可避免地会遇到突发状况，这不仅要求志愿者具备一定的专业能力，还需要有一个运转灵活高效的信息化平台支撑志愿服务活动的进行。通过线上线下相结合的形式，推动基层群防群治工作，可节省人力和时间成本。在疫情防控常态化背景下，即将到来的杭州亚运会对我国重大赛事重大活动志愿服务提出了更高的要求，因此，志愿服务组织要充分利用互联网手段，应对亚运会过程中可能出现的突发状况，做好重大赛事重大活动的志愿服务工作。

参考文献

陈碧红、余晓婷，2019，《以“亚运练兵”提升志愿服务水平》，《杭州》（周刊）第20期。

马茜，2021，《社区治理视阈中的志愿服务研究》，《法制与社会》第1期。

荣德昱、张艳、赵睿诗、于倩芳、张惠淑、钱亦纯，2017，《大型赛会志愿服务品质的提升路径——以G20杭州峰会为例》，《青少年研究与实践》第3期。

沈威，2021，《新时代志愿服务高质量发展路径探析——以杭州亚运会为例》，《中国青年社会科学》第6期。

宋玉芳，2005，《奥运会志愿者管理研究》，《体育科学》第2期。

王佶伶，2016，《杭州市巾帼文明岗启动“迎接G20，巾帼建新功”活动》，《杭州》（周刊）第4期。

夏雪峰，2016，《“武林大妈”是如何炼成的》，《杭州》（周刊）第15期。

张晓红、任炜、李凌，2014，《大型活动志愿服务的组织与管理》，中国青年出版社。

赵芳洲，2017，《下城全力打造“枫桥经验”》，《杭州日报》9月6日。

赵晓旭，2017，《G20峰会后大型赛会经常性背景下杭州市志愿服务体系转型研究》，《江南论坛》第10期。

B.15

应急巾帼志愿服务发展报告

顾旭光*

摘　要： 我国应急志愿服务组织从2008年起步，到新冠疫情期间已经具有较大规模。随着国家的重视和鼓励，巾帼志愿服务以妇联为核心，在组织架构、服务观念、功能多样性上不断持续发展，并且涌现了大量先进典型和标杆案例。本报告建议应急巾帼志愿服务发展应找到有效抓手，进一步吸纳专业人才，增强志愿服务组织之间的信息共享和统一管理。

关键词： 应急巾帼志愿服务　志愿服务组织　妇联

自2008年举国震动的“5·12”汶川地震发生之后，以“80后”为代表的青年志愿者积极参与救灾援助的无私精神和组织能力，在社会各界引起广泛热议，重塑了舆论界以往对“80后”青年的认知。从2008年之后，我国在志愿服务参与风险社会的治理方面，经历了从国家保障、民间松散参与到以国家为组织核心、社会力量深度参与的转变。非正式志愿者参与应急志愿服务的能力和潜力得到了充分展示。汶川地震后，我国应急志愿服务力量迅速崛起，飞速发展，成为我国处理应急事务的重要补充力量。

截至2021年，我国志愿者总数达到2.17亿人，平均每万人中就有

* 顾旭光，中国社会科学院大学博士研究生。

1544人注册成为志愿者，约占总人口比例的15.4%。[①]应急管理部的数据显示，在2021年我国应急志愿服务者数量已经达到60万人。[②]经过数次应急灾害和公共安全事件的磨炼，我国的应急志愿服务建设已经进入行动常态化、组织有序化、观念现代化的阶段，尤其是在《全国文明实践巾帼志愿"阳光站"管理指导手册》《全国妇联关于深入开展巾帼志愿服务工作的意见》等重要文件发布之后，巾帼志愿服务作为应急志愿服务的重要参与力量，依托妇联的指导和管理，在公共舆论和大众传媒中频繁曝光，非常全面地展示了女性在应急志愿服务中的特殊优势。

2022年初，我国仍然处于疫情动态清零的特殊状态中，疫情输入风险依然存在，对更专业、更常态化的应急志愿服务存在客观需求。而各地巾帼志愿服务站也在这个过程中得到进一步的发展和锻炼。本报告将从应急巾帼志愿服务的基本特点、应急巾帼志愿服务的发展过程、应急巾帼志愿服务参与的典型案例、应急巾帼志愿服务的未来展望和对策建议四个方面，对我国目前应急巾帼志愿服务的发展态势做出阶段性总结，整理出先进经验和代表性案例，提出未来展望和政策建议，以推动未来巾帼志愿服务事业的进一步发展。

一 我国应急巾帼志愿服务的基本特点

应急志愿服务是指面对突发性公共安全事件，诸如自然灾害、公共卫生事件和其他意外事件等，非专业救援组织对应急救援的参与活动。在以妇联为主导的巾帼志愿服务项目中，应急救援是一个重要的组成部分，大量巾帼志愿服务组织都将应急志愿服务纳入日常工作内容，如"第四届新时代巾帼志愿服务征集展示活动"中送选的58名全国范围内的优秀女性志愿服务

---

① 《我国志愿者总人数达2.17亿，平均每万人中有1544人注册成为志愿者》，https：//m.thepaper.cn/baijiahao_18929518，最后访问日期：2023年6月19日。

② 《应急管理部：全国应急志愿者有60多万人》，https：//new.qq.com/rain/a/20210507V0AQ9700，最后访问日期：2023年6月19日。

者所属的组织介绍中，涉及应急服务的大约占10%。

从概念界定上，应急志愿服务包含三个主要部分：首先是突发性公共安全事件的教育、预防，防灾与公共安全事件教育宣传；其次是突发性公共安全事件中的协助救援、安置、协助管理；最后是突发性公共安全事件之后的安置、疏导、救助和重建的志愿参与工作。目前，我国应急巾帼志愿服务的参与主要集中在第二部分，也就是突发性公共安全事件中的协助救援和管理部分，主要工作内容体现在疫情期间协助医护人员及参与基层社区涉疫风险区域的管理。2022年，全国全年妇联相关的期刊中，与巾帼志愿服务相关的327篇文献中，抗疫相关的文章报道达到68篇，占比为20.8%。

我国应急巾帼志愿服务的有以下四个特点。

（一）以妇联为核心构建起到基层的巾帼志愿服务层级架构

全国妇联和中央文明办联合下发的文件《关于推动新时代巾帼志愿服务发展的意见（试行）》明确提出，“组织妇联干部、妇联执委带头加入巾帼志愿服务组织，积极参与巾帼志愿服务”。

更早的文件《全国妇联关于深入开展巾帼志愿服务工作的意见》就已经建议“将基层妇联干部、广大妇女和家庭成员作为开展巾帼志愿服务的主体力量，注重发挥团体会员在开展巾帼志愿服务中的骨干作用”。也就是说，早期的参与者是围绕基层妇联干部为核心组织起来的。

对全国部分有公开信息的省份的巾帼志愿者协会状况和人员数量进行简单整理，可以看到，《全国妇联关于深入开展巾帼志愿服务工作的意见》对志愿者协会的形成起到了推动性作用。在多个人口大省中，巾帼志愿服务组织在2021年之后驶入组织规范化的快车道，在民政部门登记注册，经历了从社会组织到“志愿服务组织”的转化过程，而且注册志愿者数量大幅增加，架构更加全面。

表 1　部分省份巾帼志愿服务组织的发展和管理志愿者情况统计

山东省	山东省巾帼志愿者协会经山东省民政厅批准，于 2012 年 8 月注册成立，设有名誉会长 2 名、会长 1 名、副会长 5 名、秘书长 1 名，现有团体会员 12 个、理事 77 个	
福建省	2021 年 10 月 27 日，福建省巾帼志愿者协会被福建省民政厅标识为“福建省志愿服务组织”	福建省现有注册巾帼志愿者 305 万名，巾帼志愿服务队 19332 支，构建了省、市、县、乡、村五级体系架构
广东省	2021 年 11 月，广东省巾帼志愿者协会被广东省民政厅标识为“志愿服务组织”	注册志愿者逾 180 万人
上海市	2016 年 6 月 27 日，经上海市志愿者协会批准，巾帼园志愿者服务基地正式成立	
浙江省		全省在册巾帼志愿者突破 36 万人
内蒙古自治区	2021 年 12 月 3 日，内蒙古巾帼志愿服务协会成立大会在呼和浩特市召开，内蒙古巾帼志愿服务协会是自治区妇联团体会员单位，是由巾帼志愿服务组织、巾帼志愿者以及关心和支持志愿服务事业发展的单位、社会组织及社会各界妇女代表自愿组成的社会组织	全区共有巾帼志愿者队伍 7900 多支，实名登记在册的各类巾帼志愿者 12.5 万多人（2015 年），内蒙古自治区累计参与疫情防控志愿者人数达到 42.2 万人
广西壮族自治区	2021 年 10 月 25 日，被广西壮族自治区民政厅标识为“志愿服务组织”	人员规模是 15 万人，正式成员有 27 人
吉林省	巾帼志愿者联合会是在吉林省巾帼志愿者协会领导下的志愿团体，成立于 2017 年 3 月 2 日	实名制注册巾帼志愿者达 33.87 万人

注：根据公开网络报道和文件整理。

（二）组织架构和观念普及已经初步建立

《全国妇联关于深入开展巾帼志愿服务工作的意见》明确提到“完善横向覆盖城乡社区、纵向包括各个组织层级的巾帼志愿服务网络，依托村、社区‘妇女之家’，加强对巾帼志愿服务工作的指导和管理，建立完善巾帼志愿者招募、注册和登记等制度和机制，充实巾帼志愿服务人才库”。目前的巾帼志愿服务网络中已经建立了扎根各组织层级的志愿服务体系。

在参与观念方面，巾帼志愿服务的概念已经全面扩散开来。在疫情期间和郑州暴雨期间，自发积极参与应急志愿服务的群体人数众多。[①] 例如，郑州暴雨期间，由网友创建的"待救援人员信息"，在线随时更新，同时有上万名网友反复更新迭代，上传了大量因灾情被困而需要紧急救援或者与家人和朋友失联的人员信息，为救援工作提供了非常大的帮助。在这个过程中，志愿者积极参与的背后是全民参与应急志愿服务意识的增强。

疫情期间，各地巾帼志愿服务组织积极参与社区管理、物资供给运送、信息管理和发布等工作。从近年来涌现的优秀妇女志愿者可以看出，她们的年龄范围、行业类型、文化水平等各方面都具有多元性，也就是说，参与志愿服务的意识已成为全体妇女的普遍认知。

（三）志愿服务功能多样性逐渐拓展

《全国妇联关于深入开展巾帼志愿服务工作的意见》提出，"以送温暖、献爱心为主题，以常态化、长效化为原则，扎实开展各种便民利民的巾帼志愿服务活动。以面向困难家庭、单亲家庭、空巢家庭、孤寡老人家庭、残疾人家庭为重点，开展扶弱帮困服务；以维护妇女儿童权益为重点，开展普法宣传、法律咨询、反家暴服务；以促进和谐稳定为重点，开展婚姻家庭关系调适、邻里冲突调解、心灵关怀、情感抚慰服务；以倡扬文明风尚为重点，开展文化、体育、环保以及家庭教育等服务，使巾帼志愿服务扎根于城乡社区和家庭日常生活之中"。

从文件内容可以看出，2011 年志愿服务的主要内容基本上根植于原有职能，如面向困难家庭等特殊人群，以维护妇女儿童权益为重点等，其应急性并未完全得到体现。而经过新冠疫情[②]、郑州暴雨等多项社会影响较大的应急事件以后，应急巾帼志愿服务的内容也得到了扩展。巾帼志愿服务的项目主张得到越来越多的认可，服务意识也得到了显著增强。

---

① 《防汛救灾一线中的巾帼力量（九）——郑州各界妇女积极投身防汛救灾事迹展播》，http：//www. zzwomen. org/html/women/3976. html，最后访问日期：2023 年 5 月 14 日。

② 《巾帼志愿者：疫情中发挥独特作用》，https：//baijiahao. baidu. com/s? id = 1659482727136986587&wfr = spider&for = pc，最后访问日期：2023 年 5 月 4 日。

在抗击疫情过程中，巾帼志愿服务的妇女志愿团队发挥了非常明显的作用，集中体现在协助核酸检测、车站机场联合排查、社区巡查、需帮助人员的日用品和食品的发放与运送等方面。在西安等城市封锁以及部分城市出现高危人员的情况下，巾帼志愿服务团队协助政府开展流调、检测、消杀、隔离等工作，还承担了维持秩序、疏导群众、录入信息、清理垃圾、协助消杀、搭建帐篷、调试设备等具体工作。在郑州暴雨期间，巾帼志愿服务团队参与了运送和发放应急物资、筹集款物、灾后小区清理、发布募捐信息、设立捐赠点等工作。总而言之，巾帼志愿服务组织在项目参与和紧急救援参与的积极性方面都有了大幅度的提升。

（四）志愿服务人员构成多元，志愿服务组织号召力不断增强

巾帼志愿服务组织建立了多种类型、各具特色、满足群众需求的巾帼志愿服务队伍。从全国志愿服务的整体影响力来看，巾帼志愿服务组织对人员的吸引力来自妇联在妇女工作方面的长期深耕。这对有意愿从事志愿服务工作的人员尤其是大量不了解志愿工作的女性起到了非常强的吸引作用。

二　应急巾帼志愿服务的发展过程

本报告将我国应急巾帼志愿服务分为三大发展阶段即前志愿组织服务阶段、志愿服务组织化阶段、巾帼志愿服务组织全面覆盖阶段。三个阶段分别有其标志性事件，也因而区别开我国巾帼志愿服务在不同阶段的特点。

（一）前志愿组织服务阶段

我国早期的志愿服务在发展过程中主要是由相关组织进行倡议，热心人员和活动人士积极参与。例如，最有代表性的“大学生志愿服务西部计划”就是团中央、教育部按照国务院相关会议和文件精神实施的。该项计划从 2003 年开始实施，每年招募一定数量的普通高等学校应届毕业生或在读研究生到西部基层开展为期 1～3 年的教育、卫生、农技等志愿服务。

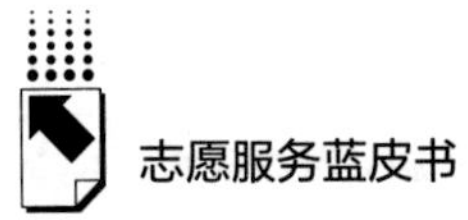

这种前志愿组织服务的特点是国家导向，强调青年参与，而且志愿者参与之后在就业发展上会获得一定的优惠政策，这也意味着志愿服务文化的全年龄覆盖并未实现。

另外，就是传统与官方对接比较紧密的专业志愿服务组织。在应急事务上，专门强调妇女参与的志愿服务组织并不多。例如，在汶川地震一周年以后，全国妇联实施了“千村妇女重建家园计划”及“对口帮扶计划”等，通过技能培训、项目引导、劳务转移等参与灾后重建，但是这种灾后重建工作从外延和内涵来定义来看并不完全属于志愿服务工作的范畴，因为其具有较强的官方引导性。由于志愿服务尚未全面进入公众视野，此时的非官方志愿服务仍然是零散的，女性的志愿服务活动依然由部分企事业单位引导参与，其覆盖范围也相对有限。

（二）志愿服务组织化阶段

由于汶川地震之后我国志愿服务组织大量涌现，2010 年上海世博会又有大量志愿者参与，志愿服务文化在社会各界进一步得到认可。2010 年，全国 18 岁以上的成年人参与志愿服务的比例达到 39. 77%，其中，参加正式志愿服务的比例为 14. 61%，提供非正式志愿服务（个人直接对他人提供无偿服务）的比例为 29. 76%。[①] 在此阶段，正式志愿服务的比例有一定上升，非正式志愿服务的比例有所下降。但是总体来看，志愿服务组织在不断涌现，而且国家招募志愿者参与的志愿服务活动中志愿者有非常高的参与率。2016 年，全国正式登记和在社区内部成立的志愿服务组织数量已达 18 万个，而且数量还在持续增长。截至 2020 年末，我国的志愿组织数量已增至 600 多个，注册志愿者达到 2. 17 亿人。目前，从全球来看，我国拥有组织化程度最高、覆盖面最广的志愿组织团队。

（三）志愿服务组织全面覆盖阶段

2020 年，中国志愿服务发展到一个新的阶段：志愿者总量达到 2. 31 亿

① 《2010 年中国公民志愿服务报告》。

人，其中有 8649 万名活跃志愿者通过 79 万家志愿服务组织提供志愿服务时长 37. 19 亿小时，贡献人工成本 1620 亿元。更重要的是，志愿服务参与开始改变以青年为主的状态，志愿者的年龄开始向高龄化发展。随着我国日渐进入老龄社会，老年人积极参与志愿服务项目有助于发挥老年人的余热，发挥老年劳动者的作用，同时促进社会整合，减少老年人和年轻人因生活状态不同而产生的各种摩擦。以河南省为例，据河南省民政厅统计数据，截至 2021 年 12 月 1 日，河南省实名注册志愿者 1340 万人，志愿服务队伍总数 7. 69 万支，服务总时长达 2. 28 亿小时。全省 60 岁以上志愿者达 94. 3 万人，已经接近百万人。

纵向来看，我国志愿者已经全面实现参与者基层化覆盖。在疫情期间，基层志愿者参与了各类封控、统计、物资发放、维持秩序等活动。基层志愿者组织遵循官方指导和民间参与的发展方向，在弥补市场失灵和政府不能完全覆盖的志愿服务领域发挥了较大的作用。

三　我国应急巾帼志愿服务项目参与的典型案例

近年来，在应急巾帼志愿服务领域涌现了一批积极参与、服务意识强的优秀志愿者。她们对应急志愿服务的积极参与不仅解决了大量的现实问题，而且对巾帼志愿服务的宣传起到了非常显著的作用。从长期来看，树立、宣传更多典型不但有助于吸引更多的人参与志愿服务活动，而且有助于增强公众的志愿服务参与意识。

（一）“雨衣妹妹”刘仙

刘仙是一位 90 后青年。在武汉发生疫情初期，有大量医护人员存在就餐困难的问题，于是她主动号召自己的盒饭公司下属门店免费为医护人员提供盒饭。因为疫情，门店无法正常运转，她就带队驱车以志愿者的身份行驶到武汉，为医护人员提供盒饭。她带领团队平均每天免费发放盒饭 400~600 份。因为她在送餐时没有防护服，只能穿着雨衣替代防护服，所以被医护人员亲切地称为“雨衣妹妹”。这个称呼也随着媒体的宣传而广为人知。

（二）滴滴司机王利

川籍滴滴女司机王利获评妇联“巾帼志愿服务十大感动人物”。滴滴公司发布的《滴滴数字平台与女性生态研究报告》提到“她经济”的兴起为女性就业提供了更多空间，其中包括 1.2 万名来自建档立卡贫困家庭的女性。尤其是 2020 年以来，国内新注册的女性网约车司机超过了 26.5 万人。在大量的女性司机中，川籍女司机王利在武汉发生疫情期间的感人事迹得到了《人民日报》、新华社、中央广播电视总台等多家媒体的报道和宣传。

王利是一名 90 后网约车司机。在新冠疫情发生后，她毅然选择以志愿者的身份留在武汉，报名成为“社区保障车队”的一员。她为急需用车的社区居民提供服务，包括送需要医疗帮助的居民去医院、运输防护物资、帮居民运送生活物品等。最终，她获得了 2020 年“全国向上向善好青年”“抗击新冠肺炎疫情全国三八红旗手”等众多荣誉，还入选了“武汉抗疫巾帼英雄榜”。

（三）真正“乘风破浪的姐姐”

2020 年 7 月，在江西省鄱阳湖沿岸的防汛抗洪工作中，一群平均年龄超过 50 岁的大妈成立了临时抗洪志愿小组，帮助加固堤坝的武警江西总队机动支队官兵装填沙袋，积极参与抗洪救灾。她们的事迹得到了《人民日报》、新华网等媒体的报道，这些真正“乘风破浪的姐姐”一时间得到了各方媒体转发和社会关注。这也说明巾帼志愿服务在积极参与应急工作的志愿活动方面，在年龄的覆盖面和应急参与的深度上已经有了非常深入的发展。

（四）福建省的陈素珍

“全国道德模范”陈素珍为福建省蓝天救援总队队长、厦门市蓝天救援队队长，2021 年 7 月入选第八届“全国道德模范”候选人。多年来，陈素珍成立的民间救援队伍参与各类救灾、救援、抢险800多次，救助受困、遇险人员和伤员8000余人。

经过数年的发展，陈素珍的团队已有千余名队员。从2008年汶川地震陈素珍一人携带物资前往灾区参与救援，到后来的江西省抚州市水灾、云南省盈江县地震、云南省彝良县地震、四川省雅安市地震、广东省汕头市水灾、甘肃省岷县地震，陈素珍的队伍不断志愿参与应急救援。随着规模不断扩大，团队的专业程度也在不断提高，专业搜救人员、医护人员等相关专业人士加入团队。2013年3月15日，厦门市蓝天救援队经厦门市民政局审批正式成为公益社团组织，并且成立了多个地级市的分队，壮大为一支非常专业的由女性创始的应急救援志愿力量。

（五）河南暴雨中的巾帼志愿服务团队

2021年7月，河南省发生了百年一遇的暴雨，灾情非常紧急，出现了多人被困、数人死亡、近10万人转移的紧张局面。从早期的应急防汛到后期的灾后重建，多达24万名巾帼志愿者积极参与防汛救灾工作，在救援助困、路面清淤、维护秩序、物资发放、转移群众等志愿服务工作中贡献了巨大力量。

在应对灾情的过程中，妇女组织一马当先，迅速组织起巾帼志愿服务者参与志愿服务活动。郑州市妇联迅速动员了2.2万名巾帼志愿者开展各类常规志愿服务，紧接着持续招募了各类专业志愿者，包括宣传引导类、物资搬运类、帮扶助困类、清洁消杀类、隐患排查类、心理疏导类等六种类型在内的210名志愿者组成了郑州市妇联“爱顾家”志愿服务群，依托“郑州市妇联妇女儿童家庭水灾求助帮扶云平台”开展志愿服务。除了妇联组织的巾帼志愿者开展应急救灾活动之外，基层的志愿服务组织也迅速行动。郑州市人民路街道顺一社区女性志愿者开展了防汛期间的慰问活动，为高龄老人、独居老人、空巢老人送去了物资。在一些紧急事项上出现人力不够的情况时，郑州市妇联迅速召集志愿者，起到了协调的作用。7月27日中午，捐赠给中原区林山寨街道百花路社区的500箱消毒泡腾片即将送达，由于社区人员有限，郑州市妇联在“爱顾家”志愿服务群紧急发布招募通知，迅速完成了物资发放工作。7 月 20 日晚，多人被困于暴雨中，郑州市女企业家协会会员、庖丁堂酒店负责人谢红霞带头响应号召，仅当晚便救助无法返家的受困群众 130 多名，并为他们提供了免费的晚餐与住宿。

四　应急巾帼志愿服务未来展望和对策建议

随着 2021 年《关于推动新时代巾帼志愿服务发展的意见（试行）》的发布，各地民政部门为巾帼志愿组织认证了“志愿服务组织”的标识，这意味着巾帼志愿服务组织的系统化组织形式和管理的科学性进一步增强。从长期来看，应急志愿服务作为志愿服务的一个重要组织环节也将成为巾帼志愿服务项目的重要组成部分。因此，为提升巾帼志愿服务的制度完备性和应急能力，本报告提出以下对策建议。

（一）应急巾帼志愿服务发展需要找到有效抓手

应急志愿服务包含多个操作层面，尤其是在风险应急过程中存在大量专业性和技术性较强的工作，这一部分职能必然也应由专门的机构来承担，这些职能如救援、医护、消防、爆破、毒物、化工品等，但在一些辅助性环节，志愿服务则有很大的参与空间，其中比较有代表性的就是物资发放、应急救援区域协助管理、互联网平台的信息宣传、协助基层组织进行人员和损失统计以及场所出入管理等环节。这就意味着在志愿者投入应急救援之前，组织要对志愿者可能参与环节的职能进行基本的划分和培训。

以往的应急志愿服务中曾出现大量未经训练的志愿者大量涌入应急救援区域的情况。由于缺乏组织管理和专业技能，他们不仅未能协助应急救援事务，反而给应急救援造成了一定阻碍。常见的问题包括缺乏救援团队自身的物资设备、食品等。而且由于部分志愿者的专业能力并不明确，也没有非常明显的应急志愿参与目标，更重要的是可能完全没有接受过专业应急救援训练，因而造成的障碍很可能大于参与志愿救援的效果。女性在参与应急志愿救援的过程中与男性不同，生理差异导致她们并不能完全承担高强度体力投入的救援项目，但是在一些重要的辅助环节，如医疗、心理救助、管理、物资发放和保障、人员统计、媒体信息参与等方面，她们都非常有优势，尤其是在心理救助和帮扶方面有很大的参与空间。应急事件发生之后，受灾群众，尤其是妇女、儿童，除了需要医疗服务之外，心理层面的抚慰和疏导是一个长期的过程，而我国的资源和建制在这方面尚不是特别完备，这也是巾帼志愿服务可以着重发力的一个方面。

（二）应急巾帼志愿服务的专业划分要求专业人才的参与

目前应急巾帼志愿服务仍然处于发展中，这就意味着志愿服务需要更广泛、多行业专业人士的参与。在预防、宣传、信息发布、搜救、医疗、心理辅导等专业内容上，应急巾帼志愿服务需要更有效地吸纳社会专业人士进入志愿团队，以政府引导为导向，以巾帼志愿服务协会为载体，探索更加专业化的志愿服务类型和方向，提升巾帼志愿服务的服务能力和影响力，积极尝试与探索，创建出独属于中国妇女参与模式的志愿服务类型。

（三）加强各志愿组织之间的信息共享和统一管理

在我国，志愿组织之间很容易出现各自为政的现象，尤其是在应急事件发生之后，除了经过官方认证的志愿组织可以合法进入灾区参与应急救援之外，其他志愿组织的参与往往是受限的，志愿组织大多通过第三方渠道或者受灾民众的反馈来参与具体的救援。目前，我国出台的涉及志愿服务的法律法规包括《中华人民共和国突发事件应对法》《国家突发公共事件总体应急预案》《自然灾害救助条例》，其中也有明确鼓励社会公众参与、依靠群众、发挥公益性社会团体作用等指导原则和思想，但是在具体实践方面，各地差异很大，存在大量的制度缝隙，可参与和不可参与、如何参与的实践标准和原则并不明确。在有多支志愿服务队伍时，统一管理更加困难，很难做到一条线协作。各队伍容易各自为政，相应的也会造成效率下降，极端情况下甚至会影响原有应急救援行动的效率和效果。

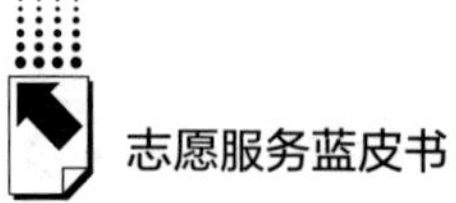

因此，各志愿组织之间需要统一的管理政策。如果分散的应急志愿组织在各种不同类型的公共安全事件中能够被统一调配管理，就可以避免出现各自为政的情况。统一管理机构还可以建立各平台的信息共享机制，该机制可以作为统一管理机构的配套基础设施。在统一管理之下，分散的志愿组织和政府的对接也能够更加有效，同时，统一管理可以将一些资质和能力并不符合的志愿组织做出合理安排。在应急事件发生之后，大量志愿组织同时参与应急服务，此时巾帼志愿服务组织如果能和其他志愿组织共享信息，听从相关部门的统一调配，可以提升其应急志愿服务的效率。

Abstract

The All-China Women's Federation has always attached importance to giving play to women's strength, actively mobilized women to participate in the socialist modernization drive, and actively promoted the construction of the women's volunteer service system. With the service tenet of "based on the community, facing the family, helping the needy, watching and helping each other", the All-China Women's Federation has always insisted on giving play to the advantages of women's volunteer service, contributing to women's volunteer service, and strengthening the brand of women's volunteer service. Six typical representative regions, including Beijing, Fujian, Zhejiang, Inner Mongolia Autonomous Region, Shenzhen and Wuhan, were selected to sort out and display the development history, development status and regional characteristics of women's volunteer services in different regions; at the same time, we summarized and sorted out the specific situation of the implementation of eight characteristic projects, namely, the leading type of party building, the supporting type, the self-organizing type of community, the enterprise type, civilized practice, normalization, major events and activities, emergency women's volunteer service, and provided academic support and experience guidance for volunteer service with Chinese characteristics based on practice.

Keywords: Volunteer Service; All-China Women's Federation; Women's Volunteer Service; Party Building Leading

Contents

I General Report

Abstract: The All China Women's Federation has always attached great importance to unleashing the power of women, with the service tenet of "based on the community, facing the family, helping the needy, and watching and helping each other". It has always adhered to the advantages of women's volunteer service, combined with the construction of civilized practices in the new era, implemented the construction of women's volunteer service teams, organizational cultivation, project design, brand strengthening, role model demonstration, and experience exchange, and widely carried out the national action of caring for women's volunteer service, Promote the construction of the National Civilized Practice Women Volunteer Sunshine Station. In the future, the All China Women's Federation will strengthen the construction of the women's volunteer service team, improve the women's volunteer service management system, strengthen the functionality and applicability of women's volunteer service, and deepen the project-based operation of women's volunteer service to further expand the influence of women's volunteer service, showcase the charm of women in the new era, and contribute to women's strength.

Keywords: The National Women's Federation; Women's Volunteer Service; Sunshine Action; Construction of Volunteer Service Team

Ⅱ Region Development Reports

Abstract: In recent years, the Beijing Women's Federation has thoroughly implemented the spirit of General Secretary Jinping's important instructions on volunteer services, organized an orderly organizational care activity, and promoted the institutionalization and effectiveness of volunteer services. This report combed relevant literature and typical cases, and found that Beijing's volunteer service has experienced three stages: exploration development, promotion and rapid development, upgrade and transformation and development. Based on the advantages of a major event platform, Beijing's volunteer service focuses on cooperating with neighboring units, integrating community resources, highlighting the role of volunteer families in volunteer services, and forming a large number of volunteer service participants and the whole family. However, in the subsequent work, it is still necessary to combine the local characteristics to summarize the experience of the "Volunteer Family Lighting the Winter Olympics Community" theme practice experience and further strengthen the team building; focus on the "Winter Olympics Community Volunteer Service", focusing on serving people's livelihood and center. Work, in -depth excavation of typical cases of volunteer services, and telling the story of volunteer service; relying on the advanced typical tree selection platform of Lei Feng volunteer service and the full media matrix of the Municipal Women's Federation, increase the publicity of the advanced typical of volunteer services, and continue to expand the impact of volunteer service effects on the impact of the volunteer service service force.

Keywords: Beijing City; Women's Volunteer Service; Major Events; Volunteer Family

B.3 Fujian Women's Volunteer Service Development Report *Lin li, Guo Xiaojuan and Zhou Wangyu* / 035

Abstract: The Women's Federation of Fujian Province, in-depth study and implementation of General Secretary Xi Jinping's important speeches on volunteer service, women's work, and the spirit of the Women's Federation, has been implementing the work arrangements of the All-China Women's Federation. Under the specific guidance of the Propaganda Department of the All-China Women's Federation, it is continuously striving to build a systematic, comprehensive, multi-project, and strong team pattern for women's volunteer service. Since its development in 2010, the development of women's volunteer service in Fujian Province has gone through three stages: the exploration period, the comprehensive promotion period, and the period of improving quality, upgrading, and transformation. Over the past decade in Fujian Province, the development of women's volunteer service has established sound mechanisms, developed organizations, expanded teams, built platforms, and optimized projects, taking the lead in achieving full coverage of basic women's volunteer service organizations. However, during the development process, there are still issues such as a relatively single team structure, uneven service quality, inadequate implementation of systems, significant funding gaps, and weak workforce. This article believes that in the future, Fujian Province should improve the long-term working mechanism of women's volunteer service, enhance the quality of women's volunteer service teams, optimize project-based operation models, and promote the high-quality development of services.

Keywords: Fujian Province; Women's Volunteer Service; Women's Work; Volunteers

B.4 Zhejiang Women's Volunteer Service Development Report *Xu Wenjing, Jin Lei, Zhang Yanzhen and Du Yigang* / 051

Abstract: Zhejiang Provincial Women's Federation thoroughly implements general Secretary Xi Jinping's new ideas and new theories on volunteer service to earnestly implement the new plans and requirements of the CPC Central Committee on comprehensively expanding the Center for Civilized Practice in the New Era, continue to promote the All-China Women's Federation and the Central Civilization Office *Opinion on Promoting the Development of Women's Volunteer Service in the New Era*, around the central party and government work, to consistently practice the Party's mass line for the new era, adhere to system integration, high-level promotion, collaboration and efficiency, digital empowerment, stimulate new advantages, based on socialized participation, professional service and brand construction, with "standardized operation, digital reform, socialized mobilization" to help the construction of the new era of civilization practice center overall in-depth development, promoting women's volunteer service in the spirit of reform and innovation, efforts to explore new forms and new carriers of women's volunteer service, accurately grasp the new requirements of women's volunteer service in the new era.

Keywords: Zhejiang Province; Women's Volunteer Service; Standardization; Digital; Socialization

Abstract: Women's voluntary service plays an increasingly important role in the construction of civilization in the new era, and a full understanding of the basic situation of women's voluntary service in Inner Mongolia Autonomous Region is of great significance to improve the development of women's voluntary service system with Chinese characteristics and promote the development of social civilization. This paper adopts a combination of documentary analysis and case study analysis to explain and discuss the situation of women's voluntary service in

Inner Mongolia Autonomous Region, and finds that: ①the level of women's voluntary service team construction and professional standardization is high; ②the service contents and fields of women's voluntary service are rich; ③ in the development of women's voluntary service, more brand projects and highlight work have been formed. Finally, this paper summarizes some problems of women's voluntary service in Inner Mongolia Autonomous Region, such as the single structure of personnel, the lack of rich service content, and the serious shortage of funds for activities. Based on this, Inner Mongolia Autonomous Region should further improve the service level, expand the service connotation and broaden the funding channels to promote the sustainable development of women's volunteer service.

Keywords: Inner Mongolia Autonomous Region; Women's Volunteer Service; Female Volunteer

B.6 Shenzhen Women's Volunteer Service Development Report

Li Shuo / 081

Abstract: After nearly three decades of development, women's volunteer service in Shenzhen has become an indispensable part of Shenzhen's reform and opening up process, and its achievements are also an important carrier of Core socialist Values. In 2021, under the guidance of the idea of building socialism with Chinese characteristics for a new era, based on capacity building, focusing on establishing and improving policies and systems, improving systems and mechanisms, and strengthening legal protection, Shenzhen city will focus on civilized practice in the new era, and continue to develop the Women's Volunteer Service, making great achievements. In the new situation, there is still room for improvement in the coordination, refinement, specialization, and social participation of Shenzhen's women's volunteer services. This article believes that the upgrading of women's volunteer services can be achieved through improving institutional construction, professionalizing services, and expanding publicity.

Keywords: Women's Volunteer Service; Volunteer Spirit; Shenzhen Characteristics

B.7 Report on the Development of Women's Volunteer Service in Wuhan *Wuhan Women's Federation, Liu Jiwen* / 102

Abstract: Wuhan City adheres to the idea of "based on grassroots, family-oriented, daily, meticulous and sustainable development" of women's volunteer service, and vigorously promotes the development of women's volunteer service in the city. Wuhan's women's volunteer service has formed the development experience of overall management, project-driven, normal development, and organizational promotion, and has created characteristic projects in major events, epidemic prevention and control, rural revitalization, and women's advocacy. But at present, there are still some problems in the female volunteer service in Wuhan, such as service institutionalization, service team systematization and specialized network platform. Therefore, it is necessary to further promote the institutionalization of women's volunteer service, give full play to the overall management advantages of women's federations, play the role of Wuhan women's social organization alliance, and adhere to the Internet thinking, so as to promote the work of women's volunteer service.

Keywords: Wuhan City; Women's Volunteer Service; Rural Revitalization

Ⅲ Project Development Reports

B.8 Report on the Development of Party Building Leading Women's Volunteer Service organizations *Wang Hanfei* / 119

Abstract: Strengthening the party building work in women's voluntary

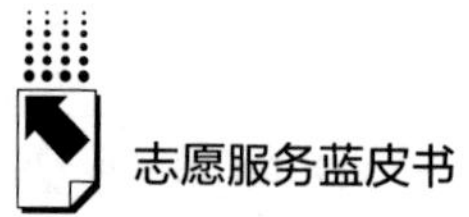

service organizations is an important element of the construction of grass-roots party organizations in the new era, and an important political guarantee for promoting the healthy and stable development of women's voluntary service organizations and realizing the modernization of social governance. Therefore, it is important to summarize and analyze the basic situation of party building-led women's voluntary service organizations to adhere to and improve the party leadership, consolidate the party's ruling base, actively build a new pattern of "party building + women's voluntary service" and promote the improvement of the voluntary service system with Chinese characteristics. This paper uses a combination of documentary analysis and case study to explain and discuss the situation of party building-led women's voluntary service organizations, mainly including the inner logic of party building-led women's voluntary service organizations, the external advantages of party building-led women's voluntary service organizations, and the experience and practices of party building-led women's voluntary service organizations in the process of development. Finally, this paper summarizes the shortcomings of party-led women's voluntary service organizations, such as the ineffective integration of party work and women's voluntary service organizations' business work, rigid work and insufficient guarantee mechanism. Based on this, this paper puts forward the following countermeasures and suggestions: a. insist on the organic integration of party building work and the business work of women's voluntary service organizations; b. innovate the working methods of women's voluntary service organizations; c. effectively provide talents and resources guarantee for women's voluntary service organizations to ensure that women's voluntary service organizations are stable and far-reaching.

Keywords: Party Building Leading; Women's Volunteering Service; Volunteer Service Organizations

Abstract: Supportive women's volunteer service organizations are organizations that provide policy guidance, human resources, funds and other supportive services for other women's volunteer service organizations. Under the guidance of the CPC Central Committee and the All China Women's Federation, supportive women's volunteer service organizations in various regions have developed rapidly, gradually forming a development pattern dominated by the official and supplemented by private forces. The trend of parallel development of supporting services and direct services has also been formed within the organization. This paper combed the current policy documents and typical cases of supportive women's volunteer service organizations, and proposed that we should further strengthen the construction of official led provincial supportive women's volunteer service organizations; further increase the investment of funds; further explore the coordinated development of supportive services and direct services, so as to form a new pattern of the development of supportive women's volunteer service organizations.

Keywords: Women Federation; Women Volunteer Service; Supportive Voluntary Service Organizations; Volunteer Association

Abstract: The standardised and long-term development of volunteer services requires the existence of community self-organised women's voluntary service organisations. Thanks to the advantage of acquaintances, community self-organised women's voluntary service organisations are very attractive in terms of volunteer recruitment and can carry out voluntary service activities according to the real needs of community residents. Through professional training and optimisation of the organisational structure, these organisations will mature and be able to provide more effective services to community residents. However, it should not be overlooked that community self-organised women's voluntary service organisations still have problems such as difficulties in healthy organisational development, insufficient social support and lack of a reasonable project evaluation system, which need to be further developed and improved.

Keywords: Women's Voluntary Service; Community Self-organization; Volunteer Service Organizations

Abstract: Since the 18th National Congress of the Communist Party of China, volunteer service with Chinese characteristics has created a new situation. Corporate women's volunteer service organizations play an increasingly important role in the overall development of volunteer services with Chinese characteristics. Long term practical experience shows that corporate volunteer service, as an important way for enterprises to assume social responsibility, has become an important part of the development of China's volunteer service. In addition, women's strength has increasingly demonstrated its dominant role in corporate volunteer services. This report, combined with literature materials and the sorting and presentation of typical cases, found that the construction of corporate women's volunteer service organization system was gradually improved; the main development trend is to focus on brand cultivation, volunteer service specialization and volunteer service participation in social governance; actively participate in various volunteer service evaluation activities to improve the level of self construction. Finally, the report puts forward suggestions on the future work from three aspects: improving the coverage of corporate women's volunteer service organizations, improving the professionalism of corporate women's volunteer service organizations, and improving the guarantee mechanism of corporate women's volunteer service organizations.

Keywords: Volunteer Service; Corporate Volunteer Service; Corporate Women's Volunteer Service Organization

Abstract: Civilized practice of women's volunteer service, as an important component of women's volunteer service, not only conforms to the new requirements of social civilization progress, but also focuses on the new expectations of the people. Deepen the promotion of volunteer services for women in civilized practice, mainly focusing on the pilot work of connecting with the Tianjin New Era Civilization Practice Center, promoting and promoting volunteer services for women in civilized practice, and conducting sunshine actions. Research has found that the Civilized Practice Women's Volunteer Service Project has accumulated valuable experience in shaping brands, building positions, innovating forms, and utilizing digital platforms. However, there is still room for improvement in terms of coverage, preaching group structure, and interactive communication. This article proposes corresponding suggestions for this.

Keywords: Civilized Practice; Women Volunteer Service; Sunshine Action; Theoretical Lecture

Abstract: The regular women's volunteer service project is a series of volunteer service activities with clear objectives, content, plans and guarantees, which focus on the concerns of women and children and families, and carry out long in a certain period. The theme of women's volunteer service should send warmth and love, and take the principle of normalization and long-term effect, and carry out various women volunteer service activities for the convenience and benefit of the people. Over the years, the All-China Women's Federation vigorously promote women's volunteer service work, set up new ideas in the development, come out more new ideas in the formation of scientific decision-making, seek new breakthroughs in promoting the work implementation, strive for new as on strengthening overall coordination to expand work arm, further enhance the initiative of women's volunteer service, and realize women's volunteer service field full life cycle coverage.

Keywords: Normalization; Women's Volunteer Service; Women and Children; Family Concerns

B.14 Report on the Development of Women's Volunteer Service in Major Events and Activities *Wang Xiaohui* / 201

Abstract: Volunteering in major events in China has gradually developed since the 2008 Beijing Olympics. Volunteer service projects for women are booming, playing an important role in epidemic prevention and control, safe patrols, and grassroots governance. In recent years, the continuous development of volunteer services for major events in our country has also shown problems such as insufficient professional strength, immature cultural cultivation, and difficulty in volunteer coordination and management. How to manage volunteer service projects for major events and how to promote the transformation of traditional volunteer services to major events are new issues worthy of discussion. Hangzhou "Wulin Aunt" was born at the G20 summit, escorted the summit, actively carried out normal transformation in the post-summit era, and provided valuable reference experience for the development and transformation of volunteer service projects for major events in our country.

Keywords: Women's Volunteer Service; Events; Wulin Aunt

B.15 Emergency Women Volunteer Service Development Report

Gu Xuguang / 216

Abstract: China's emergency volunteer service organizations started in 2008 and have grown to a large scale during the COVID－19 epidemic. With the attention and encouragement of the state, women's voluntary service, with women's federations as the core, has continuously developed in organizational structure, service concept and functional diversity, and a large number of advanced typical and benchmark cases have emerged. This paper suggests that the development of emergency female volunteer service should find an effective starting point, further absorb professional talents, and strengthen the information sharing and unified management among volunteer service organizations. China's emergency volunteer service organizations started in 2008 and have grown to a large scale during the COVID－19 epidemic. With the attention and encouragement of the state, women's voluntary service, with women's federations as the core, has continuously developed in organizational structure, service concept and functional diversity, and a large number of advanced typical and benchmark cases have emerged. This report suggests that the development of emergency women's volunteer service should find an effective starting point, further absorb professional talents, and enhance information sharing and unified management among volunteer service organizations.

Keywords: Emergency Women's Volunteer Service; Volunteer Service Organization; Women's Federation

皮书

智库成果出版与传播平台

皮书定义

皮书是对中国与世界发展状况和热点问题进行年度监测，以专业的角度、专家的视野和实证研究方法，针对某一领域或区域现状与发展态势展开分析和预测，具备前沿性、原创性、实证性、连续性、时效性等特点的公开出版物，由一系列权威研究报告组成。

皮书作者

皮书系列报告作者以国内外一流研究机构、知名高校等重点智库的研究人员为主，多为相关领域一流专家学者，他们的观点代表了当下学界对中国与世界的现实和未来最高水平的解读与分析。截至 2022 年底，皮书研创机构逾千家，报告作者累计超过 10 万人。

皮书荣誉

皮书作为中国社会科学院基础理论研究与应用对策研究融合发展的代表性成果，不仅是哲学社会科学工作者服务中国特色社会主义现代化建设的重要成果，更是助力中国特色新型智库建设、构建中国特色哲学社会科学“三大体系”的重要平台。皮书系列先后被列入“十二五”“十三五”“十四五”时期国家重点出版物出版专项规划项目；2013~2023 年，重点皮书列入中国社会科学院国家哲学社会科学创新工程项目。

皮书网

（网址：www.pishu.cn）

发布皮书研创资讯，传播皮书精彩内容
引领皮书出版潮流，打造皮书服务平台

栏目设置

◆ **关于皮书**

何谓皮书、皮书分类、皮书大事记、
皮书荣誉、皮书出版第一人、皮书编辑部

◆ **最新资讯**

通知公告、新闻动态、媒体聚焦、
网站专题、视频直播、下载专区

◆ **皮书研创**

皮书规范、皮书选题、皮书出版、
皮书研究、研创团队

◆ **皮书评奖评价**

指标体系、皮书评价、皮书评奖

◆ **皮书研究院理事会**

理事会章程、理事单位、个人理事、高级研究员、理事会秘书处、入会指南

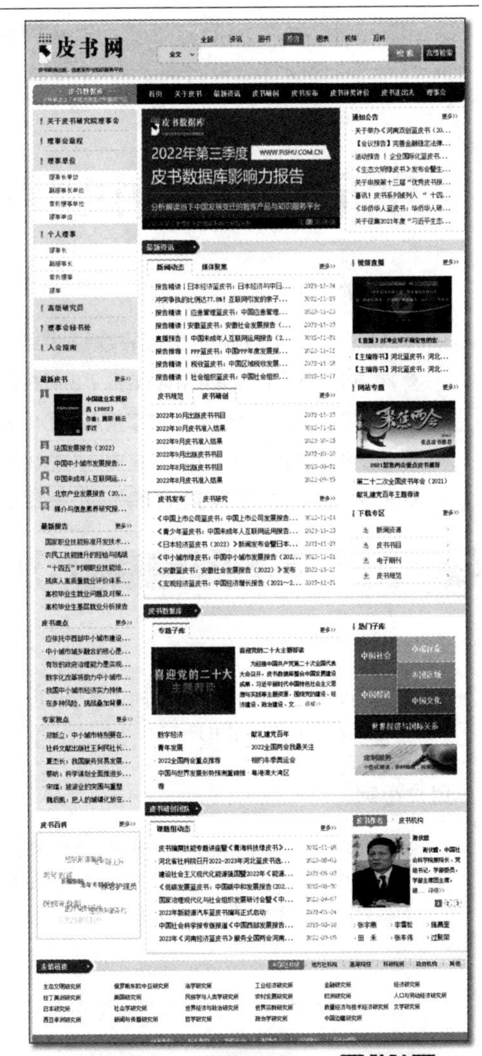

所获荣誉

◆ 2008 年、2011 年、2014 年，皮书网均在全国新闻出版业网站荣誉评选中获得“最具商业价值网站”称号；

◆ 2012 年，获得“出版业网站百强”称号。

网库合一

2014年，皮书网与皮书数据库端口合一，实现资源共享，搭建智库成果融合创新平台。

皮书网

“皮书说”
微信公众号

皮书微博

S 基本子库
UB DATABASE

中国社会发展数据库（下设 12 个专题子库）

紧扣人口、政治、外交、法律、教育、医疗卫生、资源环境等 12 个社会发展领域的前沿和热点，全面整合专业著作、智库报告、学术资讯、调研数据等类型资源，帮助用户追踪中国社会发展动态、研究社会发展战略与政策、了解社会热点问题、分析社会发展趋势。

中国经济发展数据库（下设 12 专题子库）

内容涵盖宏观经济、产业经济、工业经济、农业经济、财政金融、房地产经济、城市经济、商业贸易等12个重点经济领域，为把握经济运行态势、洞察经济发展规律、研判经济发展趋势、进行经济调控决策提供参考和依据。

中国行业发展数据库（下设 17 个专题子库）

以中国国民经济行业分类为依据，覆盖金融业、旅游业、交通运输业、能源矿产业、制造业等 100 多个行业，跟踪分析国民经济相关行业市场运行状况和政策导向，汇集行业发展前沿资讯，为投资、从业及各种经济决策提供理论支撑和实践指导。

中国区域发展数据库（下设 4 个专题子库）

对中国特定区域内的经济、社会、文化等领域现状与发展情况进行深度分析和预测，涉及省级行政区、城市群、城市、农村等不同维度，研究层级至县及县以下行政区，为学者研究地方经济社会宏观态势、经验模式、发展案例提供支撑，为地方政府决策提供参考。

中国文化传媒数据库（下设 18 个专题子库）

内容覆盖文化产业、新闻传播、电影娱乐、文学艺术、群众文化、图书情报等 18 个重点研究领域，聚焦文化传媒领域发展前沿、热点话题、行业实践，服务用户的教学科研、文化投资、企业规划等需要。

世界经济与国际关系数据库（下设 6 个专题子库）

整合世界经济、国际政治、世界文化与科技、全球性问题、国际组织与国际法、区域研究 6 大领域研究成果，对世界经济形势、国际形势进行连续性深度分析，对年度热点问题进行专题解读，为研判全球发展趋势提供事实和数据支持。

法律声明